"我国基础教育未来发展新特征研究"系列

之二"追梦者的探索：读懂学校的变革性实践"系列论丛

裴娣娜　主编

走向『大成』

—— 浙江省绍兴市稽山中学课程建设与学校发展研究

朱　雯　等◎著

教育科学出版社

·北 京·

国家社会科学基金教育学重大（点）课题
"我国基础教育未来发展新特征研究"成果

论丛总序

基于学校课程建设的实践探索

—— 中国基础教育学校个性化发展之路

随着我国社会现代发展进程的推进，中国基础教育改革进入实质性的根本转型时期，处在一个走自主创新道路的关键转折点，目标是建构中国气派的基础教育未来发展的实践形态。要实现这一目标，必须走出传统范式，寻求新的解释系统，真正切入理论的原点和实践的原点，重新认识面向未来的中国基础教育改革与发展的若干基本问题，唯有如此，才能真正构建立于世界之林的 21 世纪中国基础教育改革与发展的当代形态，并实现理论创新和方法创新。

"追梦者的探索：读懂学校的变革性实践" 研究论丛，是国家社会科学基金教育学重大（点）课题 "我国基础教育未来发展新特征研究" 的成果之一。此课题研究成果共包括三个系列的研究论著，其他两个系列是："基础教育区域性主体功能区发展战略" 研究论丛和 "学习力与学科课程建设" 研究论丛。在课题研究过程中，由 15 所高等师范院校、16 个区域性教育行政部门、100 所中小学，组成跨学科、跨学校、理论工作者与实践工作者相结合的优势互补的科研群体，为揭示我国基础教育改革与发展的内在机制及其当代形态，经过近五年的艰苦探索，构建了中国基础教育发展的 "三力模型"。这三个系列正是依据 "三力模型" 中的决策力、领导力和学习力分专题研究成果的集结，是我国教育工作者对基础教育未来发展所做的理性思考。

本论丛作为课题研究成果的第二系列，以学校领导力与学校个性化发展为中心议题,集中反映了项目成员校通过课程建设实现学校个性化办学方面的实践探索。 论丛中的每一本研究报告翔实地记录了项目成员校走过的课程改革发展之路,呈现了每个学校独特的办学特色。 这些学校的办学理念、课程改革的思路和举措,是经过时间积淀和实践检验的,是带有原创性且具有中国本土气息的生动丰富的创造。 我们试图通过这一系列来自中小学实践探索的研究报告,为进一步探讨学校改革发展实践模式或理论模型的建构奠定坚实的基础。 因此,我们将研究定位于"读懂学校的变革性实践"。

一、项目研究的重点及内容

学校领导力作为学校改革与创新的内在要素,是通过目标和价值系统、育人模式系统、制度与管理系统和资源系统等学校办学的核心要素展现的。 其中课程是学校育人系统的核心,课程建设和实施水平体现着学校人才培养质量和办学特色,是学校实现培养目标的基本途径和根本保证。 基于课程居于当前国家教育现代化发展核心地位的现实,我们的研究以校长课程领导力以及学校课程顶层设计为中心议题,以促进学校个性化发展为目标,尝试站在学校领导力高度对近五年课程改革的进程及初步认识进行反思总结。 因此,本论丛有着独特的时空定位,即限定在学校领导力背景下学校课程的改革与发展。

我们以专题研究的问题为主线,构建本论丛中各书写作的框架。 论丛从历史、现实和未来三个视角把握总体,专题研究报告内容框架基本由以下几个核心要点组成:(1)学校现代发展面临的矛盾、问题与困惑;(2)学校办学理念与培养目标;(3)学校课程的顶层设计;(4)学科课程群的构建及内容选择;(5)课堂教学改革,以及精品课程的建设;(6)课程建设的制度与管理;(7)课程资源的开发及应用;(8)课程领导力与教师的课程创生。 在此基础上结合各校实际写出各自的研究重点、风采与特色。 如何通过课程建设实现学校的个性化发展,这是根本立论点,也是各个研究报告撰写的重点和难点。

二、项目研究的共识与思考

我们以课程顶层设计与学校个性化发展为研究中心议题，依托北京市、四川省成都市、河南省郑州市、四川省阿坝藏族羌族自治州理县以及浙江省的项目成员单位及项目校的改革实践，在理论探讨和实践指导两方面获得了诸多认识成果。

（一）对课程领导力概念内涵的剖析

校长课程领导力，指按照一定的办学定位、培养目标进行学校课程开发建设，实现全面提升学校教育质量的能力，是一个校级团队决策、引领、组织学校的课程实践，从而实现培养人、发展人和学校发展目标的能力。 校长课程领导力是一种沟通、协调、凝聚的能力，又表现为敏锐地发现问题、诊断问题并及时解决问题的能力，同时表现为驾驭、调节权力因素和非权力因素的能力。

（二）现代学校课程观的内涵及课程设计的基本原则

通过研究，我们揭示了"以人为本""多元文化""自主选择"是学校课程改革发展的三个核心价值，是统领学校课程改革的三个基本观念；提出了重基础、高质量，多样化、有特色，分层次、可选择的课程设计基本原则，强调从本校实际出发，体现基础性、实践性、选择性、整合性和时代性。 我们认为，学校课程设计方案质量水平的标准根本在于能否体现学校办学鲜明的个性化发展特征，体现高发展性、高学术性、高选择性和高开放性特点。

（三）形成学校课程整体构建的六要素基本模式

这六要素指：学校发展理念及培养目标；学校课程结构体系；学科课程建设与课程内容的调整；课堂教学改革的思路和举措；课程建设的制度和管理（学分制、选课制、走班制、弹性学时制、评价制……）；课程的政策与条件保障。 与之相应，我们提出了构建高质量学校课程体系的标准。

(四)建构学校课程结构体系的基本思路和策略

依据学校培养目标，通过课程顶层设计，对各种类型的课程进行整合，建构纵横结合、便于学生自主选择学习的立体开放课程结构体系，按照以下思路组成课程结构体系的基本框架。

纵向上，将国家规定的课程进行整合后，形成几大课程领域。

横向上，按照学生学习水平分为三个层次：面向全体学生的基础类课程；面向部分学生的分层拓展类课程；面向个别学生的研究、特长类课程（高中阶段还应考虑专业方向）。

体现整合、选择、开放和减法，是这一课程结构体系的特色。

(五)课程实施的高位思路和明晰举措

我们将学科课程建设及知识内容的调整、课堂教学改革，以及建设适合学生自主选择学习的教育资源基地和学习资源系统作为课程实施的重点。 通过知识模块重组、内容合并与增删，以及学科群的搭建，分层推进，形成学科系列并找到每门课存在的生命力，提高教学质量。 通过课堂教学改革研究域的再界定和实践探索，形成各校有特色的课堂教学改革思路和举措，同时形成教师教学风格和特色。

(六)体现学生自主选择、自我负责的课程建设的制度与管理

重新认识学校课程建设各种制度的价值功能，将其从学校办学的制度保障提升为课程建设的重要内容，从利用制度来规训、制约，转向立足学生，为学生自主选择和自主学习搭建平台。 这是近年来随课程改革的深化发展而开拓的一个新的研究领域。 目前争论的主要问题有：学分制的实施是真学分还是假学分问题；各教育年段课程开设与考试关系问题；对以"班"为核心要素的传统教学组织形式的挑战问题等。

本论丛的撰写是一个大工程，不仅推动了学校对自我办学理念举措的

反思，而且为基础教育未来发展、学科课程理论的建设提供了丰富坚实的思想资源。 研究具有开拓意义，研究成果具有原创性。

三、论丛撰写的特色

本论丛的问世前后历时五年，是一个不断探索、不断思考的过程。

我们认识到，要保证本论丛近三十本研究报告的质量，重要的问题是如何对丰富生动的实践研究成果进行梳理和升华，而不是材料的堆积和罗列。 这就需要处理好整理继承与超越发展、理论的概括提升与实际问题的阐述解释、共性与个性、科学化与规范化等关系。 我们要求每一个研究报告的撰写，努力体现以下特点：立论点高，代表改革前沿；有新视角，尽可能将事实经验进行理性思考和提升；重点突出，特色鲜明，立足现实，内容翔实丰富；具有规范性和可读性。

随着国家教育改革的深化推进，学校作为办学主体，面临前所未有的生存和发展的压力。 变革的时代要求学校通过变革进行根本性的转型。本论丛的出版，实际上是为我国学校教育的改革发展提供了一个交流、探讨的平台，为我国中小学教育家型的校长们提供了一个发展和展示自我的平台。

各研究报告的撰写，体现了以下特色。

（1）创新性。 呈现了各校进行课程改革的高位战略思想，呈现了各校改革实践中的创新亮点。

（2）草根性。 每一部学校研究报告均由各校独立完成，没有一丝一毫的文化包装，均是经过了一个艰难的反复修改提升的过程，是用"心"写出来的，是学校领导和老师们的智慧创造。

（3）个性特色。 各校的研究报告力显学校发展的差异性和个性。 我们认为，教育改革与创新需要宽容和理解，没有差异性就没有丰富性，而研究结论是否合理，实践是最终的检验，所以我们对校长们的独特看法持包容态度，尽量给各位校长创设自主发挥的空间。

值本论丛出版之际，感谢每位校长的敬业和执着、尽责和付出。 感谢顾明远先生领衔的专家团队，陪伴我们走过了五年的风风雨雨，倾全力给予我们关心、指导和帮助。 感谢全国教育科学规划领导小组批准立项和给予指导。

本论丛的出版得到了教育科学出版社李东总编辑的真切关注和大力支持，孙袁华、刘灿、刘明堂三位主任付出了巨大的辛劳，各册责任编辑尽心尽力，对书稿从内容到形式都提出了弥足珍贵的意见，谨在此致以诚挚敬意和谢意！

项目首席　裴娣娜
2015 年 10 月 10 日于求是书屋

本 书 序

　　稽山中学是一所办学历史悠久、文化积淀深厚的学校，它坐落于绍兴府学宫旧址。绍兴府学宫始建于唐代，学宫学子勤奋好学，志向高远，自唐至清的一千多年间，登科举、中进士者达 2121 人，居浙江诸府之首。其中明清两代高中文武状元者就有 23 人，一代名儒王阳明、刘宗周，有"中国思想启蒙之父"之称的黄宗羲等，都在府学校园留下了弥足珍贵的印记，他们的文化品质在稽中得以传承。稽山中学创建于 1932 年 9 月，系绍兴第一所完全中学，著名爱国民主人士邵力子为创立人，绍兴当地名流金汤侯、朱仲华任校董会董事长，著名教育家蔡元培为学校题写了校名。知名人士徐柏堂、孙伏园、邵鸿书等先后担任校长，著名科学家竺可桢、数学家陈建功以及北大原校长何燮侯、马寅初等曾任校董。周恩来总理曾担任名誉董事长。经过百年积淀，根植于千年学府文化底蕴土壤的稽山中学已成长得枝繁叶茂。

　　什么是教育？　走在校园里，看到满地的落叶，我们曾欣赏过它们繁茂时的美丽，如今落叶也是风景。每一个生命都是唯一的，每一个唯一的生命都有着不同的价值演绎。泰戈尔说，教育应当向人类传送生命的气息。叶子虽然弱小，但浑身却焕发出蓬勃的生命活力。尊重生命，用生命呵护生命，尊重生命的每个唯一，这就是教育。历史的气息、文化的气息与教育交织在一起，树木与花草交相辉映，自然状态与千年人文相融合，绿树成荫，古朴大气，这就是我们的府学校园，教育的神圣之地。面对这样的校园，我们的内心充盈着神圣和敬意。

　　作为校长，一个老稽中人，我用一生中最美好的时光，将自己与这所学校连接，将学校与古越之英魂联结。我们的教育是一种必然：传承着2500 年越地人文，奠基于千年府学文脉之上，以现代教育视野贯穿，用一所江南名校的厚重，促成学子们向上飞升，像一棵树，只有向更深处扎根，才能有伸向天空的夭矫之力，坚强而不粗粝，柔美而不娇弱，具有一种灵秀、内敛而又坚韧的江南特质，借由这样的教育，奠定一生发展的基础。学校文化是学校的灵魂，它不但是学校精神的体现，也是学校悠久传统的积淀，更是学校可持续发展的基础。学校的发展应该生成于学校自身特有的传统文化土壤中，立足于学校具体的办学条件，着眼于学生最充分、最全面发展育人目标的设定与育人行为的谋划。

今天，学校正处于深入推进普通高中课程改革、深化适应高考招生制度试点改革的重要历史时期，如何满足经济社会对人才培养的需要，如何促进学校的多样化和特色化发展，如何做好课程改革的规划，所有这一切，都在考验着我们的智慧和能力，都需要我们以前所未有的勇气来实现学校办学模式的根本变革，来改变长久以来传统的应试教育模式。

恰好此时，裴娣娜教授来到稽山中学。裴教授是我国著名的课程与教学论专家，她为我校的课程改革毫无保留地分享着她的思想和观点，令我们受益匪浅。通过与裴教授的交流，我们决定把目光聚焦在极富育人寓意的千年府学宫上，借儒学之"大成"理念来提炼稽中精神，并逐渐形成了以"大成"理念为引领的学校文化，确立了"坚守大成理念，奠基师生发展"的办学理念。学校从历史中走来，对学校历史的解读，是学校文化建设的前提。追求传统文化与现代理念的完美结合，是学校文化建设的基点。校园设计改造，是学校文化建设的过程。构建课程是学校文化建设的升华。从"文化浸润"走向"文化自觉"与"文化自信"，是学校文化建设的目标。用心追求教育的本质，用情培育每个独特的生命，在此过程中，我们感受到了追寻教育理想的欢乐，痛苦，忧愁，迷惘……

在课程改革的实施过程中，在各级领导和社会各方面的支持下，在全校教师的共同努力下，学校取得了有目共睹的成就。办学条件和办学设施不断改善，全校教师形成了"促学求真、传道致善、爱生为美"的共同价值观和价值追求；学校构建了"大成"课程体系，精心打造了"格心课堂"，对选课走班和生涯教育进行了有益的探索。我们同时坚信：经过府学校园文化的三年滋养，稽中学生一定能成为"敦品笃学、砺行致远之青年"，一定能成就最好的自我。

在裴娣娜教授的督促下，在周晓燕副教授、朱哲博士的帮助下，我们把稽山中学的历史和今天的所思所为汇总在一起，呈现出来。书稿主要按"学校历史回顾—办学理念提炼—课改顶层设计—课改具体实施"的思路展开。在此，要衷心感谢贺晓敏局长对学校课改工作的指导，感谢各兄弟学校给予学校课改的经验借鉴，感谢参加本书编写工作的教师对课改工作的投入。由于我和同事们的水平十分有限，对于博大精深的学校文化和千头万绪的课程改革常常有考虑不周的地方，特别是在具体的实施过程中还存在许多不足，写出来的东西也可能存在问题和错误，敬请各位专家、同行批评指正。稽山中学有着令人骄傲的过去，相信她一定会有更加令人骄傲的未来！

朱 雯

2015 年 9 月

目　录

Contents

第一章

学校发展的历史审视

悠悠青史，文采风流。走进稽中，那斑驳的雕梁画栋，依稀闪现着昔日的光华；嘉木葱茏，荫庇着不尽的神韵。投醪河水潺湲流淌，粼粼波光里闪耀着传奇与光华。

稽山中学自 1932 年诞生以来，至今已走过 80 多年的光辉历程。学校勤施教化，敦品励学，英杰辈出，泽润桑梓，培养了一大批杰出校友，如"国家最高科学技术奖"获得者、中国科学院院士徐光宪，国际数值传热学专家、中国科学院院士陶文铨，著名导演谢晋，中国社会科学院荣誉学部委员陶文钊，台湾中华爱商协会理事长刘宗麒，绍兴旅港同乡会会长高月明等。学校还培养出 3 个浙江省高考状元，12 个绍兴市文科、理科状元，也培养了一大批在各行各业中成绩斐然的优秀人才。

一、千年府学

稽山中学取址于府学宫。府学宫始建于唐代，是当时越州的最高学府。宋嘉祐五年至治平二年（1060—1065），越州州学迁至投醪河畔，今稽山中学所在地。

南宋时期，朝廷偏安江南，定都临安（今杭州市），江浙一带教育事业发展迅猛，国子监、太学、宗学、武学等中央官学相继建立，各州县也纷纷建立地方官学。绍兴元年（1131），越州升置绍兴府，越州州学于是改为绍兴府学。地方官学成为儒学教官的衙署所在，主要担负承传孔儒文化、施行礼乐教化的职能，也是地方官学师生祭孔、奏乐、习礼之处。至明、清，各代知府十分重视地方教育，绍兴府学屡有增建、翻修，均撰文刻碑以志。地方设专职学官，管理本地学政事务。官学主要学习儒家经典和宋明理学著作，尤其强调科举致仕。

绍兴府学宫原有戟门、明伦堂、大成殿、启圣祠、乡贤祠、射圃亭、泮桥等建筑，规模宏大，仅儒生宅舍达五十余间。至清康熙五十七年（1718），绍兴府学宫占地 90 余亩，学舍壮丽，号称"浙中诸庠第一"。光绪三十一年（1905），科举废止，绍兴府学（州学）历 850 年后告终。

千年来，王阳明、刘宗周等硕儒大师，曾在府学讲学切磋、著书立说，形成了浓厚的学术氛围，产生了深远的影响。因古越绍兴府学文脉的滋养，这里曾走出 23 位状元、2121 位进士，在我国地方府学办学历史上留下了光辉灿烂的一笔。

二、学校沿革

（一）卧薪尝胆

稽山中学诞生于"九一八"事变之后、民族危亡之际。时任绍兴县县长的汤日新与乡绅金汤侯、朱仲华、姚慧尘，以教育救国、造福地方之热忱，相聚谋划创办一所具有一定规模的完全中学。

1932 年 6 月，发起人会议在朱仲华家中召开。邵力子（时任陕西省政府主席，委派代表邵诗舟与会）、张琴荪、徐柏堂、刘振一、胡隐樵、陈洁人、汤日新、金汤侯、姚慧尘、朱仲华等 10 位发起人出席会议。会议决定分别组织设立人会、校董事会和经济委员会。推举姚慧尘为设立人会主席；成立董事会，董事会成员除 10 位设立人外，还有王以刚、祁葆生、沈馥生、金炳炎、邹楚青、陈于德、陈恕臣等 7 位绍兴知名人士。会议推举金汤侯为首任董事长，定校名为"私立绍兴中学"，请蔡元培先生题写校名。校董事会聘请徐柏堂为首任校长，负责筹备工作。

1932 年 9 月 9 日下午 2 时，私立绍兴中学成立典礼隆重举行。浙江省政府委员，省督学及绍兴各界人士 100 多位嘉宾莅临，与本校师生一起总计 400 余人参加成立典礼。由曾任北京大学校长的蔡元培、何燮侯、马寅初，曾任浙江大学校长的竺可桢，曾任杭州大学副校长的陈建功等教育名流、学界翘楚组成了稽山中学学校董事会，这在中国教育史上亦属罕见。

1933 年 3 月，邵力子来校视察，在欢迎会上演讲，他告诫学生："在国难严重的时候，诸位同学应该想到东北同胞的苦痛，努力求学。"会后与全校师生合影留念，并题写"卧薪尝胆"四字校训。10 月，学校更名为"私立稽山中学"。1937 年卢沟桥事变后，校董朱仲华和校长徐柏堂在上海为筹办稽山中学上海分校四处奔走，在张九龄（上海四明银行行长）的支持下，积极筹备开设"绍兴私立稽山中学上海分校"。

1938 年 2 月，绍兴私立稽山中学上海分校开学，徐柏堂兼任分校校长，初、高中（普科、商科）学生共 300 余人。1939 年 3 月，中共中央军事委员会副主席、国民政府军事委员会政治部副部长周恩来以回故乡省亲扫墓的名义视察浙江抗日前线，特来学校视察抗日妇女营。

随着抗日战争的全面爆发，稽山中学也开启了一段可歌可泣的流亡办学之路。1941 年 4 月 17 日凌晨 3 时许，枪声四起，不愿做亡国奴的师生，在校长邵鸿书及俞沛庭、欧世伦、何子镐等老师的带领下，分别向南门、稽山门方向奋力突围。10 余名学生不幸被俘，之后被押解到杭州，在狱中面对敌人的审讯大义凛然、顽强不屈。学校迁址武义后，高中部设在明皇寺，初中部设在草马湖。随迁师生有 200 多名。新学期招收初、高中新生四个班。

时年夏，稽山中学首任校长、上海分校校长徐伯堂赴重庆办理立案手续，途经香港为学校募集经费，遇香港外围海战，不幸中弹身亡，以身殉职，年仅 46 岁。冬，太平洋战争爆发，日本侵略者占领上海租界，勒令上海分校向日伪立案，分校师生秉民族大义，在校董朱仲华的带领下，拒绝办理登记手续，上完最后一课停办，历时三年又十个月。

难忘的 1941 年，私立稽山中学经历了太多的悲和喜。在枪林弹雨中，师生浴血突围，冒着敌人的炮火流离迁徙，弦歌不绝，学校又以全省会考成绩第一而名闻浙江。据《东南日报》载："春季高中会考……参加者省立联青等十六校，其中以稽山中学最为优良。该校参加会考者，各科全部及格。除两人列入乙等外，其余名列甲等。由省教育厅免试保送各大学者，竟占半数以上。"

1942 年，学校再度内迁至景宁县，得刘照黎先生全力相助，校址选定标溪乡豫章村刘家祠堂。武义设分部，直至抗战胜利，历时三年。时任校长邵鸿书毕业于日本帝国大学。邵校长认为，在抗战最后关头，培养造就人才，是知识分子爱国救亡应尽之责。邵校长常以"卧薪尝胆"精神激励师生，曾变卖自己的中山装和大衣，以解办学燃眉之急。他号召全体师生：只要还有最后一寸国土，只要还有最后一口气，就要上好最后一堂课。一时山野之间，书声琅琅；祠堂四周，弦歌不辍，培育学生数百，开启了景宁县高中的先河。此后，众学子纷纷投身革命洪流，成为浙南游击队生力军，为抗日战争、解放战争的胜利和新中国建设做出了积极贡献。1945 年 9 月，稽山中学结束抗战以来流离迁徙的办学境遇，迁回绍兴城内府学宫原址。

（二）春风化雨

新中国成立后，稽山中学迎来了新的发展。

1949 年 6 月，学校实行校务委员会制。绍兴军事管制委员会任命邵鸿书为校务委员会代理主任委员，主持学校工作。1950 年初，箔业停止愿捐，校董朱仲华要求邵力子帮助解决办学经费的问题。邵力子将稽山中学的经济困难报告政务院总理周恩来，总理指示"这种历史性的学校一定要支持"。朱仲华得悉周总理指示，就与在杭校董何燮侯、竺可桢、马寅初、陈建功商量，决定聘请总理担任稽山中学名誉董事长。聘书由邵鸿书呈送北京。总理因有外事活动未能约见邵鸿书，聘书由邵力子面呈周恩来总理，总理愉快地接受了稽山中学名誉董事长的聘书。

其后，学校几度易名。1956 年 1 月，绍兴市人民委员会将私立稽山中学改为公立学校，暂名"绍兴稽山中学"。8 月，校名更改为"浙江省绍兴第二中学"。1958年，学校改名为"绍兴县第二中学"。1981年5月，绍兴设市后学校改名为"绍兴市稽山中学"，隶属于当时的绍兴市教育局。1986年，根据市教委关于市属中学布局调整的决定，改为高级中学，招收高一新生10个班。

1978年，学校应届毕业生高考升学率为10%，名列绍兴地区第一。学校荣获"浙江省1979年先进集体"、"浙江省体育工作先进集体"称号，被地区教育局确定为地区重点中学。

学校60周年校庆时，第三至六届全国人大常委、中国科学院生物物理研究所名誉所长贝时璋教授题词："发扬'爱国、勤学、尚德、强身'八字校风，培育英俊有为成就出众优秀人才。"校庆当日正式启用学校南大门，著名数学家、复旦大学校长苏步青应邀题写新校牌。

（三）励精图治

1998年3月，浙江省教育委员会批准稽山中学为浙江省三级重点中学，学校进入省级重点的行列。2000年，浙江省教育厅授予学校"浙江省中小学德育工作先进单位"称号。2001年，浙江省教育厅审核批准学校为省二级重点中学。2004年11月29日，学校顺利通过省一级重点中学评估验收。这一年学校先后获得了"全国社会实践先进集体"、"浙江省文明单位"、"浙江省一级重点中学"、"浙江省依法治校示范学校"等荣誉称号。

2004年4月20日，全国人大常委会副委员长韩启德一行来学校视察并参加"寿孝天奖学金"颁奖仪式，寿孝天数学奖学金是由寿氏后人根据寿孝天先生遗愿设立的，以寿孝天先生的遗产为基金，用每年的利息作为奖金奖励学校数学成绩优异的学生和数学教学卓有成效的教师。

2010年，学校制订新的发展规划，实施"精心育人、精品文科、精致校园"三大精品工程，追求优质多样、特色发展，努力把稽山中学建设成为绍兴地区最具文化底蕴和地方特色的现代高中。学校荣获五年一评的"浙江省教育科研百强学校"称号，被评为"全国中小学示范图书馆"、"浙江省中小学示范实验室"等。学校高考再创佳绩，文科成绩取得重大突破，"2007级周恩来班"朱曦东同学进入高考成绩全省前100名，许超群和李檑璐同学进入高考成绩全省前200名。

2012 年 3 月，学校被中国关心下一代工作委员会授予"全国青少年道德培养实验基地"称号。5 月 7 日，学校进行了孔子铜像揭幕仪式。7 月 1 日，学校党委被中共浙江省委表彰为"浙江省创先争优先进基层党组织"。

三、课程改革

（一）国难催生，兴教图强（1932—1937）

学校创建之初，就有了较为完备的教育教学管理制度。学校聘请了 30 位学有所长的教师，其中包括杜亚泉、邹楚清等名师，拟定《组织大纲》，依据《大纲》先后制定了《校务会议规程》《总务处章则》《经济稽核委员会规程》《训育处章则》《教务处章则》《招生委员会规程》《图书馆章则》等。

同时，学校进行了课程设置、教学内容、教学方式等方面的探索。1935 年秋，校长徐柏堂主张改进学校工作。教务方面，注重国防教育，切实施行军事训练，增添图书仪器，增加商科实习教时，开展各科教研工作。训育方面，注意精神训练，养成良好的学习习惯。为适应非常时期之教育目标，增设团体与个别教育。事务方面，添置设备器具，修整房屋，添建教室与宿舍等。

教学与实践紧密结合。商科学生定期到银行、商家实习，聘请有丰富实践经验的人员做实习指导。校园内设立合作储蓄银行、消费合作社、经济合作社，为商科学生提供更多的实践机会。首届商科毕业生王新铭、孙景坤参加了国民政府交通部举行的公开招考会计人员活动，在 200 余名竞争者中脱颖而出，被正式聘用。稽山中学的教育质量得到了社会的认可。

学校十分重视学生的课余活动。以学生自治会为主干，开展多种学科活动，如国文、英文、算术研究会，国语演讲会。国语演讲会每周举行一次，内容有时事报告、辩论与演说等，每学期组织比赛，校长参加评判。社团、膳食委员会、消费委员会属于学生自治、自立、自卫性的组织，经常组织活动。文艺创作活动非常活跃，各种刊物如雨后春笋般出现。铅印的《稽中学生》《稽中校刊》隶属于学生自治会，属于独立团体铅印向社会发行的刊物不下 10 种，油印小刊在校内流传的更多。另办有墙报《萤花》《春泥》《旭光》《微言》《泮水》等。

"抗日救亡"成为学校生活的重要内容。学生自治会成立了两个抗日救亡组织，即"反日救国委员会"和"提倡国货委员会"。1936年10月12日，学生自治会发起"抵制日货，维护民族工业"运动。全体学生宣誓"服用国货"。11月"绥远事变"发生之后，学艺服务社与学生在绍兴觉民舞台举行"援绥游艺大会"，连续演出5天，将盈余全部委托《绍兴民国日报》社转交绥远抗日将士。全校素食一周，将节省下的膳食费汇寄绥远前线抗日将士，以表殷殷慰问之意。

（二）流离迁徙，弦歌不辍（1937—1949）

伴随着抗日战争的全面爆发，稽山中学开始了流亡办学，教育教学也有了新的含义。

1940年秋，邵鸿书由金汤侯推荐任校长。邵校长将初中部寄宿生迁往王化，走读学生仍留城区本部，高中（普、商）设在平水显圣寺。僧寮做宿舍，佛殿当讲堂，古寺的钟声代替上课的铃声。师生在困难的环境中求学，逐渐学会做民众工作，三个乡村分部分别在所在地办起民众学校，以推行社会教育。"宣传民众"几乎成为师生课余的主要活动。在船埠上有埠船宣传组，在公众汇集处张贴时事简报。学生在与民众的接触中，把卫生知识、兵役常识灌输给民众。同时，农民群众教给学生生产知识和地方风俗。塔院和平水分部还在各自所在地举行文艺宣传活动，参加民众每每多达千人。这些活动增进了师生与农民的感情，激发了民族意识和抗战热情。

后来，学校内迁景宁县。稽山中学在景宁山区正式开学上课。开学之初，学生上午上课，下午劳动，在教师的带领下，整修校舍，开通道路，平整操场，开垦荒地，栽种蔬菜，师生凭勤劳双手改造环境，创造新的生活。教师都是一人身兼数职，体育专职教师何子镐兼教语文、美术和音乐。曾留学日本早稻田大学在当地颇有声誉的柳景元先生教语文也兼教历史、地理。没有教材，教师就自己编讲义，编出的讲义一部分由学生誊写油印，大部分则由教师口述学生笔记。

至1943年，学校已经拥有初中教学班10个，高中教学班2个，还有受省政府委托代办的会计短训班2个，共有学生500余名，教职员37名。

办学规模扩大，办学形式多样，学校影响越来越大，商科教育质量得到省政府会计处首肯。学校决定从云和、碧湖、温州等地招收初中毕业生100名，培养中等会计人才；同时招收高中毕业生，办成本会计和银行会计各一个班，为浙江省培养专科程度的专业人才。

随着抗战结束，学校回到府学宫原址。1945年10月招收高中和初中新生，恢复了高中商科。根据教育部规定，初、高中英语每周教学时数均改为6小时，并定为必修课。接收伪镜水中学高中学生，经过爱国主义教育和审查以及文化测试后编班。因光复区初中毕业生程度不一，开办一个高中先修班，以弥补缺欠保证教学质量。1946年9月，学校有高中6个教学班，学生177名；初中10个教学班，学生489名；高级商科1个教学班，学生19名；会计班1个，学生57名；统计训练班1个，学生29名；合作班1个，学生38名。总计学生809名，教职工48名。

为帮助学生把握升学机会，成立升学指导委员会。为适应班级增多的形势，重新组织4科教学研究会，以利于开展教学研究，提高教学质量。开设的课程有：语文科，包括国文、英语；自然科，包括数学、物理、化学和博物；社会科，包括历史、地理、公民和商业；技能科，包括体育、音乐、劳作、图画、军训和童子军，以利于开展教学研讨，提高教学质量。

（三）改革不断，与时俱进（1949—2006）

新中国成立后，学校教育的政治色彩越来越浓，课程日益政治化。学校向工农开门办学，师生走向民间乡野，倡导教育与生产劳动相结合。1950年，为贯彻"向工农开门"的办学方针，开设工农班，招收工农子弟免费入学，人民政府拨给助学金。学校成立工读委员会，利用广阔的校园，在学习之余种粮种菜，补助工农子弟。此举成绩显著，得到绍兴地委宣传部和专署文教科的嘉奖。同时，应农民的要求，在南门外开办一所夜校，学校补助部分灯油费，帮助农民识字学文化，受到社会和政府的好评。

1953年，学校开展学习苏联教学经验为主的教学改革。1954年，学校试行准备劳动与卫国体育制度（简称"劳卫制"），实行课余、假期义务劳动制度。组织教师参加语音训练班，推广普通话，使用普通话教学。

1958 年，贯彻"教育为无产阶级政治服务，教育与生产劳动相结合"的方针，在各科教学中实行"政治挂帅"，设农业基础课，加强劳动教育。组织学生广泛参加生产劳动，大办工厂、农场、牧场，积极开展勤工俭学活动。在东湖公社办了一个拥有 47 亩田地的校外农场，校内还办了一个 10.5 亩的小农场。正常的教学时间，经常为生产劳动所占，如停课投入"大炼钢铁"运动，去农村参加"双抢劳动"，去兰亭修水库等。1960 年，积极开展爱国卫生运动和体育活动，开展增产节约。校办工厂试制成功了白昼幻灯机、声波演示器等教具和打稻机、耘田器等农具。1962 年根据教育部有关通知精神，为增强学生为农村服务的能力，增设珠算课和簿记课，并组建地理园、农业地理资料收集等课外兴趣小组。在调整工作中，本校部分教职工被精减回乡劳动。

1963 年，《全日制中学暂行工作条例（草案）》颁发，中学教育的任务和培养目标进一步明确，学校工作有章可循，有法可依。开始注重学生的全面发展，重视教学质量；在教师中开展教研活动，学习各科大纲，研究教材，组织听课、评课活动。1964 年，省教育厅颁布《全日制中学1964—1965 教学计划》，学校按第一类教学计划开设课程，即按普通中学的要求教学。5 月，部分师生响应号召"上山下乡"。"文革"时期，学生"上山下乡"，正常的教育教学秩序受到严重影响。

随着"文革"结束，学校工作开始步入正轨。1977 年 6 月，恢复初中、高中招生考试。1986 年，根据因材施教的原则，在高一新生中开始试行按程度编班，分层次教学。1988 年，在对学生进行思想品德教育上注重分层次、多渠道、网络化。所谓分层次，即高一、高二、高三教育的重点分别是科学人生观教育、国情教育、社会主义初级阶段理论教育。所谓多渠道、网络化，即（政治）课内、课外，校内、校外，理论、实践，学校、家庭、社会相互沟通，相互联系，建立健全学生教育管理网络。1990 年，组织师生认真学习《国旗法》，规范本校升国旗制度。学校以"德育渗透到各学科"为课题，大力开展在各学科教学中渗透思想教育的教科研活动。1991 年，贯彻"普通高中教育工作会议"精神，调整教学计划。高一年级开设制图、摄影、日用化工、裁剪缝纫 4 门选修课，高二、高三年级均开设劳技课。

新世纪以后，学校大力加强学生思想品德教育和校园文化建设。主要有"新生强化训练"，高一新生入学之初进行包括军训、始业教育、学法指导、日常行为规范及校纪校规考核等，使高一新生尽快适应高中学习生活。各班以班会的形式开展"责任心问题"大讨论，明确现代青年肩负的使命以及个人对家庭、对社会的责任。开办谈心室，主题词是"美丽人生，从心开始"，对学生进行心理疏导、心理咨询。利用假期广泛开展以"争做社区合格公民"为主题，多读书、多实践、注重自身能力培养为主要内容的社会实践活动。2005 年 4 月，学校"探索责任心培养的稽山模式"被评为省德育精品工程。9 月 11 日，青少年未成年思想道德建设中央督察组来校督察，对学校的未成年人思想道德建设给予了高度评价。

（四）全省样本，探索发展（2006—2012）

伴随着新世纪前进步伐的迈进，学校进入了新的发展时期。2007 年，稽山中学被省教育厅确定为"浙江省普通高中新课程实验样本学校"。

2007 年 3 月，稽山中学成立首个文科特色班——2007 级周恩来班。学校以"周恩来"命名首个文科特色班，录取 47 名优秀初中毕业生。学校为该班配备了雄厚的师资，开设文科特色课程与讲座，如名著品读、原版英语电影鉴赏、人文大讲堂、写作、演讲、书法等。

学校致力于培养学生的创新意识和实践能力，鼓励学生参加丰富多彩的科普活动。2007 年，在四川绵阳举行的第四届全国中小学劳技教育创新作品大赛中，陈东栋、施扬的创新作品"电子式体积测微器"荣获金奖，孙惠琦、施扬的创新作品"定时电子开关插座"获得银奖。在全国青少年无线电测向分区赛上，学校首次率团参赛，取得优异的成绩。唐琪晶获得高中女子组短距离 2 米波段测向第 2 名，学校获 80 米波段比赛女子组团体总分第 4 名。

社团活动蓬勃开展，各社团竞相推出经典节目，科技创新社的火箭发射表演、吉他社的《老男孩》弹唱、鲁迅文学社的《府学新荷》刊物，有力地推动了学校的课程建设。

学校以自编校本作业为载体和抓手，务实开展校本教研，促进教师专业发展。在各学科教研组的具体筹划下，发动全体科任教师，共完成自编校本《作业本》60 种，为语文、数学、英语、政治、历史、地理、物理、化学和生物 9 门高考学科所有的必修、选修教材编制了配套的同步作业本，初步形成了一套完整的、质量较高的、适合本校学生的校本作业本。

为提高教师实施新课程的教学能力，引导和帮助青年教师增强学科素养，加快专业成长，学校举办了首届"稽中新星"教师教学能力展示活动。65位青年教师参加此次"比武"，通过"教学设计能力"、"上课能力"、"命题能力"三个环节的角逐，8位教师荣获"稽中新星"称号，16位教师荣获"稽中新星"比武优胜奖。

2011年，浙江省各地市十多所一级重点中学欢聚稽山中学，共商合作，同谋发展，成立了"会稽高中教育联盟"，推举稽山中学为理事长单位。联盟以优势互补、合作共赢、提升质量为宗旨，以高中新课程改革为契机，联合开展教育教学研究活动，包括开展高考命题研究、主题教学研究等。

四、风雅稽中

21世纪的今天，展现在世人面前的是一所具有江南园林特色，建筑面积约3.2万平方米的新校园。校园景色宜人，环境优雅。学校对校内楼宇和十大景观进行了命名，让每一幢楼、每一处景、每一条路都赋予教育的意义，唤醒久远的记忆。

（一）各楼宇命名

命　名	说　明
翔宇楼（教学楼）	翔宇为学校名誉董事长周恩来的字。周恩来担任国务院总理26年，他的卓著功勋、崇高品德、光辉人格，深深铭记在全国各族人民心中。以"翔宇"命名，既是纪念总理对学校的特别关爱，也是激励学生奋发向上，翱翔宇宙。
鸿学楼（教学楼）	鸿学即博学，鸿学楼三字由徐光宪先生亲笔题写，以勉励学生博览群书，提高科学文化素养，同时也是为了纪念邵鸿书老校长。徐光宪是稽山中学校友，是国家最高科学技术奖获得者，被誉为"稀土之父"。邵鸿书是抗战期间的稽山中学校长，率师生徒步行军至浙南山区，在极其艰苦的环境下，在景宁坚持办学。

续表

命　名	说　明
励志楼（教学楼）	励志为"力子"的谐音，以此纪念稽山中学的设立人邵力子先生，同时也为了引导学生树立远大理想，做一个有志向的青年。
念慈楼（行政楼）	念慈楼由校友刘宗麒先生捐资筹建，为感谢母校教育之恩，取名为念慈楼，以营造感恩的氛围。
柏堂楼（图书馆）	徐柏堂先生为学校首任校长。1941年夏，徐先生赴重庆为办妥稽中分校立案并筹集经费之事，转道香港回沪，正逢日寇偷袭珍珠港，香港外围发生海战，先生正为呼吁港胞乡亲支援稽中而奔走，在海滨突然中弹，不幸遇难，年仅46岁。图书馆以"柏堂楼"命名，以示稽中人永远怀念先生。 古语云，"岁寒知松柏之后凋也"，柏树斗寒傲雪、坚毅挺拔，乃百木之长，素为正气、高尚、不朽的象征，常表达后人对前人的敬仰和怀念。
可桢楼（科学馆）	竺可桢先生为建校之初十大校董之一，历来关心稽山中学发展。他是中国近代地理学和气象学的奠基者，担任浙江大学校长13年，以"求是"为主导，将浙大建成世界一流大学，被李约瑟赞誉为"东方剑桥"。 以校董、著名科学家竺可桢命名稽山中学科学馆，恰如其分，意蕴丰富。"可桢"谐音又为"渴真"，即渴求真理，实至名归。同时，从字义看，"桢"，指坚硬的木头，古代打土墙时所立的木柱，泛指支柱。"可桢"也蕴喻着每位稽中学子都能成为国家栋梁之材。
仲华馆（体育馆）	朱仲华先生是稽山中学十大设立人之一、校董会董事长，毕业于复旦大学，早年参加过"五四运动"，一生热爱祖国，热爱家乡，是绍兴市一位德高望重、备受赞誉的开明人士。朱先生不辞辛劳，为稽山中学发展鞠躬尽瘁，使稽山中学成为江南地区的著名中学。 仲华谐音为"中华"，"少年兴则国兴，少年强则国强"，青少年是国家明天的希望。取名"仲华馆"意在激励稽中学子要志存高远，强身健体，有钢铁一样的身体，钢铁一样的毅力，肩负起振兴中华的重任。

续表

命　名	说　明
元培楼 （艺术楼）	蔡元培先生为建校初期稽山中学校董。蔡元培是公认的新文化运动领袖，一位启蒙思想家，杰出的教育家、革命家。他还是一位美学家，特别重视把美学与教育紧密结合，创建了自成特色的美育学说，把美育提升到人格教育、全民教育、终身教育的地位。 　　"以美育代宗教"，"美育为近代教育之骨干。美育之实施，直以艺术为教育，培养美的创造及鉴赏的知识，而普及于社会"。蔡元培要求学校把艺术看得和科学一样重要："艺术能养成人有一种美的精神，纯洁的人格。"将艺术楼命名为"元培楼"，秉承了蔡元培先生深刻的教育思想。
思源餐厅	《朱子家训》有云："一粥一饭，当思来之不易；一丝一缕，恒念物力维艰。"庾信《徵调曲》："落其实者思其树，饮其流者怀其源。"饮水思源，不忘本，思源才能致远。餐厅以思源名之，以示稽中人不忘根本。
俭德餐厅	俭约的品德。《周易·否》："君子以俭德辟难。"韩非子言："以俭得之，以奢失之。"孔颖达疏："言君子于此否塞之时，以节俭为德，辟其危难。"告诫人们应该勤俭节约，而不应骄奢淫逸。大成教育当然不单单只看重学业，陶行知先生说"生活即教育"。在日常生活中，亦有砥砺品德之深意。
勤毅楼 （男生宿舍） 善雅楼 （女生宿舍）	根据学校的发展历史、文化积淀和教育追求，稽山中学提炼出"培育敦品笃学、砺行致远之青年"，作为今天学校的育人目标，也就是"大成"人的目标。在此基础上又提出了"诚朴勤毅，善雅博智"八个字，作为育人目标的拓展和延伸，成为每一个稽中人终身发展的目标和追求。以"勤毅"、"善雅"命名男女生宿舍楼，便将稽山中学深远的育人目标化解在了日常作息之中。

（二）十大景观

　　投醪春晓：稽中校园内投醪河横贯东西，这是越王勾践伐吴出征誓师的地方。如今，经过学校多年的整治，古河道焕发了崭新的生机。每当春天到来之时，晨光初照，投醪河两岸各种花卉争奇斗艳，展现着春天的生机与活力。这不仅是稽中一景，也是投醪河路上令人流连的景观，是以命名为"投醪春晓"。

泮池夏荷：泮池的夏天"小荷才露尖尖角"，清新、秀丽，孕育生机，如同稽中可爱的学子们；鱼戏莲叶之间，和谐、美好，相互映衬，如同稽中老师和学生之间亦师亦友的友好关系。"泮池夏荷"，象征了稽中蓬勃的生命力，象征了学子们含苞待放，前程无限好的锦绣未来（见图1-1）。

图1-1 泮池夏荷

幼翁秋韵：稽中南有投醪河环绕，北有幼翁山相依。幼翁山的秋日，三角槭、银杏红黄交错，色彩斑斓，令人沉醉，是稽中秋天最美丽的景致。秋，又是成熟的季节，收获的季节。"幼翁秋韵"，蕴含着稽山中学教育业绩斐然，不断趋向于尽善尽美之意。

稽阁冬雪：大雪纷飞，踏进幼翁苑，稽古阁在雪中静默，树枝如梨花绽放，绵绵的"柳絮"在空中荡游，就好像来到了一个幽雅恬静的世界，来到了一个晶莹剔透的童话般的雪国。"稽阁冬雪"，让人的心灵变得更纯净，让师生得到心灵的陶冶和升华。

训亭励志：邵力子亲笔题词"卧薪尝胆"四字，以越王勾践的雄心创办教育，以民族气节激励师生。此碑亭坐落于投醪河边，与悠久历史相呼应。同时，作为稽山中学的校训、标志性景观，勉励着一代又一代的稽中人奋发图强。因此命名为"训亭励志"。

学宫遗珠：这是一组景观，以戟门、大成门和其中的雕梁画栋、碑林石刻,以及大成门右侧的石蟠屃等景物为核心。这些被稽中学子珍视保护的文物,是古老的府学宫在漫长的历史进程中留存下来的珍宝。"府学遗珠",诉说着辉煌的历史,传承着厚重的文脉。

大成圣辉:《孟子·万章下》中说,"孔子之谓集大成。集大成也者,金声而玉振之也"。孔子作为中国历史上杰出的教育家,其教学理念影响着一代又一代为中国教育事业奋斗的人们。稽中师生沐浴在如冬日暖阳的"大成圣辉"中,不知不觉中欣然受惠。稽山中学的入学礼、毕业礼等各类仪式,均在大成门孔子圣像前举行。这一仪式,其核心的教育价值在于传承孔子的教育思想,弘扬和践行"大成"理念。这些仪式使稽中学子拥有了独一无二的人文底蕴(见图1-2和图1-3)。

图1-2 大成圣辉

图1-3 孔子圣像

读碑讲史:1941年4月,日本侵略者包围绍兴城,不愿做亡国奴的稽中师生在校长邵鸿书的带领下,冒着枪林弹雨向南门至稽山门一带突围,流亡办学。这是稽中历史上一段光辉且难忘的历史。抗战突围碑刻录了这段历史,也凝结了稽中人的气魄。古碑无声地诉说着稽中悲壮的历史,勉励后代学子不忘过去,励精图治,教育报国。

古樟新绿:具有百年历史的古樟树,是稽中一路走来的见证人。樟树虽古,常有新绿,喻示着百年稽中的生机盎然。古樟展枝向蓝天,彰显着稽中学子奋发向上的拼搏姿态。十年树木,百年树人。教育就像这棵大树,根系要往更深处生长,枝干才能不断伸向蓝天,终至"吸翠霞而夭矫"。

回廊晚风:长廊的柱子上镌刻着稽中校董、名贤们的名人名言,始终激励着稽中学子奋发向上。稽中的学生，尤其是住校生，也喜欢在傍晚放学后坐在长廊里休憩，这是一天紧张的学习生活中难得的闲暇。一张一弛，文武之道，晚风中的回廊，给予了学子们遐思的空间。

（三）四个主题公园

为体现"大成"理念，学校塑造"潜移默化、润物无声"的人文景观，按照"寻根、塑形、铸魂"的基本思路，通过升级改造，将府学文脉中轴线两侧原有的四块绿化树林打造成四个包含丰富内涵的主题文化景观园。

古代儒生修身的理想境界是成为一名谦谦君子。学校借用植物中被喻为"四君子"的梅、兰、竹、菊，围绕学校"府学文脉"的中心轴线，分别设计、布置出四个院落，并通过种植"四君子"，建设松梅道、元竹林、菊花园、兰草坡，分别将其命名为松（宋）梅古樟道、清水兰草坡、明善菊花园、通慧元竹林（见图1-4）。

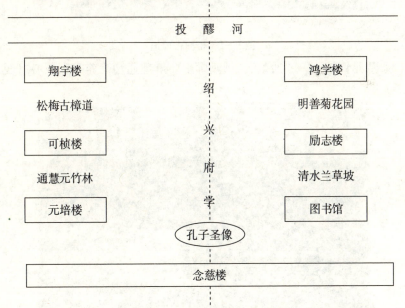

图1-4 学校主题文化景观示意

为了让四个文化景观既有深刻的文化内涵，又能与学校打造的"格心课堂"相得益彰,学校在四个园子的文化石与景观罩壁上,分别选取宋代的陆游、元代的赵子昂、明代的徐渭、清代的赵之谦这四位与府学有着较深渊源的文化名人的书帖,镌刻在石头上。

松梅古樟道——"有初":自古语"靡不有初,鲜克有终",勉励师生要有始有终,不忘初心(见图1-5)。

图1-5 松梅古樟道

通慧元竹林——"通慧":勉励师生要事理通达,养一颗慧心(见图1-6)。

图1-6 通慧元竹林

明善菊花园——"明善"：勉励师生要明晓人生，存一颗善心（见图1-7）。

图1-7 明善菊花园

清水兰草坡——"采诗"：出自《诗经》典故，勉励师生勿忘远方，孕一颗诗心（见图1-8）。

图1-8 清水兰草坡

（四）五道门

在主题景观的设置上，别具匠心地设计了五道门，表达敞开的意象，形成一种继往开来的气场，并分别在每道门旁边的灯柱上刻以相关格言。

在景观的入口处设置标志形状的铭柱，上刻景观名称"向一切伟大的事物敞开"。五道门上的文字分别是：

世界打开自己，邀请我进入。/寄蜉蝣于天地，渺沧海之一粟。

我感到阵阵来风，我必须承受。/精骛八极，心游万仞。

谁都不是一座孤岛，可以自成一体。/独上高楼，望尽天涯路。

认识你自己。/文质彬彬，然后君子。

彻底地成为自己将是一切力量之源。/集大成者，金声而玉振之也。

五、转型发展

（一）高中教育的转型发展

经过多年的发展，稽山中学的办学条件有了明显改善，但在性质定位、培养目标、课程体系、课堂教学等许多方面，还有着精英教育时代的鲜明特征。普通高中如何转型？大众化时代的高中教育对学生有什么价值？这已成为高中教育发展无法回避、亟待解决的问题。随着课程改革的实施，学校对高中教育有了较明确的定位。

让学生的潜能得到激发。在高中阶段，学生的发展意识从生命的自发向自觉转化，发展能力从适应向自主转化，学生生命发展的价值逐步显现并走向成熟。在高中阶段，学校要在课堂教学、课程建设、活动设计等方面，让学生参与进来，主动创新、决策规划、自己组织与评价。因而，高中教育就是让学生了解自己、认识自身的潜能，初步确立自己的发展方向和目标。

让学生的发展需要得到满足。高中阶段的教育应当把激发学生自我实现的需要作为自己的目标，不断通过制度与文化的建设，创造尊重学生的环境与条件，为学生自我发展意识的生长提供土壤。学校要为学生的发展提供环境、制度和文化上的支持。因而，高中教育就是为学生创造尊重每个学生发展需要的文化环境。

为学生的个性发展明确方向。高中教育必须为学生的发展奠定全面的素质基础。在这个过程中，学生发展的个性逐步显露，影响甚至决定未来走向的特殊素质逐步展现。学校要参与学生个性特长的发现、展示和发展。因而，高中教育就是努力支持学生发现并发展自己的个性特质，以更好地确定自己未来的发展方向。

（二）学生生存发展的现状分析

稽山中学现有 42 个教学班，2200 多名学生，男女生人数基本相等，大部分学生生活在城区。按绍兴市区历年招生状况统计，这些学生的成绩基本上居于越城区中考前 800—1600 名；经过高中三年学习，95% 以上的学生能进入本科院校就读，大约 25% 的学生能升入重点大学就读。近年来，学校进入重点大学的人数逐年攀升。

进入稽山中学后，如何让这些学生更好地适应高中的学习和生活呢？学校首先从心理学的角度分析了他们的特点。

独立意识不断增强。学生从依赖父母、依赖老师和他人，开始逐步向自我判断、选择和决定的自主性阶段发展。在这一阶段，学生的自我意识逐渐增强，其个性和自身的智能优势也逐步地显现出来。这些都为学生成熟地走向未来奠定了坚实的基础。因而，学校应当多为学生创设成长的平台，多锻炼学生的成长。

理性认识不断提高。理性是一个人的思维逐步走向成熟的标志。初中阶段，学生跟着感觉走，感觉支配着行动，这个年龄的孩子身上有着冲动、粗心、易犯错等特点。但随着高中生智力的发展，以及社会生活经历和知识储备的丰富，学生认识事物、分析和解决问题的能力不断提高，逐步学会从本质的、普遍的和全面的角度观察和认识事物。这意味着高中阶段的教育应当创设问题情境，让学生自己去思考问题；创设富有挑战性的现实机会，在提出问题、分析问题和解决现实问题的过程中，升华学生的思维品质，提升学生的生命智慧。

实践能力不断提升。学生实践活动的设计逐步有了理论的依据和支持，而且学生对于自己学习的理论和观点，开始有一种跃跃欲试的热情。这种变化极大地推动了学生学习知识的热情和渴望，因而学校应当为学生创造更多的获取知识的机会和条件，也应为学生创造大量的参与社会实践的平台，促使学生获得正确的世界观和方法论。

高中是人生发展的关键阶段，高中教育应当从学生的特点出发，并为学生的充分发展创造最好的教育条件。

（三）挖掘和传承府学文化

作为一所有深厚教育积淀、有千年府学儒家文化传承的学校，儒学文化中的"仁爱教育"，一代名儒王阳明先生提出的"和谐"的教育思想，即从快乐是人心之本的观点出发，主张教育学生先要鼓舞其兴趣，培养其"乐学"的情绪，刘宗周先生的"慎独"学说以及教育改革思想，如学生来源的多元化、教学内容的多样化、教师来源的社会化等，蔡元培先生五育并举的"人格教育"等教育思想一直在启迪着稽中学子继往开来。

稽山中学传承着两种文化，一种是以府儒学为主的儒家文化，另一种则是以投醪河为纽带的胆剑精神。绍兴地方所倡导的"奋发图强的胆剑精神"源自先贤勾践，他投醪出征的起点——投醪河横亘在学校南面。学校以"卧薪尝胆"为校训，名实相符。学校的校名中"稽山"一词，蕴含着创办者们对稽中学子传承会稽山文化精神的寄托和希望。稽山是会稽山的省称。《史记·夏本纪》记载："十年，帝禹东巡狩，至于会稽而崩。"又载："禹会诸侯江南，计功而崩，固葬焉，命曰会稽。会稽者，会计也。"会稽山，是中国历代帝王加封祭祀的著名镇山，秦始皇上会稽，祭大禹，望于海，李斯立石刻颂秦德，这就是著名的"会稽刻石"。《晋书·隐逸传·夏统》中记载："先公惟寓稽山，朝会万国。""会诸侯而计功"，"朝会万国"，在现代可以看成是一种眼光和胸怀，一种放眼世界、包容万邦的博大气度。

如果说府学文化是儒雅的，它体现了稽中人的一种气质，那么胆剑精神是阳刚的，它彰显着稽中人的一种品质。府学文化和胆剑精神，这一文一武两种特质深深影响着一代又一代的稽中人。

2014年以来，学校制订新的三年发展规划，提出要充分发挥学校位于绍兴名城的区位优势，充分挖掘学校创办和发展过程中的名人资源，充分利用学校厚积的文化底蕴和名校资源，把稽山中学建设成为"卓立名城——成为古城绍兴的文化精神地标"、"名满江南——江浙一带有较强辐射力和较大影响力"的学校。

坚持文化立校，建立以提升教育品质为导向的课程体系，探索培养具有国际视野、民族情怀的个性化创新人才为要旨的教育方式，满足不同潜质学生的发展需要，给高等学校输送各式人才，是学校跨越式发展的基础。

第二章

学校办学的核心主题

学校文化是学校的精神。对学校历史的解读，是学校建设和发展的前提。追求传统文化与现代理念的完美结合，是学校建设的基点。

　　作为一所有着八十多年办学历史的老校，稽山中学坚持"文化立校"的办学思路，深入挖掘、总结、提炼学校文化，借儒学之"大成"理念提炼稽中精神，形成了以"大成"理念为引领的学校特色文化雏形，确立了"坚守大成理念，奠基师生发展"的办学理念，并在此基础上确立了学校的发展愿景、培养目标、课程体系和管理模式等。

一、办学愿景

稽山中学充分发挥位于绍兴名城的区位优势，充分挖掘学校创办和发展过程中的名人资源，充分利用学校厚积的文化底蕴和办学基础的名校资源，确定了办学愿景，即"承千年府学之文脉，继百年校史之精神，育敦品笃学之青年，办江南文化之名校"。

学校拥有无比珍贵的精神财富，千年府学宫积淀了深厚的儒学底蕴，投醪河畔的"卧薪尝胆"升腾着一股阳刚之气。府学文化和胆剑精神，深深地影响着一代又一代的稽中人。

现代稽山中学诞生于"中华民族最危险的时候"。1932 年 9 月，在列强环伺，民族危亡之紧要关头，爱国民主人士邵力子会同朱仲华、金汤侯、汤日新、徐柏堂等 10 位乡贤，本着"发扬民族精神，养成诚朴作风，培植勤毅人才"的办学主张，以教育救国、造福地方的热忱，初创稽山中学，以己立而立人之教育理念，建立现代学制，在源头上为强国之志培养人才。

学校初创时期，在邵力子、蔡元培、竺可桢、马寅初、孙伏园等一代教育大家的引导下，在徐柏堂校长的主持下，以"卧薪尝胆"为校训，先后聘请 30 位学有所长的教师，其中包括杜亚泉、邹楚清等名师，拟定《组织大纲》，依照大纲，制定了较为完备的规章制度，明确提出了学校的办学主张和培养目标。办学主张是："一曰，发扬民族精神，挽救国难；二曰，养成诚朴作风，改进社会；三曰，培植勤毅人才，自强强国；四曰，减低学生纳费，以轻负担。"培养目标是："本苦干之精神，努力养成坚韧耐劳，任重致远之青年，使学术技能臻于优良，敦品笃行，习于纪律，以复兴民族！"设立人的这种挽救国难、自强强国的办学思想，为稽山中学的发展奠定了坚实的思想文化基础和诚朴勤毅的办学传统。大师们的教育思想、历任校长的办学理念和文化精神铸就了稽中百年历史名校的美誉，奠定了稽中坚实的办学基础，学校坚守设立之初的办学思想与教育主张，走过了近一个世纪。

以校名来看，"会稽刻石"寄寓着中国历代帝王"王天下"的雄心，在现代，则鼓舞稽中学子养成大视野、大胸怀、大气魄，立大志，晓大理，成大器，担大任，成大我，在承继传统文化的同时更新文化传统，以中华之心，做世界公民。

学校追求传统文化与现代理念的完美结合，不仅要把学校变成一座洋溢着古典精致气质的校园，而且要让它流淌着和谐的生命气息。一所理想的学校，应该是学术的殿堂、文化的殿堂，更是一所为每一个学生成才提供机会的学习乐园。"大成"教育思想就是有教无类、因材施教，要公正、平等地看待每一个学生，要善于发现每一个学生的特点，赏识并鼓励他们的发展。

历史走到了今天，"卧薪尝胆"的校训，发展成一脉相承的稽中校园文化和稽中人精神品质的追求——"诚朴勤毅、善雅博智"。诚朴勤毅、善雅博智，是一种实而厚重、素而无华、坚而有韧、真而简明的精神，是返璞归真、不事雕琢的，是保持自然本性的，是儒雅中的涵养大气，谦逊中的平和随意，善良中的真诚宽厚，坚毅中的刚柔相济，理想中的执着坚守……这是府学校园人在这个园子里熏染积淀的独特的气质和胸怀，是可以享用一生的精神品质和财富。我们坚信教育的理想境界会体现在学校的日常生活中，在每一天的每一个教育细节中。我们追求"每一天"、"每一个细节"，呈现在学生面前的，是能唤醒他们的"求知意识"、"责任意识"、"生命意识"，能美好地留在心灵深处、记忆深处的学校日常生活和教育场景。

在"大成"理念的引领下，我们对学校的校标、校徽、校歌、校旗等标识性形象做了进一步的修改和完善。在此基础上，学校建设视觉识别系统，对学校的行政文件、校报、校本教材、教案、听课笔记、工作笔记、信封、便签、通讯录、专用铭牌、科室牌、校徽、胸卡、专用纸杯等做了整体的系统开发。

今天的稽山中学散发着古典的、越文化的气息。我们"修旧如旧"地改造校园，使校园有中华的背景、江南的特质、绍兴的味道，使校园的一草一木、一砖一瓦都彰显着千年的文化历史，都赋予教育的意义，让每一堵墙、每一条路都能唤醒记忆。人文之美，更是稽中的特点。校园中的每一个细节都是鲜活的教育读本，每一处建筑都有教育的印记，处处呈现一种生命的状态。

二、办学理念

（一）"大成"理念

稀山中学确立了"坚守大成理念，奠基师生发展"的办学理念，挖掘了学校文化的核心理念——走向我。

"大成"一语出自老子《道德经》："大成若缺，其用不弊。大盈若冲，其用不穷。大直若屈，大巧若拙，大辩若讷。"大意为，圆满的东西好似有残缺一样，但实用起来却没什么毛病、缺陷。

圆满不一定是成功，即使在失败中，也能找到圆满的体验。圆满也不等同于完美，尽了最大努力，无论结果如何，坦然接受，也是圆满。圆满是一种持久的态度。圆满也是一种爱的表达，关心并接受事物及每个人本来的样子。追求圆满的"大成"人生，发展内在的品质和必要的洞察力，寻找并完成自己的天命，最终各自在道中显现存在的本质。

《礼记·学记》里，对"大成"一词另有阐发："古之教者，家有塾，党有庠，术有序，国有学。比年入学，中年考校。一年视离经辨志，三年视敬业乐群，五年视博习亲师，七年视论学取友，谓之小成。九年知类通达，强立而不反，谓之大成。夫然后足以化民易俗，近者说服而远者怀之，此大学之道也。"在这里，"大成"则是一种学养、一种人格、一种治学者孜孜以求的人生状态。

大教育家孔子所倡导的"有教无类"、"因材施教"等教育思想是古今中外教育者所遵循的基本教育原则。稀山中学立足当下，实行现代的教育理念——"坚守大成理念，奠基师生发展"，一是源自对千年府学厚积历史文化的挖掘，二是因为校园中尚存的府学遗迹，这些不可复制的文化环境即为教育的要素，三则指向"大成"的基本含义——自孔子以来，"大成"不但指学术上的集大成，更是一种人生状态。在《辞海》中，"大成"即"道德"，即"立德树人"、"人格教育"，从而使莘莘学子成其所是。

学校倡导"大成"理念，就是要为学生营造一个适合成长的环境，经过府学校园三年深厚校园文化的熏陶，使学生能发现自我，唤醒自我，认识自我，完善自我，超越自我，最终走向最好的自我，也就是让学生在府学校园积淀滋养一生的精神财富,并将"大成"作为终生追求的理念。

(二)学校文化的核心理念——走向我

2500 年越地人文传下了勾践"卧薪尝胆"的胆剑精神,千年府学承继了儒学文化的"仁爱"与大儒王阳明的"和谐"教育思想,慷慨激越的现代办学历史又为稽中谱写了江南文化名校之新篇章。

走进稽中校园,一路走过戟门、稽阁,欣赏千年泮池荷影,感受百年古樟新绿,碑阁廊亭随处可见先贤寄语,千年府学、百年名校的气息扑面而来,激励着师生们从昨日之小我,走向大成之我。

自然万物走向我,使我能了解生命的信息,舒展人性的枝叶;历史和传统走向我,能激活沉潜的文化基因,让我知道我从哪里来;人类文明走向我,为我的成长加持,让我成为不断创新的现代人。每一次"走向我",都是看见、接收、咀嚼和沉思;每一次"走向我",都是生命与外界的碰撞与融合,使我走向最好的自己,走向大成之我。

三、育人目标

结合学校的历史发展、办学理念和今天的学生实际,学校将"培育敦品笃学、砺行致远之青年"作为育人目标。

(一)敦品笃学

"敦"本意为厚重,引申为奋勉。敦品,就是砥砺品德。"敦品",语出清学者梁章钜《归田琐记·谢古梅先生》:"先生敦品励学,实为儒宗。"梁章钜以"敦品"来评价可为儒者典范的人,说明它可以用来形容学习者致力于自身道德修养、发愤学习的高尚境界。"人以品为重,若有一点卑污之心,便非顶天立地汉子。"

稽山中学的"敦品",具体包括以下几方面的目标要求:

(1)树立卓越的理想与追求。

(2)养成良好的道德行为习惯和正确的人生观、世界观及价值观。

(3)认真学习公民知识,了解公民的基本权利、义务。

（4）秉承"仁、礼、和、义、信"的准则与规范，处理个人与他人、国家、社会、自然之间的关系。

（5）养成良好的道德品质，懂得自尊、自重、自爱。

（6）具有自我认知、自我发展的能力。

（7）有想象力、创造力，能够独立发现问题、解决问题。

（8）善于沟通合作，人际关系良好。

（9）培养自立、自制、自主的人格和思维。

"笃"的含义就是敦厚、诚实、忠信。"学"，涵盖学问和学习两个层面，前者主要指学识、理论，后者主要指认知、研习。"笃学"，指专心好学、潜心钻研、善于学习，语出《论语·泰伯》："笃信好学，守死善道。"要求学生不因环境优裕而懈怠，不因外界干扰而分心，把握青春宝贵的时光，踏踏实实、一心一意地学习，刻苦钻研知识。

"笃学"具体包括以下几方面的目标要求：

（1）具有强烈的学习动机和探求未知的热情。

（2）钻研科学的理念，具有严谨踏实、不断探索的科学精神和态度。

（3）学习广博的知识，全面准确地学习各学科文化知识。

（4）掌握正确的学习、研究方法，具备较强的学习能力。

（5）培养、发展各方面的兴趣爱好，并在某一方面有所长。

（6）培养自我学习、自我成长的习惯、爱好和能力。

（7）能够运用现代化信息技术高效学习。

（8）能够在交流协作、动手实践中学会学习。

（9）培养丰富的想象力、创造力和敏锐的洞察力。

（二）砺行致远

"砺"，意为砥砺、磨砺。砺、励两字相通，引申为勉励、激励、振奋等意。"行"，包含行为和作为双重含义，前者主要指行动、实践等基本义，后者主要指品行、有为等引申义。"砺行"，强调要知行合一、学行并举，理论联系实际，励志奋勉，不断探研学问，且躬身履践。

"砺行"具体包括以下几方面的目标要求：

（1）学以致用，提高运用知识的能力，把所学知识用于实践。

（2）敢于面对困难的挑战，学会适应竞争。

（3）具有良好的社会交往、与他人共处的能力。

（4）形成良好的分析和解决问题的能力、交流合作能力、创新能力。

（5）具有一定的创造力和动手操作能力。

（6）参加学生社团活动和校园文体活动，丰富自己的课余生活，开阔自己的眼界心胸。

（7）参加社会实践活动，课余工作实习以及社会公益活动，锻炼自己的协调沟通能力，培养团队合作和创新精神。

"致远"本指到达远方。语出《墨子·亲士》："良马难乘，然可以任重致远。"后多比喻人才卓越，可任大事。《文子·上仁》说："非淡漠无以明德，非宁静无以致远。"三国时期诸葛亮引这两句教训自己的儿子，"非淡泊无以明志，非宁静无以致远"。培养学生具有世界公民意识，成为眼界开阔、襟怀宽广的现代青年。

"致远"具体包括以下几方面的目标要求：

（1）既认同本民族文化，又具有开阔的国际视野，了解、尊重其他国家、民族、地区的文化和风俗习惯。

（2）培养学生学习及运用外语的能力，增强学生进行跨文化对话交流与沟通的能力。

（3）学习、掌握国际交往的修养和技能，具有跨文化沟通的能力。

（4）关心人类共同的问题，提高处理国际事务的能力。

（5）以开放的文化胸襟，吸纳异域文化的精髓，并以异域文化为参照来认识本国文化。

（6）尊重文化多样性，不歧视任何异域文化，特别是那些与本民族文化截然不同的文化，不以社会、经济发展形态来否定文化的价值。

（7）具有国际参与、国际竞争的意识，树立全人类和平共处的价值观念，从全人类、全世界的视野理性地观察和思考问题。

"敦品笃学、砺行致远"体现了稽中学子追求道德、学问，意志刚强、胸怀广阔的品质和决心成为国家栋梁之材的理想。敦，诚朴；品，善雅；笃，勤毅；学，博智；砺行，砥砺实践；致远，世界眼光与胸怀。在此基础上，稽山中学又提出了"诚朴勤毅，善雅博智"八个字，作为育人目标的拓展和延伸，也是每一个稽中人品行精神的目标和追求——

诚：真诚，诚以待人处世，厚实。稽中人笃信诚乃立身之本。

朴：质朴，朴素稳重，质朴本色，不浮夸，不矫饰。稽中人明白至朴至美。

勤：勤奋，一分耕耘，一分收获。稽中人相信天道酬勤，身勤体健。

毅：坚毅，面对困难坎坷，人生失意，稽中人百折不挠，坚持坚守。

善：心善，蕴善心，行善举。稽中人纯真善良，上善若水，至柔至刚。

雅：行雅，说雅言，行正事。稽中人志趣高洁，有品有味，有度有量。

博：博学，学精深，识广博。稽中人熟读精思，学识渊博，厚积薄发。

智：智慧，存慧心，求真理。稽中人聪慧明达，世事洞明，任重致远。

四、办学方略

办学方略是指学校在发展过程中为实现未来目标而遵循的基本方针和策略。办学很重要的一个特征，就是把先进的教育理念，转化为体现教和学的行为，把平凡的教育行为做得出色，具有特色，把出色、特色的教育行为变成日以惯之的常态。

（一）业有所成，学有特色

"业有所成"就是最大限度地挖掘学生的潜能，提升学生的发展空间。教育质量的根本是培养人的质量，而人的质量不仅指学习知识和考试成绩的高低，更是人的综合素质发展的质量，重要的是学习知识、运用知识、学会生存和工作的技能，让学生可以终身发展。稽山中学提倡的"业有所成"既经得起传统质量观的检验，使学生的学业成绩不断进步，也关注学生的发展素质，追求长期效益，并且努力把短期效益和长期效益尽可能地有机结合。

"学有特色"就是走优质多样的发展之路，拓宽学生的发展路径。学校以课程建设为抓手，促进学生多样发展，在开足、开齐所有课程的基础上，充分考虑学生的兴趣爱好和个性特长，结合时代发展的需要，积极开发具有个性化的校本课程，让每个学生的身心得到全面和谐发展，张扬个性,激扬生命。

(二)德有目标,育有传承

"德有目标"就是以"敦品笃学、砺行致远"为学校的育人目标,培养学生具有良好的道德素养和公民意识,使学生眼界开阔、襟怀宽广。注重精心育人,引领学生成长,精心筹划、组织升旗仪式、开学礼、毕业礼、尊师礼、成人礼等主题体验式教育活动,充实"育心礼堂"课程,寓教育于活动之中。注重学生自主管理,让学生会和社团成为学生历练的舞台,促进学生的自我管理、自我激励、自我发展,为学生未来的发展奠定基础。弘扬正气,树立先进典型,开展"稽中希望之星"、"十佳毕业生"和"优秀毕业生"评选活动,使学生学有榜样,赶有方向。

"育有传承"是指稽中悠久的历史和文化,为育人创造了良好的条件。稽中早期确立了"卧薪尝胆"的校训,以"发扬民族精神,养成诚朴作风,培植勤毅人才,减低学生纳费"为办学主张,以"本苦干之精神,努力养成坚韧耐劳、任重致远之青年,使学术技能臻于优良,敦品笃学,习于纪律,以复兴民族"为培养目标。"育有传承"就是要用千年府学文脉滋养学生的生命灵魂,以学校人文的底蕴熏陶学生的心志情操。

(三)专有所长,教有品牌

"专有所长"就是最大限度地开发教师的教学能力,推动教师专业成长。注重唤醒教师的"专业自觉",实行分层培训:着力抓好"教育管理高端研修班"、"班主任工作艺术研修班"、"名师培养对象研修班"和"青年教师专业能力提升班"四个研班修,引领不同层面的教师走上适合自身专业成长和发展的快车道,促进学校教育教学可持续发展。

以课程建设为抓手,推动教师专业成长。学校进行课程规划、设计、实施、评价等方案的制订,让每一位教师参与其中,使教师既能立足教学一线,又能获得专业发展,使参与拓展型、研究型课程的教师的专业知识更有深度和宽度,使跨学科的教师有机会涉猎其他学科,从而成为立体型教师。

"教有品牌"就是充分发挥教师个体特质和团队合力,打造教学专业品牌。围绕学校的办学目标，贯彻学校发展规划，按照"多元发展，人文见长"的人才培养目标，着力构建人文素养培养的教育体系，尽心提升学校教育教学整体质量，精心打造稽中人文精品课程，进一步提升办学水平。充分挖掘、着力培育教研组建设、备课组建设、学科建设和校本课程建设中的亮点。开展了"人文特色培育点"评选和表彰活动，精心包装，形成了一系列有声誉、有影响、有辐射的稽中人文精品课程，推出了一批师德修养好、教育素质高、教学业绩好的稽中名师。

围绕"精诚团结的工作团队"、"精雕细琢的教学载体"、"精益求精的教学行为"、"精细高效的教学管理"等切入点，激发教师自觉，突出政策引导，争取外力支持，促成具有学校特色的品牌。学校有硕士学位的教师约占教师总数的 10%，也重点培养了一批省、市级骨干教师，在全省、全市起到引领示范作用。

（四）管有机制，治有文化

"管有机制"就是尽可能地发挥管理制度的作用，依托机制激发活力。学校以目标为导向，探索实施目标管理机制，过程管理和目标管理结合起来，对行政各处室年度和月度工作实施目标管理，计划落实，过程监控，实现目标明晰、权责明确、奖惩分明。高度重视并不断强化教学管理，始终注重教学管理组织建设，加强教学管理队伍和教学管理规章制度的建设，强化服务观念，坚持制度创新，不断提高管理水平；建立比较科学的各主要教学环节的质量标准和教学质量监控体系，确保了质量监控有力、有效。

"治有文化"就是通过经营学校教学文化建设，借助文化确保发展动力。制度文化是精神文化的体现，也是行为文化实现的保障。"大成"理念引领下的学校制度文化必然是和合、合力、和谐的集中体现。学校的制度内容广泛，包括学校组织系统、岗位职责、管理制度和考评制度等四大体系，所规范的对象从领导到职员，从教师到学生，从硬件到软件，从教学到服务等方方面面。管理中坚持"以人为本"，坚持体现"和"与"合"的文化氛围，力争做到各项制度体现民主、公正又切合实际。构建制度文化，科学高效管理，完成学校章程建设，修订完善学校制度汇编。围绕团队建设、教学研究、教学管理、专业发展和有效教学五个方面，以全面提高教育教学质量和打造一流教师队伍为目标，以特色学科建设、教师教学综合能力比武、教改项目研究和先进教研团队的量化评估与激励机制为抓手，加强校本研修的制度化建设、精细化管理。把校本研修与打造精品好课、提高教师教学综合能力、主题教研等活动有机结合起来，以"优质课评比"、"主题教研案例评比"、"教育经验交流会"等为平台，使校本研修进行得既有声有色又扎扎实实，形成校本研修的有效机制，形成学校的教学文化。

第三章

学校课程的顶层设计

学校要发展，必须对学校课程进行整体思考和统筹规划。

学校课程的顶层设计，就是对学校的课程目标、课程结构、课程内容、课程设置、课程实施、课程资源、课程管理与评价等方面进行整体规划，把课程改革真正提升到制度、体制、机制建设层面。学校课程的顶层设计是促进学生发展、教师发展和学校发展的必要规划。

一、总体思路

顶层设计是运用系统论的方法，从全局的角度，对某项任务或者某个项目的各方面、各层次、各要素统筹规划，以集中有效资源，高效快捷地实现目标。

学校课程的顶层设计，是在深入思考了学校的过去、现在、未来，深入思考了学校乃至中国教育的现状、国际态势、发展趋势之后进行的，设计思路清晰，实施路径明确。课程顶层设计方案的形成使学校课改找到了发展的方向、落脚点，提升了学校的课改水平和品位。

（一）课程设计的"四个需要"

课程是实现学校教育目标的基本途径，课程改革是教育改革的关键。2001 年 7 月，国家颁布《基础教育课程改革纲要（试行）》，在"课程管理"一章指出，"学校在执行国家课程和地方课程的同时，应适当地根据社会、经济发展的具体情况，结合本校的传统和优势、学生的兴趣和需要，开发或选用本校的课程"。由此可见，在追求学校特色发展的过程中，开发和开设校本课程无疑是一种重要的推动力。只有把校本课程开发与学校特色发展有机地结合起来，才能展示学校的教育个性，真正实现课程文化引领学校特色发展。

因此，自 2006 年成为课改的样本学校以来，稽山中学从校史精神、特色文化、生源特点等因素出发，分析了办学优势与不足，充分尊重学校办学源流文化和课改工作中积累的经验，认真进行顶层设计，从整体上考虑学校必修课的设置与选修课的开发、引进，并取得了初步成效。

而在整个课改的推进过程中，我们深深体会到，学校的课程建设首先必须满足四个方面的需要。

1. 学生发展的需要

课程是学生的课程，学生的需要是学校课程建设和课堂教学目标的着眼点之一。每一个学生都是鲜活的生命，不同个体之间有明显的差异，即使同一个学生在不同的年龄阶段也具有差异性。学生个体的差异性就要求学校课程设置必须具有多元性和可供选择性。因此，学校的课程设置要满足学生个体发展需要，满足学生个体选择性需要。可见，促进学生的身心发展、能力发展，满足学生的兴趣需要是课程设置编排的基础。学校在课程整体安排的过程中，必须关注学生认知发展、兴趣追求和个性特点，以及学生原有的知识储备和学习规划等。

2. 学科发展的需要

学校的学科课程一般具有三大功能：一是有益于系统地传承人类文化遗产，二是有助于学习者获得系统的文化知识，三是有利于组织教学与评价，便于提高教学效率。但以知识的逻辑体系为核心组织起来的学科课程，容易导致轻视学生的兴趣和需要、经验和生活。因此，新课程理念强调由"学科中心论"向素质教育核心理念转变，转变以教师为主体、以教材和课堂为中心的教学思想，调整原来的教学价值取向，即仅瞄准知识是远远不够的。学科发展规划不是单一的学科教学改革计划，而是从课程改革发展的视野，对本学科的课程建设、教学改革、资源开发、学习评价等进行整体规划。

3. 学校发展的需要

课程开发首先要寻找到学校课程的价值立足点，同时课程价值立足点的确定必须与学校特色发展方向一致，才能真正发挥其促进特色发展的作用。因此，课程开发要结合地方特色、学校实际和学生现实需求，尽可能满足本校的每一个学生的需要，最大限度地适应学生的个性、生活经验与文化背景。校本课程承载着一所学校的文化价值取向，这种文化价值取向逐渐沉淀成一所学校的特色。因而，学校发展只有用高质量、富有特色的校本课程做支撑才具有长久的生命力。

4. 社会发展的需要

当前基础教育课程改革是在素质教育理念指导下进行的改革，必须要以提高国民素质为基础，突出教育的社会服务功能。提高学生素质，就是要体现为经济和社会发展服务，这也是课程改革的根本价值所在。从另一个角度来讲，学生作为社会的成员，不仅生活在学校中，而且生活在社会中。学生的个体发展总是与他所生活的社会发展交织融合在一起的，学生的成长本身就是一个不断社会化的过程。而在学生不断社会化的过程中，学校教育承载着三大功能：一是文化功能，即传递、保存、更新文化；二是政治功能，主要是灌输一定的社会意识形态，维护和发展社会政治关系；三是经济功能，主要是培养经济发展所需要的人才，形成适应现代化经济生活的观念、态度和行为方式。而以上三大功能的实现都是通过课程为中介达到的。

（二）课程设计的思路

学校课程设计的关键词是大成、格心、走向我。

学校课程是实现育人目标的基本途径和重要载体，是培养人才蓝图的具体体现。学校的课程体系建设要围绕学校的培养目标展开，而且必须与学校的育人模式相契合。

对于这样一所在千年府学原址上建立发展起来的江南名校，应该构建怎样的课程体系，才能与其人文历史底蕴相匹配，才能与现代教育理论相吻合？

美国著名作家艾默生曾说过："教育的秘诀在于尊重学生。不是由你来决定他该知道什么和该做什么。这是上帝所造的，是先天注定的，只有他自己掌握着开启自己秘密的钥匙。由于你的干涉、阻挠和过多管制，他可能受到阻碍，不能达到自己的目的，不能做自己的主人。"因此，教育的真正力量来自于每一个学生的生命内力，教育更重要的是发现和唤醒：发现学生的潜能和发展方向，唤醒他、帮助他，找到一条属于自己的跑道。

1. "大成"，来自于学校府学文脉的千年积淀

稽山中学的校址所在地，就是宋嘉祐五年开始设立的绍兴府学所在地。从绍兴府学至改建成立稽山中学的一千多年时间里，绍兴的府学文脉一直延续。2014年学校课程改革方案起草期间，在国家级课程专家裴娣娜教授的指导下，学校提出了"坚守大成理念、奠基师生发展"的办学理念，"培育敦品笃学、砺行致远之青年"的培养目标。学校课程体系建设在关注知识传授、能力培养的同时，更注重对每一个稽中人的生命内力的唤醒。

我们认为，对稽中人生命力培养模式的确立，首先来自于对"大成"教育原则、现代课程理论和人的发展理论三者之间的关系的理解上。从孔子教育思想论著中所选取提炼的"有教无类、因材施教、见贤思齐"教育原则，与现代课程理论与人的发展之间的关系所倡导的"基础型课程面向

全体,奠基发展;拓展型课程面向分层,选择发展;研究型课程面向个别,自主发展"是完全一致和契合的。

"大成",昭示学校课程改革将全面展开:构建科学完备的课程体系,加大课程资源的开发力度,培育特色课程,促进学校的特色发展;提升校长的课程领导力和教师的课程创生力,保障课程的高效实施;改善课程评价体系,激发学习的内在动力,促进学生自主发展、全面发展和特色发展。

2. "格心",源自于对稽中办学传统的总结

校董蔡元培指出:"教育者,养成人格之事业也。"蔡元培先生"五育"并举的"人格教育"、儒学文化中"仁以处人,有序和谐"的"爱的教育"等教育思想铸就了稽中百年历史名校的美誉,奠定了稽中坚实的办学基础,使今日稽中的教育人文源远流长。一直以来,稽山中学坚守办学的理想和真正价值,不仅仅在于学校有多么高的升学率,更重要的还是看学校对学生的人格灵魂的塑造、精神品质的提升、学识能力的改变等方面做了什么,为学生未来的发展、终身的发展储备和积蓄了多少精神财富。

如何才能促进学生人格灵魂的成长、精神品质的提升呢?这离不开学校课程建设,更需要教师通过课堂教学,去督促指导学生不断努力、修炼:修身,修行,修心,修性。为此,学校提出了"格心课堂",在继承先贤们培养学生"敦品笃学"的基础上,通过"格心",旨在培养学生的"善心"、"慧心",并引导学生充满"诗心",不忘"初心"。一个具有"善心、慧心、诗心、初心"的稽中学子,一定是一个"明善通慧、品学兼优"的人,是一个具有良好是非判断力和思维学习力的人,也必定是一个能适应未来社会发展的、有远大眼光和宽阔胸怀的、有持续发展力的青年。

3. "走向我",来自于对现代教育理论指导下新课改核心的理解

新课改的核心是学生"自主选择",教师和家长更多的是"指导选择"和"尊重选择"。学校通过对学生学业规划、职业规划、生涯规划的指导,帮助每位学生找到属于自己的人生道路,"走向我",并成为最好的自己。

课程改革要求关注每一个学生的发展,而每一个学生都是独一无二的个体,他们的知识基础、个性特长、兴趣爱好都具有自己的特点,发展方向、发展速度都是各不相同的。每个学生都是独一无二的生命奇迹，教育就是要关怀、成全、完善每一个生命，提升其生命质量。这就要求教师在教学实践中，充分尊重学生的差异，帮助学生改变单一、被动的学习方式，形成自主、探究、合作交流的学习方式，促进学生在教师指导下主动地、富有个性地学习，让每个学生都在各自不同的起点上获得最好的发展。因此，学校就是要通过课程改革，让每一个学生更好地认识自我、发现自我、完善自我，让"走向我"成为响亮的口号、行动和追求。

因此，学校课程建设的基本思路和育人模式如图 3-1 所示：

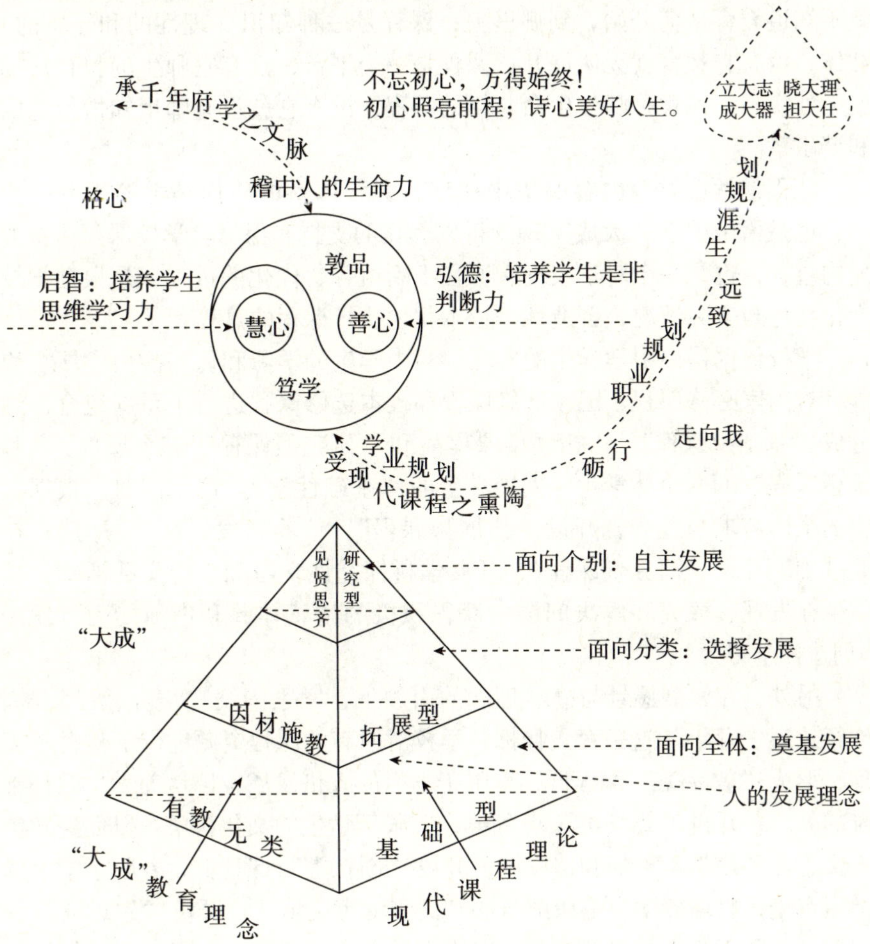

图 3-1 稽山中学课程建设的基本思路、育人模式

二、课程体系

在西方著作中,"课程"一词最早出现在英国教育家斯宾塞《什么知识最有价值》一文中,它是从拉丁语"Currere"一词派生出来的。它的名词形式意为"跑道",课程就是要为不同学生设计不同的轨道;而它的动词形式则是"奔跑",引申为课程的实施必须着眼于学生个体认识的独特性及经验的自我建构上。在我们看来,课程是人类的价值传承,没有它就不知道教育从何开始,到哪里去;课程是一种知识(理性的和经验的)载体,没有它教育就无法展开;课程是一个平台,没有它师生的教育活动就无处实施;课程是师生生命共舞的历程,没有它就没有师生知情行意的和谐乐章。

课程是学校教育内容的集中体现,课程体系的建构是学校教育的核心,也是稽山中学"大成"理念得以彰显的支持和保障。学校课程体系的建构过程,也是一个对学校现有课程不断组合、优化的过程,是根据学校文化特色与实际情况,创造性、校本化地执行课程的过程。

学校依据稽山中学学生的实际、高中学生的学习和认知能力发展规律等,对国家必修课程、国家选修课程和校本选修课程进行了重新组合,划分成"基础型课程"、"拓展型课程"和"研究型课程"三个层次,"基础型课程"面向全体学生,发展学生的"基础性学习力";同时,根据学生的个体需求与差异,开设"拓展型课程",培养"发展性学习力";在此基础上开设"研究型课程",开展学科探究性学习和综合实践活动,让学生在发现、探究和解决问题中获得积极的情感体验和创新能力,发展"创造性学习力"。

另外,在发展愿景与办学理念的引领下,紧紧围绕"培养敦品笃学、砺行致远之青年"这一育人目标,学校对原有的课程资源进行了整合与梳理,形成"敦品类"课程群,着眼于学生的人格发展,以培养学生诚朴善雅的品质;开设"笃学类"课程群,着眼于学生的文化科学,以促进学生人文素养和科学素养的和谐发展;开设"砺行类"课程群,着眼于学生的健康审美,以培养学生健康的身心和高雅的审美情趣;开设"致远类"课程群,着眼于学生的生涯技艺,以增强学生的生涯规划意识,培养他们的职业素养和职业技能基础。

  按照以上两条思路，学校建构了由"敦品类"、"笃学类"、"砺行类"和"致远类"四大类课程群组成，每类课程群又分"基础型"、"拓展型"和"研究型"三个层次，共有一百三十多门课程支撑的"大成"教育课程体系，旨在培养"立大志、晓大理、成大器、担大任"的"大成"人才。

  稽中"大成"教育课程体系结构如图3-2所示：

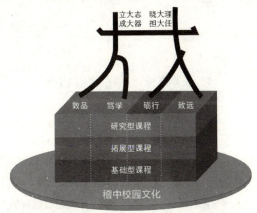

图3-2　"大成"课程体系结构

  "四大类、三层次"的"大成"课程体系的各类课程分布如图3-3所示：

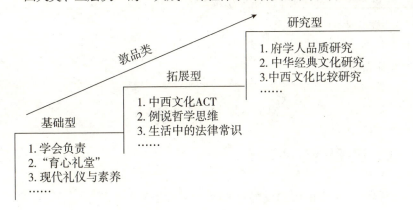

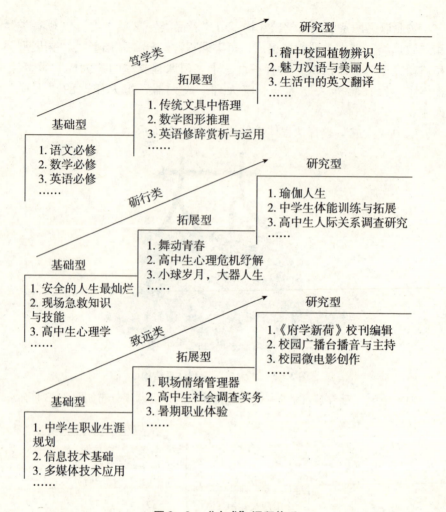

研究型

1. 稽中校园植物辨识
2. 魅力汉语与美丽人生
3. 生活中的英文翻译
……

笃学类

拓展型

1. 传统文具中悟理
2. 数学图形推理
3. 英语修辞赏析与运用
……

基础型

1. 语文必修
2. 数学必修
3. 英语必修
……

研究型

1. 瑜伽人生
2. 中学生体能训练与拓展
3. 高中生人际关系调查研究
……

砺行类

拓展型

1. 舞动青春
2. 高中生心理危机纾解
3. 小球岁月，大器人生
……

基础型

1. 安全的人生最灿烂
2. 现场急救知识与技能
3. 高中生心理学
……

研究型

1.《府学新荷》校刊编辑
2. 校园广播台播音与主持
3. 校园微电影创作
……

致远类

拓展型

1. 职场情绪管理器
2. 高中生社会调查实务
3. 暑期职业体验
……

基础型

1. 中学生职业生涯规划
2. 信息技术基础
3. 多媒体技术应用
……

图 3－3　"大成"课程体系

三、课程规划

课程规划主要由课程设置和课程实施两大部分组成。

1. 课程设置

表 3 - 1　敦品类课程设置

类别	目标	课程名称		
		基础型课程	拓展型课程	研究型课程
敦品类	道德修养、民族精神、公民意识、政治素质	1. "育心礼堂"课程群（学会负责、育心礼堂、中国传统美德故事） 2. "府学源溯"课程群（绍兴文脉——府学宫简史、绍兴府学走出的名人故事） 3. "校史长廊"课程群（从塔山到幼翁山——秋瑾诗文与事迹、民国历任稽中校长事迹追踪、突围与坚守·稽中抗日办学之路、十个字里的稽中文化） 4. "见贤思齐"课程群（周恩来生平与思想概论，精读蔡元培，做人、做事——竺可桢的传奇人生，谢晋导演的人生与艺术） 5. 现代礼仪与素养 6. 政治必修 7. 历史必修 8. 地理必修	1. "世界公民"课程群（中西文化 ACT、美国文化小故事、英语习语与英美文化、中西方节日文化与礼仪） 2. 时政解读 3. 赏漫画·学政治 4. 最强大脑——例说哲学思维 5. 生活中的法律常识 6. 国家和国际组织常识 7. 环境保护 8. 战争与和平 9. 漫画历史 10. 世界文化遗产荟萃 11. 中外历史人物评说 12. 自然灾害与防治	1. "世界公民"课程群（中西文化比较研究、中德互访文化交流、走进英国、走进美国、走进澳大利亚） 2. "古越遗风"课程群（卧薪尝胆的源流故事、投醪出征与越地人文、从绍兴寺庙兴衰看宗教文化、绍兴建筑今昔对比研究、绍兴古婚嫁礼仪研究、对绍兴文物保护的调查研究、绍兴历史上的园林） 3. "府学源溯"课程群（经典府学文化研究、府学人品质研究） 4. 军训 5. 青年党校课程 6. 社区志愿者服务

表 3 – 2　笃学类课程设置

类别	目标	课程名称		
		基础型课程	拓展型课程	研究型课程
笃学类	人文素养、科学精神、学习方法、探究能力	1. 语文必修 2. 英语必修 3. 政治必修 4. 历史必修 5. 地理必修 6. 数学必修、数学选修 2 – 1 7. 物理必修、物理选修 3 – 1、3 – 2 8. 化学必修、化学反应原理 9. 生物必修 10. 技术必修	1. "经典阅读"课程群 （中国散文名篇赏析、唐诗阅读与欣赏、读科普·长见识、读懂鲁迅、走进科学家的人生、《论语》选读） 2. 英语选修 6、7 3. 英语修辞赏析与运用 4. 情境英语语法 5. 数学选修 2 – 2、2 – 3 6. 数学图形推理 7. 数学思维 8. 生活中的数学 9. 传统文具中悟理 10. 武器中的物理知识 11. 有机化学基础 12. 化学与 STS 13. 化学趣味实验 14. 身边的化学 15. 食品营养学 16. 各类学科竞赛	1. "经典阅读"课程群 （"魅力阅读与美丽人生"专题讲座、移动图书馆） 2. 生活中的英文翻译 3. 留学美国生活英语 4. 数学教学论 5. 计算机数学 6. 数学模型和实验 7. 物理选修 3 – 4、3 – 5 8. 经典力学选讲 9. 物理思维研究 10. 化学与技术 11. 化学与生活 12. 物质结构与性质 13. 现代生物科技 14. 生物技术实践 15. "职业体验"课程群 （稽中校园植物辨识、跟着"花农"学种花、中学生学环境检测、观测与记录常见的天文现象）

表3-3 砺行类课程设置

类别	目标	课程名称		
		基础型课程	拓展型课程	研究型课程
砺行类	关爱生命、心理健康、运动健身、审美情趣	1. 安全的人生最灿烂 2. 现场急救知识与技能 3. 生活中的心理学 4. 体育健康教育 5. 田径 6. 太极拳 7. 中国音乐赏析 8. 外国音乐赏析 9. 辉煌的美术历程·世界篇 10. 辉煌的美术历程·中国篇 11. 美术与社会 12. 美术与环境	1. 高中生心理危机纾解 2. 舞动青春 3. 瑜伽基础 4. "小球岁月,大器人生"课程群(足球、羽毛球、乒乓球、篮球、排球) 5. 插花艺术 6. 编织人生 7. 创意绘画 8. 中国画赏析 9. 油画赏析与创作 10. 越剧名段欣赏与表演 11. 稽中体艺节 12. 稽中合唱团	1. 瑜伽人生 2. "小球岁月,大器人生"高级班(足球、羽毛球、篮球) 3. 中学生体能训练与拓展 4. 高中生人际关系研究 5. 中学生健康生活惯养成研究 6. 声乐 7. 素描 8. 色彩 9. 速写 10. 晋唐书法欣赏与创作

表3-4 致远类课程设置

类别	目标	课程名称		
		基础型课程	拓展型课程	研究型课程
致远类	职业素养、创新意识、创造才能、技术才艺	1. "职业体验"课程群(中学生职业生涯规划、暑期职业体验) 2. 信息技术基础 3. 多媒体技术应用 4. 技术与设计1 5. 技术与设计2	1. "职业体验"课程群(职场情绪管理器、《府学新荷》校刊编辑、校园广播台播音与主持、校园微电影创作) 2. 高中生社会调查实务	"职业体验"课程群[中学生领导力培养、发明创造与专利申请、稽中特色文化活动创意策划、手板模型制造、立体构成的应用——变废为宝、服(饰)装的搭配与保养]

续表

类别	目标	课程名称		
		基础型课程	拓展型课程	研究型课程
致远类	职业素养、创新意识、创造才能、技术才艺		3. 电脑程序设计 4. 动漫制作 5. 中国文物鉴赏 6. 校园社团联盟 (体验英语俱乐部、校园乐队、吉他社、街舞社、健美操队、话剧社、算术研究会、国语演讲会、墙报设计社、书法社、鲁迅文学社)	

2. 课程开设 （40 分钟 1 课时）

表 3－5 高一年级课程设置

学科 \ 时间		高　一	
		高一第一学期	高一第二学期
语　文	教学内容	必修1　必修2	必修2　必修3
	课　时	4	4
数　学	教学内容	必修1　必修4	必修4　必修5
	课　时	4	4
英　语	教学内容	必修1　必修2	必修2　必修3
	课　时	4	4
物理	学考 教学内容	物理1　物理2	物理2　物理3－1
	学考 课　时	4	4
	选考 教学内容	物理1　物理2	物理2　物理3－1
	选考 课　时	4	4

续表

时间 / 学科			高　一	
			高一第一学期	高一第二学期
化学	学考	教学内容	化学1　化学2	化学2　化学反应原理
		课　时	4	4
	选考	教学内容	化学1　化学2	化学2　化学反应原理
		课　时	4	4
生物	学考	教学内容		必修1
		课　时		2
	选考	教学内容		必修1
		课　时		2
化学	学考	教学内容	必修1	必修2　必修4
		课　时	2	2
	选考	教学内容	必修1	必修2　必修4
		课　时	2	2
历史	学考	教学内容	必修1　必修2	必修2　必修3
		课　时	3	3
	选考	教学内容	必修1　必修2	必修2　必修3
		课　时	3	3
地理	学考	教学内容	地理Ⅰ　地理Ⅱ	地理Ⅱ　地理Ⅲ
		课　时	3	3
	选考	教学内容	地理Ⅰ　地理Ⅱ	地理Ⅱ　地理Ⅲ
		课　时	3	3
技术	学考	教学内容	信息技术基础 多媒体技术应用	多媒体技术应用
		课　时	2	2
	选考	教学内容	信息技术基础 多媒体技术应用	多媒体技术应用
		课　时	2	2

续表

学科 \ 时间		高 一	
		高一第一学期	高一第二学期
体 育	课 时	2	2
艺 术	课 时	1	1
校本课程	课 时	6	5

表 3-6 高二年级课程设置

学科 \ 时间		高 二			
		至2015年10月	至2016年1月	至2016年4月	至2016年6月
语 文	教学内容	必修4	必修4 必修5	必修5 外国小说欣赏	外国小说欣赏 论语
	课 时	4	4	4	4
数 学	教学内容	必修2	必修2 选修2-1	选修2-1 选修2-2	选修2-2 选修2-3
	课 时	4	4	4	4
英 语	教学内容	必修4	必修4 必修5	必修5 自选模块1	自选模块1 自选模块2
	课 时	4	4	4	4
物理	学考 教学内容	知识拓展▲		知识拓展▲	
	学考 课 时	3			
	选考 教学内容	选修3-2	选修3-4	选修3-5	知识拓展
	选考 课 时	3	3	3	3
化学	学考 教学内容	知识拓展▲		知识拓展▲	
	学考 课 时	3			
	选考 教学内容	有机化学基础	有机化学基础 实验化学	实验化学	知识拓展
	选考 课 时	3	3	3	3

续表

学科 \ 时间			高 二			
			至 2015 年 10 月	至 2016 年 1 月	至 2016 年 4 月	至 2016 年 6 月
生物	学考	教学内容	必修 2	必修 2　必修 3	知识拓展▲	
		课　时	4	4		
	选考	教学内容	必修 2	必修 2　必修 3	选修 1	选修 3
		课　时	4	4	3	3
政治	学考	教学内容	必修 4	必修 3	知识拓展▲	
		课　时	2	2	2	
	选考	教学内容	必修 4	必修 3	选修 3	选修 5 知识拓展▲
		课　时	3	3	3	3
历史	学考	教学内容	知识拓展▲		知识拓展▲	
		课　时	3			
	选考	教学内容	选修 4	选修 4　选修 6	选修 6	知识拓展
		课　时	3	3	3	3
地理	学考	教学内容	知识拓展▲		知识拓展▲	
		课　时	3			
	选考	教学内容	选修 V	选修 V　选修 VI	选修 VI	知识拓展
		课　时	3	3	3	3
技术	学考	教学内容	技术与设计 1 技术与设计 2	技术与设计 2	知识拓展▲	
		课　时	2	4	2	
	选考	教学内容	技术与设计 1 技术与设计 2	技术与设计 2	算法与程序 设计	电子控制技术 复习
		课　时	2	4	3	3

续表

学科 \ 时间		高　二			
		至2015年10月	至2016年1月	至2016年4月	至2016年6月
体　育	课　时	2	2	2	2
艺　术	课　时	1	1	1	1
校本课程	课　时	4		4	

表3-7　高三年级课程设置

学科 \ 时间			高　三			
			至2016年10月	至2017年1月	至2017年4月	至2017年6月
语　文		教学内容	知识拓展▲	知识拓展▲	知识拓展▲	知识拓展★
		课　时	6	6	6	6
数　学		教学内容	知识拓展▲	知识拓展▲	知识拓展▲	知识拓展★
		课　时	6	6	6	6
英　语		教学内容	知识拓展★	知识拓展★	知识拓展★	知识拓展★
		课　时	6	6	6	6
物理	学考	教学内容				
		课　时				
	选考	教学内容	知识拓展★	知识拓展★	知识拓展★	
		课　时	3	3	3	
化学	学考	教学内容				
		课　时				
	选考	教学内容	知识拓展★	知识拓展★	知识拓展★	
		课　时	3	3	3	

续表

时间 学科			高三			
			至2016年10月	至2017年1月	至2017年4月	至2017年6月
生物	学考	教学内容	知识拓展▲			
		课时				
	选考	教学内容	知识拓展★	知识拓展★	知识拓展★	
		课时	3	3	3	
政治	学考	教学内容	知识拓展▲			
		课时				
	选考	教学内容	知识拓展★	知识拓展★	知识拓展★	
		课时	3	3	3	
历史	学考	教学内容				
		课时				
	选考	教学内容	知识拓展★	知识拓展★	知识拓展★	
		课时	3	3	3	
地理	学考	教学内容				
		课时				
	选考	教学内容	知识拓展★	知识拓展★	知识拓展★	
		课时	3	3	3	
技术	学考	教学内容	▲			
		课时				
	选考	教学内容	知识拓展★	知识拓展★	知识拓展★	
		课时	3	3	3	
体育		课时	2	2	2	2
艺术		课时	1	1	1	1
校本课程		课时	4		2	

说明：

1. 每节课为40分钟。2. ▲表示在此时间阶段参加学考；★表示在此时间阶段参加选考。

第四章

学科课程群及内容选择

课程群建设是近年来课程建设实践中出现的一项新的课程开发技术，它在一定程度上反映了学校课程建设的基本架构和未来课程建设的方向。

　　针对课程开发设计中存在的"碎片化"、"低层次"、"大众化"倾向，学校以办学理念和育人目标为引领，建构了"敦品、笃学、砺行、致远"四大类课程群。同时，各学科组在办学理念和育人目标的引领下，依托长期教育教学实践中形成的特色，以学科研究为轴心，建成了有个性、有特色、有质量的课程群。

一、学科课程群的构建

每一学科课程群的形成，都离不开学科核心理念的确立。而学科核心理念的确立，是与学校该学科的教育教学特色、教育教学内容等密不可分的。

（一）生命语文

稽山中学校园内的参天古木、泮池、状元桥、大成门、孔子像都会勾起我们对千年府学宫莘莘学子负笈来游的美好联想，汤汤投醪水、卧薪尝胆碑都让我们敬仰于祖先越王勾践的坚忍与不屈……生活在自然与人文融合为一体的深厚积淀中的一代又一代稽中人，对人的精神的追求格外迫切，对教育对于生命成长的重要意义有着更深刻的了解。在这样一所人文积淀深厚的学校里，语文学科更有着其他学科（或其他学校的语文学科）所没有的独特的优越性。

随着社会生活的飞速发展，物质生活极大丰富，人们开始醉心于追求丰富的物质享受，激烈的竞争导致了种种精神危机。在时代、社会大环境的影响下，学校教育教学也不可避免地增加了功利色彩，"分数至上"成了一部分教师和学生的首要追求。语文深受功利主义的影响，已经越来越偏离了轨道。认知、理性取代了活生生的生命存在，灌输堵塞了生机勃勃的生命成长，语文离人的精神、生命、生活越来越远。因而，"生命式"的语文教育已刻不容缓。

在稽中语文教师团队看来，语文是一种诗性的光辉，一种厚重的关怀，一种浪漫的情怀，更是一种崇高的灵魂。稽山中学的语文教师们以自己的智慧与激情、个性与特色、丰富与精彩在母语教学的精神家园里诗意栖居，春风化雨，为莘莘学子编织美丽的梦想。

在这个团队中，有在教育界和媒体界鼎鼎有名的蔡朝阳老师。他以幽默风趣的性情赢得了学生的喜爱，更以满腹诗书、独特的教育思想博得了学生的钦敬，也引发了教育界的一场大讨论。还有省级优秀班主任、市劳动模范山玲老师，有潜心教科研的绍兴市学科带头人袁蓉、何学港等老师。一群富有思想、踏实勤勉的稽中语文老师，让稽中的"生命语文"活动积极、有效地向前推进。

学生的生命活动离不开听、说、读、写,听、说、读、写是提高学生语文能力和语文素养的主要途径。从某种意义上说,听是另一种读,而说是另一种写。语文可以被简单地理解为一种阅读和写作。一个人如果有健康的阅读和写作习惯,那么就能使生命更加丰富,促使他从一个"自然的生命"发展到"精神的生命",再发展到"社会的生命"。叶圣陶先生曾说:"阅读是吸收,写作是倾吐。"从这个层面上讲,读在这四者中是最为重要的。所以,稽山中学以阅读为基础形成了稽中语文特色课程群——"生命语文"课程群。意在引领学生通过阅读古今中外的哲人、智者、圣贤在人生哲理、生活体验和终极信仰等方面的经典著作,从单纯的语言学习和专业学习中走出来,进入更高层次的人文习练和通识培养。为了让学生随时与经典进行对话,学校设立了"流动图书馆",在教学楼的每一层都摆放了书柜,学生可随时借阅图书、归还图书,而没有他人的监督。

图4-1为稽山中学语文课程结构图。它的含义是语文的本质是立人,是促进学生的生命成长。包含三个层次:自然生命、精神生命、社会生命。实现人的精神成长,在语文教学中主要通过听、说、读、写来实现。一撇一捺支撑起一个稳固的"人"字。听、说、读、写必须以一系列课程(基础型课程、拓展型课程、研究型课程)为载体。这些课程类型用来充实和丰富"人"字结构。

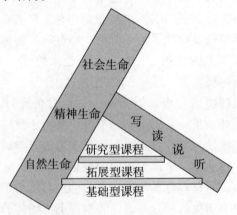

图4-1 语文课程结构

稽山中学语文学科课程群主要内容见表 4 - 1。

表 4 - 1　语文学科课程群

★基础型课程	★拓展型类型	★研究型课程
必修 1	1. "经典阅读"课程群	1. 魅力汉语与美丽人生
必修 2	中国散文名篇欣赏	2. 走近《红楼梦》
必修 3	中外小说欣赏	3. 走近孔子
必修 4	唐诗宋词欣赏	4. 国学赏读
必修 5	2. "演讲与口才"课程群	5. 先秦诸子散文欣赏
外国小说欣赏	名家演说欣赏	
《论语》选读	社交与口才	
	课前三分钟演讲	
	3. "写作"课程群	
	性灵抒写	
	微型小说写作	
	高考作文写作	
	经典作品评论的写作	

（二）自觉历史

绍兴是历史文化名城，稽山中学又有千年府学宫遗址，创建学校的初衷又有救亡图存的爱国情怀，因此稽中的历史教学，必然具有将此等民族情感发扬光大，更好地为绍兴发展、为中国发展的自觉意识。中国著名社会学家费孝通先生认为，生活在一定文化历史圈子的人对其文化有自知之明，并对其发展历程和未来有充分的认识。只有在认识自己的文化，理解并接触到多种文化的基础上，才有条件在这个正在形成的多元文化的世界里确立自己的位置，然后经过自主的适应，和其他文化一起，取长补短，共同建立一个共同认可的基本秩序和一套多种文化和平共处、各有所长、连手发展的共处原则。学校将"自觉"作为稽山中学历史课程的核心理念，旨在通过历史教学使学生成为"理性而富有协调精神，个性且能负责任行动"的现代公民，这也是学校注重"培育敦品笃学、砺行致远之青年"的应有之意。

如何在历史教学中培养学生的"自觉"呢？需要通过"博通"和"明辨"两条途径。"博通"，就是博古通今、博采众长、通权达变的意思。与"博通"相辅相成的就是"明辨"。"明辨"是广博学习吸收之后，审问自己掌握多少，谨慎思考，明辨真假。历史学科能力就是论从史出，史由证来，有证据意识，懂逻辑思辨。长远来看，在去伪存真后运用的行动实践中，让学生接受批判性思维和质疑精神的洗礼，了解"既成事实"或"权威论述"中有失偏颇的侧面，能更加全面、客观地思考问题。

"博通、明辨、自觉"的历史课程重在培养学生"广博的历史阅读、科学的历史思维、自觉的文化担当"。广博的历史阅读，就是鼓励学生博览群书、视通古今、心融中外，并在"览"中不断挖掘自己的潜能，积极探究，从而达到知识广博，胸怀博大。科学的历史思维，就是鼓励学生具有通明的史证意识，识别是非、志向高远、锲而不舍，并在"思"中逐步帮助孩子形成质疑、逻辑推理、独立思考的精神和能力，从而享受成长、成就卓越。自觉的文化担当，就是鼓励学生拥有自足乡土、把握当下、放眼世界的修养和视野。弘扬传统文化，构建个体文化，达成人文气度，做从绍兴走出去的现代人才。

图4-2是历史学科的课程群结构图，最下层的基础型课程体现学科视野、基础素养课程，面向所有学生，帮助学校开阔视野，夯实基础；中间层的拓展型课程是必修拓展、能力发展课程，基于国家必修和选修的拓展，注重培育学科思维及运用能力，满足不同潜质学生的学术发展需要；最上层的研究型课程是专项研究、综合学习课程，面向有志于某个方向，深度学习研究的学生，体现学生个性、教师专长、学校特色的专项综合学习。下、中、上三层，逐步递升，体现了"自觉"的历史意识。

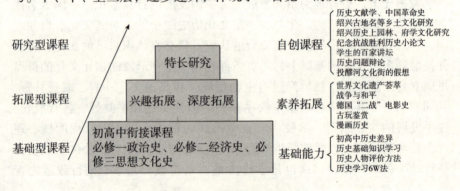

图4-2 历史课程结构

（三）品味英语（T&D English）

稽山中学的文化底蕴是独特的，稽中学子理应肩负起传承古代传统文化、发扬文化精神和创造文化奇迹的使命。稽山中学英语学科希望学生能用英语的思维去解释、传承中国传统文化，用批判的眼光去审视外国文化，并且带着尊重和学习的心态去寻求文化差异中的一种新的平衡——文化交融的平衡；希望通过语言学习带动学生对文化的学习，让学生在学会欣赏本民族传统文化的基础上，学会尊重和消化异族文化，做一个真正具有交融本民族文化和世界文化能力的国际人。我们称之为"品味英语（T&D English）"，它的核心内涵是 inheritance（传承），innovation（创新）and development（发展）。

品味英语在课程选择和设计上体现为难度的旋转上升和学生英语与文化思维的培养，并且在两者之间努力找到一些平衡点（balance）。以下是课程设计多维目标解读：

B——Basic（basic language skills and knowledge）

A——Accessible（knowledge accessible to the learners of all levels）

L——Logic（materials cultivating thinking and reasoning about things）

A——Academic（knowledge related to further college education）

N——Noble（displaying a noble taste for the culture）

C——Challenging（showing the spirit of challenging old ways）

E——Enduring（demonstrating a study quality that exists continually）

在这一总体目标框架下，稽山中学外语组学科课程群的整体架构如图 4-3 所示。

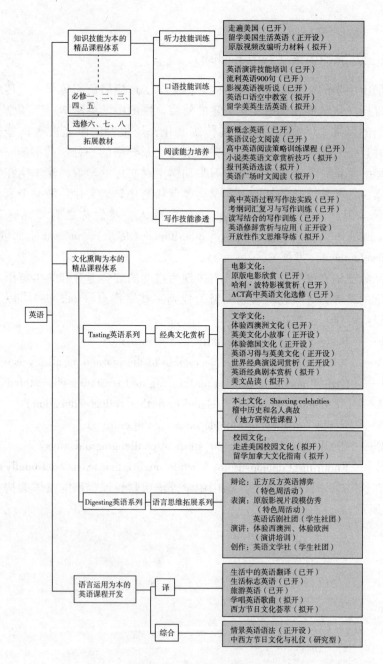

图4-3　英语课程结构

在英语课程目标下还设置了具体的课程子目标，以"英语名人演讲词赏析"的课程目标为例（见表4－2）。

表4－2　"英语名人演讲词"课程目标

目标维度	目标描述
语言知识目标	1. 能把握演讲稿与一般写作的不同文体特征。 2. 能描述不同类型的演讲，并描述其特征。 3. 能说出演讲的非语言技巧与语言技巧等方面的知识。 4. 通过阅读与写作训练，掌握语音语调、语言知识（词汇、句式、语法）、写作技巧（篇章结构、修辞手法、衔接方式、写作手法等），丰富话题语言积累，建构主题语义场。
语言技能目标	1. 能听懂较熟悉话题的演讲、讨论和辩论。 2. 能读懂适合高二学生，内容通俗易懂但又蕴含深刻主题思想的名人演讲词。 3. 能在阅读演讲词过程中运用下列相关阅读技能与评判性思维方式进行文本解读。 　●总结归纳（summarizing） 　●联想推断（making connections & inference） 　●比较观点（comparing viewpoints） 　●区分事实和观点（identifying facts & opinions） 　●评价和质疑（evaluating and questioning） 4. 能写出主题观点鲜明、观点分析入理、语言丰富规范、文体运用恰当、写作手法灵活，篇幅400—500个词的主题演讲稿。 5. 能针对一些贴近生活的话题，经过准备做3—5分钟的演讲。
情感态度目标	1. 强化英语学习动机。 2. 锤炼公共英语演讲心理素质，增强自信心。 3. 通过欣赏名人演讲，激发和建立一定的价值观和信念。 4. 形成勇于克服困难、奋发向上、积极进取的人生态度。
文化意识目标	1. 扩大英语国家文化背景知识。 2. 树立国际意识，学会尊重多元文化。 3. 形成一定的跨文化交际能力，尤其是对文化差异、文化异同的敏感性和鉴别能力。

续表

目标维度	目标描述
学习 策略目标	1. 能把听、说、读、写的相关技能灵活运用到演讲词的阅读与表达中（认知策略）。 2. 能合理反思与评价自己与同伴的演讲展示，总结学习方法，进行合理调整（调控策略）。 3. 能尊重英语语言跨文化交际的基本礼仪和准则（交际策略）。 4. 能利用各种资源查找信息，拓展学习领域（资源策略）。

（四）LCF 化学

化学学科课程旨在建设具有"大成"特色的学科课程文化，倡导学生"热爱生活，创造未来"，以提高学生的基本科学素养为核心，在注重全体学生共同基础的同时，针对学生的兴趣、个人发展潜能以及个人综合素质，设计不同层次的可供学生选择的化学课程模块，以满足不同学生的学习需求，打造化学学科的"生活·化学·未来"主题系列课程（简称"LCF"课程）（见图4-4）。

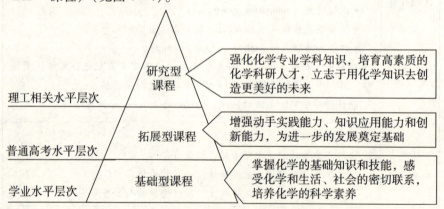

图4-4 "四层三型"化学课程结构

1. 基础型课程：学考必修模块。对象：全体学生

学科基础课程以培养学生基础知识和基础能力为标准，铸就学生个性成长和可持续发展的认知基础和技能基础。通过化学学科基础课程，掌握必备的化学基础知识、基本能力和基本素养，提高学习兴趣，为个性化学习创造条件，实现全面发展。

学科模块："化学1"、"化学2"、"化学反应原理"。

在遵循学生的认知规律和学科结构严谨的前提下，在原苏教版化学教材的基础上，吸收人教版、鲁科版及国外教材的一些有价值、有新意的素材，遵循"化学源于生活"，对现有必修课程进行调整，形成以下5本教材，逐步实现必修课程校本化（见图4-5）。

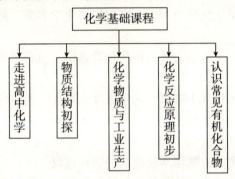

图4-5 化学基础课程

2. 拓展型课程：四类选修课。对象：选考学生

四类拓展型课程旨在通过对社会实践的体验和实验技能的操作，增强学生的观察能力、动手实践能力、知识应用能力和创新能力，让学生掌握一定的学科专业知识和职业生活技能，塑造学生健康的人格，激发学生广泛的生活情趣，确立健康的生活意识，养成良好的生活方式，提升生活品质（见图4-6）。

①知识拓展类：

必修拓展课程（有机化学基础、实验化学）

微型专题课程（元素化学、四大平衡、电化学、晶体结构）

交叉学科课程（化学与文学、化学与艺术、化学与物理、化学与健康）

学科前沿课程（化学与国防、分子生物学中的化学、化学与技术、超细水泥）

②职业技能类：

生活品质课程（化学与穿着、天然与合成药品、食品添加剂、化妆品

中的化学）

手工制作课程（手工肥皂制作、豆制品加工中的化学、陶瓷制作工艺、纺织与扎染）

探究实验课程（绿色化学和实验的研究、高中化学实验改进、微型实验）

信息技术课程（常用化学软件入门、高校化学专业）

③兴趣特长类：

趣味实验课程（化学小魔术、家庭厨房化学实验、蔬菜水果中农药残留物的检测）

化学检验课程（鉴别商品真伪的化学方法、宝石鉴定、食品中的添加剂检测）

化学史课程（化学史撷翠、化学思维大爆炸、发现化学之美、展望化学的未来）

④社会实践类：

环境检测课程（投醪河水质检测与治理建议）

调查研究课程（超市饮料分类与消费调查、垃圾的分类及回收利用）

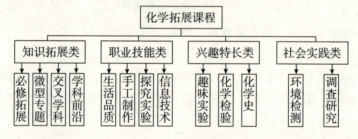

图4-6 化学拓展课程

3. 研究型课程群：专业研究课程。对象：化学优秀生

专业研究课程旨在通过对学科基础教育的拓展，对大学先修课程的试学，提升学生的认知能力。化学专业研究课程强化学生的思维拓展和应用拓展能力，渗透学术研究，突出培育发展性学力和创造性学力，充分实施研究性学习，让学生养成科学精神和科学态度，掌握基本的科学方法，提高综合运用所学知识解决实际问题的能力，培养学生的创新精神和创造能力（见图4-7）。

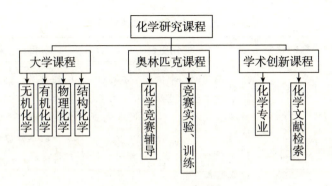

图4-7 化学研究课程

二、学科课程群的内容选择与整合

（一）基于基础型课程的学科必修课程的选择与调整

基础型课程是指为学生全面发展奠定基础的课程。学校在坚持《国家基础教育课程改革纲要（试行）》基本精神的前提下，如何根据自身的性质、特点和条件将国家统一规划和设计的面向全体学生的课程创造性地转变为适合本校学生学习和发展的课程，是非常重要的一个问题。稽山中学基础型课程的创造性实施主要是对知识模块进行优化重组、有机整合。

通过对基础型课程知识模块进行优化重组、有机整合，有效地控制学校教育教学的活动总量，提高教学活动的效率；切实减轻学生的课业负担，促进学生的高效学习和健康发展。

以"数学学科关于必修内容的优化组合"为例。

数学学科考虑到稽山中学学生的现状，结合浙江省普通高中学科指导意见，按照低起点、重双基、知识连贯、难点分散的螺旋式上升的教学理念，将必修课程的顺序调整为"数学1"、"数学4"、"数学5"、"数学2"、"数学（选修2-1）"，将学校高中三年的数学课程安排按表4-3调整。

表4-3 高中三年数学课程设置

学期	教学内容的调整	优化组合	目　标
高一上	初高中衔接 必修1 必修4 第一、三章	1. 上两周初高中衔接必备知识。 2. 针对本校学生编写校本作业，兼顾分层教学，分必做题与选做题。 3. 关注学生学习力的提升，进行课题立项研究。 4. 开设数学选修课"数学真好玩"等，培养学生的学习兴趣。	1. 慢节奏，勤反馈，抓落实，提信心，促发展。 2. 通过选修课进行数学文化建设。
高一下	必修4 第二章 必修5 第一章 必修5 第二、三章	1. 继续针对本校学生编写校本作业，兼顾分层教学，分必做题与选做题。 2. 关注学生学习力的提升，继续进行课题研究。 3. 继续开设数学选修课"图形计算器"等，并结合研究性学习，发展和培养学生研究问题的意识。	科学研究与教学实践相结合，关注学生学习力的提升与发展，关注学生学科能力的培养，继续挖掘数学的教育功能。
高二上	必修2	1. 继续针对本校学生编写校本作业，兼顾分层教学，分必做题与选做题。 2. 关注学生学习力的提升，继续进行课题研究，并完成结题工作。 3. 做好生涯规划指导，进行分层教学，注重数学能力的提升与夯实基础齐头并进，为来年高考做准备。	做好生涯规划，科学引导文理分科选择，积极探索分层教学，做到数学能力的提升与夯实基础两手抓。

续表

学期	教学内容的调整	优化组合	目 标
高二下	学业水平测试复习	1. 继续针对本校学生编写校本作业，兼顾分层教学，分必做题与选做题。 2. 关注学生学习力的提升，继续进行课题研究，并形成初步成果。 3. 以学业水平测试为目标进行针对性复习。	将提升学生学习力的课题研究转化为实际成果指导，进行学业水平测试，至少有一部分学生通过学业水平考试。
高三上	选修 2-1	1. 继续针对本校学生编写校本作业，分必做题与选作题。 2. 备考复习——一轮复习。 3. 继续做好分层教学，提高复习的针对性和有效性。	以学业水平考试为突破口，落实高考一轮复习。
	一轮复习		
高三下	二轮复习	1. 继续做好高考备考复习工作，并做好考试评价工作，做到及时分析评价，更好地为学生高考复习服务。 2. 继续做好分层教学，提高复习的针对性和有效性，并做好考前指导工作，尤其是答题规范、应试技巧和应试心理的调整和引导。	全力冲刺高考。

同时，根据学生对不同学科的多样化需求和各个学科的性质、特点及规律，我们对基础类学科进行了分层设计。

以"生物学科中关于必修模块内容的重整"为例。

由于生物学科学考、高考及学科竞赛对知识点的要求不同，生物教师对不同类型的学生开展了有选择的设计，如对必修1模块"分子与细胞"的内容重整（见表4-4）。

表4-4　生物必修1"分子与细胞"课程内容

修习课程	课程内容	修习目标	修习学生
分子与细胞1	必修1分子与细胞模块（细胞结构、细胞代谢、细胞增殖与分化）	通过学业水平考试	学考
分子与细胞2	必修1分子与细胞模块知识精要为主，再补充选修1生物技术实践模块、选修3模块现代生物科技专题中与细胞相关的内容，如微生物培养、固定化酶、发酵食品、植物组培、克隆技术、胚胎工程等知识	选考生物	高考
分子与细胞3	必修1、选修1、选修3模块中有关细胞基础知识的精要为主，再补充大学生物课程中相关细胞生物学、微生物学等内容	参加生物竞赛以及从事生物科学研究相关职业	以后要进一步从事生物方面研究的学生

对必修2模块"遗传与进化"的内容重整（见表4-5）。

表4-5　生物必修2"遗传与进化"课程内容

修习课程	课程内容	修习目标	修习学生
遗传与进化1	必修2遗传与进化模块（遗传、变异、进化）	通过学业水平考试	学考

续表

修习课程	课程内容	修习目标	修习学生
遗传与进化2	必修2遗传与进化模块知识精要为主,再补充选修3模块现代生物科技专题中与遗传相关的内容,如基因工程	选考生物	高考
遗传与进化3	必修2、选修3模块中有关遗传知识的精要为主,再补充大学生物课程中相关遗传学的内容	参加生物竞赛以及从事生物科学研究相关职业	以后要从事生物学研究的学生

对必修3模块"稳态与环境"的内容重整(见表4-6)。

表4-6 生物必修3"稳态与环境"课程内容

修习课程	课程内容	修习目标	修习学生
稳态与环境1	必修3稳态与环境模块	通过学业水平考试	学考
稳态与环境2	必修3模块知识精要为主,再补充选修3模块现代生物科技专题中与生态环境相关的内容,如生态工程	选考生物	高考
稳态与环境3	必修2、选修3模块中有关生态学知识的精要为主,再补充大学生物课程中相关生态学的内容,如普通生物学中的生态内容	参加生物竞赛以及从事生物科学研究相关职业	以后要从事生物学研究的学生

（二）基于拓展型课程的学科选修课程的设计与开展

1."府学文化"选修课程

"府学文化"是依据稽山中学的校情、学情而开设的一门历史选修课程。以府学宫的研究为主线，串起绍兴文脉，从而使学生感受绍兴文化，增强爱校、爱乡、爱国之情。

课程目标为以下几个内容。

知识与能力：（1）了解绍兴府学宫的历史演变；（2）府学宫各种建筑以及文化内涵；（3）中国古代地方教育体制的变化以及特色；（4）古代绍兴名人乡贤的主要事迹以及成就；（5）理解府学在中国古代教育中的作用和地位；（6）理解府学宫在中国文化传承中的独特地位；（7）认识古代绍兴名人乡贤的历史贡献和人格魅力，认识这种人格魅力产生的深刻社会背景和文化背景。

过程与方法：（1）通过学习和体验，提高学生归纳和分析问题的能力；（2）初步学会探究学习和合作学习的方法，提高学生自主学习的能力。

情感态度与价值观：（1）通过对古代绍兴名人乡贤的主要事迹以及成就的学习，提高思想素养，进一步树立正确的人生观和价值观。（2）培养学生爱家乡、爱祖国的情操。

课程内容设置：

第一章　绍兴府学宫变迁（3课时）

1. 绍兴官学的设置

2. 绍兴府学宫的设立和历代修缮

3. 绍兴府学宫的主要建筑

第二章　绍兴府学宫的文化内涵（4课时）

1. 泮池

2. 大成门、大成殿

3. 明伦堂

4. 尊经阁、稽古阁

5. 敬一亭

第三章　府学教育的特色（5课时）

1. 两汉时期的地方官学
2. 魏晋南北朝时期的地方官学
3. 隋唐时期的地方官学
4. 宋辽金时期的地方官学
5. 元朝时期的地方官学
6. 明朝时期的地方官学
7. 清朝时期的地方官学

第四章 走出府学的乡贤（6课时）

1. 心学大师：王守仁
2. 英才天纵：徐文长
3. 爱国爱乡的状元：余煌
4. 蕺山先生：刘宗周
5. 中国思想启蒙之父：黄宗羲

2. "ACT高中英语文化选修"课程

"ACT高中英语文化选修"课程是知识拓展型选修课程。其中，"A"代表 Appreciating，意为用影视欣赏的方式让学生接触西方文化；"C"代表 Comparing，在欣赏的基础上，从文化的视角来解读影视片段，对中西文化共性和差异进行比较；"T"代表 Tracking，跟踪"欣赏"和"对比"，对习得的文化内容进行合理适度的延伸，让学生在教师创设的模拟跨文化交际情境中处理常见的实际问题。该课程的开发是以原版英语电影影视欣赏为载体，课程目标立足于促进学生对所学英语知识的文化背景和社会知识的了解，突出培养和提高学生的认识能力和鉴赏能力，帮助学生形成积极向上的人生观，激发学生学习英语的兴趣，进行有效的听、说、读、写实践，同时又适宜地补充必修课的学习，其最终目标是提高学生的英语综合能力。这一教学目标符合《课标》对语言知识、语言技能、学习策略、情感态度和文化意识等人才培养的多维目标要求，体现了立体化的课程功能。

"ACT高中英语文化选修"课程制定了以文化和语言为主的课程总目标。在总目标的基础上，学科组教师把每堂课的内容落实到一个文化目标和若干语言目标上。教学目标的具体化有助于教师落实课程总目标。如 *Unit 4 Different ways to show politeness*，这一堂课的教学目标细化为：

Unit 4　*Different ways to show politeness*

教学目标：

（1）通过影视欣赏，了解英语国家的礼貌文化——Everybody is equal，从比较的角度进一步深化理解本国的礼貌文化——Humble oneself to show respect for others；

（2）通过对中西方礼貌文化的比较，引导学生正确使用礼貌文化处理人与人之间的关系，特别是处理与西方人之间的关系；

（3）学生在模拟的跨文化交际情境中处理因礼貌文化差异而导致的跨文化交际问题，提高学生跨文化交际中的应对能力；

（4）感知原版英语电影中的优质语料，养成在阅读中猜词、品词的习惯。

词汇：twisted, humble, compliment, deny, modesty, intention, justify, proverb。

短语：shouldn't have done sth, show respect to/for sb, leave sb alone, more than ever, sell sb out。

（三）基于研究型课程的学科课程之间的交叉与整合

1. 语文、历史、政治三门学科整合的漫画探究型课程

漫画（Cartoon）是用简单而夸张的手法来描绘生活或时事的图画，一般运用变形、比拟、象征的方法，构成幽默、诙谐的画面，以取得讽刺或歌颂的效果，具有强烈的讽刺性或幽默性。

（1）赏析连环漫画，品读故事（语文学科角度）。

漫画是画界的小说，它以精细的文笔、恢宏的结构，成为融电视、绘画、文字于一体的综合的艺术表现形式。在气氛创作方面，漫画家借助语言的表达能达到小说所要表达的效果。提到漫画，我们很容易联想到近年来迅速发展的动漫业，特别是日本漫画对我国漫画发展的影响。同时我们也经常看到漫画、动画、电视剧、小说、游戏等艺术形式之间的互相改编，这其中，漫画起了枢纽的作用，它的"分格"手法使其具有电视的镜头感。

华君武的《决心》是一幅四格漫画，人物、情节极具戏剧性：第1格中的人物紧握拳头，决心戒烟；紧接着，第2格中主人公果断地将烟斗扔出窗外；第3格中，主人公风驰电掣般冲下楼梯；最后一格，在烟斗未落

地之前，主人公伸出双手将其接住。作品如同电影的 4 个定格，以夸张的手法，演绎了从下决心戒烟到改变主意的瞬间人物心理的变化过程。在此过程中，读者完全可以自我激活个人的经验和心理感受并进行逻辑推理。最后，漫画的评论结果可能并不仅限于戒烟，而在于对人们的缺点或弱点进行善意的讽刺和委婉的批评教育。人们在告别旧的习惯、改正错误和缺点时，不能仅仅靠决心，更要付诸具体的行动。

（2）赏析历史漫画，走进历史（历史学科角度）。

历史漫画是一种宝贵而特殊的视觉材料，能在一定程度上反映和再现历史信息，让人们在轻松愉悦的画面中了解历史事件、认识历史人物，并逐渐地深入探究历史。

历史漫画取材于历史，它从不同的角度、不同的层面反映着历史。历史包罗万象，这就决定了历史漫画内容的广泛性。历史的每一个时期都遗留下来很多历史漫画，反映了每个时期的特征。中国历史漫画由古代漫雕（具有诙谐、幽默趣味的雕刻类作品），如汉代石刻画像开始，至清末民初的报刊讽刺画，可说是经几千年历史沉淀而形成；在紧贴政治气候的同时，也直接或间接地记录着当时的社会状态和人民的生活态度，由此组成一部奇特的中国近代历史图解；尤其到了 20 世纪以后，历史漫画作品更是普遍。历史漫画比文字材料传播得更快、更广，社会各个阶层的人都会感受到漫画的魅力。

《一团和气图》创作于 1465 年。粗看似一笑面弥勒盘腿而坐，弥勒体态浑圆，细看却是三人合一。左为一着道冠的老者，右为一戴方巾的儒士，二人各执经卷一端，团膝相接，相对微笑，第三人则手搭两人肩上，露出光光的头顶，手捻佛珠，是佛教中人。作品构思绝妙，人物造型诙谐，用图像的形式揭示了儒、释、道"三教合一"的主题思想。明朝成化帝朱见深登基不久绘制的《一团和气图》有特定缘由，如期望全国朝野安定团结，体现三教合流、和睦相处的思想宗旨等。主题上没有讽刺意味，反而有歌颂的味道，颇为特别。

历史漫画是漫画家根据自己对历史的理解加以创作的结果。面对同样的历史人物、历史事件、历史现象等，由于漫画家的阶级立场和对问题的不同看法，在作品中就会有截然不同的反映，这就使历史漫画具有了阶级性和主观性。

（3）透视时代漫画，感悟社会变迁（政治学科角度）。

时代漫画对现实生活中各种问题的反映极为神速。它不但歌颂美好的新兴事物，反映新人新气象，还及时地提出现实中的沉渣泛起和社会弊病，并予以警示。随着社会主义市场经济新秩序的建立，随着人民群众生活条件的改善和消费观念的改变，社会上也出现了一些新的问题。漫画可以为当时社会经济的解读提供新的依据。

漫画《难以嫁接》寓意深刻，引人深思，具有较强的讽刺意味。从政治学的角度来看，该漫画揭示了当今世界上的头号大国美国在世界上推行霸权强权政治，企图在世界上把自己的意识形态、政治制度、经济模式强加给别国的卑劣行径。在当今多极化的世界格局中，求和平、谋发展、促合作已经成为不可阻挡的历史潮流。美国一意孤行，打着"自由"、"民主"、"人权"的旗号，干涉别国内政，侵犯别国主权，在国际社会、国际组织中扮演"国际警察"的角色，使当今的世界和平与发展受到巨大威胁。政体是国体的反映。美国打着所谓"民主"的旗号与大多数国家所倡导的建立国际政治经济新秩序的美好愿望背道而驰，其结果必定以失败而告终。

2. 物理、信息技术、通用技术等学科交叉的技能型课程

在教材中，不同学科之间的内容往往有紧密的联系，如：

表4-7　交叉学科技能型课程设置

物　理	信息技术	通用技术
提高汽车动力性的分析研究 汽车点火装置制作与性能分析 新型汽车材料预测		汽车驾驶与保养
摄影技术 走进DV生活——数码摄像与制作	校园微电影制作	校园微电影赏析与制作
简易机器人制作	简单机器人	简易机器人制作
建筑设计中物理原理		建筑及其设计

整合教学内容，能起到优化教学的作用。如通用技术学科，学校从学生实际水平出发，对学科教学目标、教学内容、教学方法和教学评价等方面进行深入梳理，对必修内容进行调序、整合等校本化开发，全面优化高

中通用技术教学进程，整合高中通用技术教学内容，使之与物理、信息技术等学科更好衔接（见表4-8）。

表4-8　"技术与设计"课程整合

模　块	原教学内容	教学内容整合调整
技术与设计1	第一章　走进技术世界 第二章　技术世界中的设计 第三章　设计过程、原则及评价 第四章　发现与明确问题 第五章　方案的构思及其方案 第六章　设计图样的绘制 第七章　模型或原型的制作	整合一：（先讲第六、七章） 第六章　设计图样的绘制 第七章　模型或原型的制作 整合二：（第七章第二节增加内容） 1. 木工常用工具和设备 2. 木工的锯割加工方法（课本无）
技术与设计2	第一单元　结构与设计 第二单元　流程与设计 第三单元　系统与设计 第四单元　系统与设计	第一单元　结构与设计 第二单元　流程与设计 整合三：增加木工工艺流程 第三单元　系统与设计 第四单元　系统与设计

三、学科课程的实施

课程实施是将规划的课程付诸实际教学行动的实践过程，是课程的总体设计框架在学校办学中的落实过程。

（一）搭建学科课程纲要

完成课程的顶层设计后，各学科知识模块的优化重组首先需要整体搭建起高中所有学段的知识模块框架，从而清晰地呈现出完整的教学计划，更好地体现出各学段模块教学的针对性和系统性。这一框架的搭建通过各学科课程纲要的编写来完成。

各教研组在编写课程纲要时充分考虑到了本学科的性质、特点和教师授课、学生学习的实际情况，体现出不同的特色。以下是稽山中学的地理学科课程建设纲要。

稽山中学地理学科课程建设纲要

一、地理课程的理念和总目标

（一）地理课程理念

依据国家课程以及学校的"坚守大成理念、奠基师生发展"办学理念，以"培育敦品笃学、砺行致远之青年"为培养目标，以"注重大成理念指引、倾力课程体系构建、关注学生终身发展"为育人模式，创设生态化的课程类型。

1. 培养现代公民必备的地理素养。设计具有时代性和基础性的高中地理课程，提供现代公民必备的地理知识，增强学生的地理学习能力和生存能力。关注人口、资源、环境和区域发展等问题，以利于学生正确认识人地关系，形成可持续发展的观念，珍爱地球，善待环境。地理课程走出目标单一、过程僵化、方式机械的"生产模式"，让每个学生的个性获得充分发展，培养出丰富多彩的人格。

2. 满足学生不同的地理学习需要。建立富有多样性、选择性的高中地理课程，满足学生探索自然奥秘、认识社会生活环境、掌握现代地理科学技术方法等不同学习需要。充分体现"以学生终身发展为本"，学习对生活有用、对终身发展有用的地理。地理课程不仅提供给学生与其生活和周围世界密切相关的地理知识和技能，反映全球变化形式，而且还要使所学内容对他们的终身学习和发展有用，对他们增强社会生存能力有用。

3. 重视对地理问题的探究。倡导自主学习、合作学习和探究学习，开展地理观测、地理考察、地理实验、地理调查和地理专题研究等实践活动。改变地理学习方式，构建开放式地理课程。学生是学习主人，让学生在活动中感受、理解知识产生、发展的过程。充分重视校外教育资源的开发利用，拓宽学习空间，满足多样化学习需求。

4. 强调信息技术在地理学习中的应用。充分考虑信息技术对地理教学的影响，营造有利于学生形成地理信息意识和能力的教学环境。构建基于现代信息技术的地理课程，发挥地理专用教室的作用，开发基于现代信息技术的地理教学信息平台和地理模拟平台，为发展学生自主学习意识和能力创造适宜的环境。

5. 注重学习过程评价和学习结果评价的结合。重视反映学生发展状况的过程性评价，实现评价目标多元化、评价手段多样化，强调形成性评价与终结性评价相结合、定性评价与定量评价相结合、反思性评价与鼓励性评价相结合。构建学习结果与学习过程并重的评价机制。既要关注学习结果，更要关注学习过程和变化，以及在实践活动中所表现出来的情感和态度变化，实现评价目标多元化、评价手段多样化，形成性评价和终结性评价并举，定性评价和定量评价相结合，创设一种激励性评价机制。

（二）课程目标

高中地理课程的总体目标是要求学生初步掌握地理基本知识和基本原理；获得地理基本技能，发展地理思维能力，初步掌握学习和探究地理问题的基本方法和技术手段；增强爱国主义情感，树立科学的人口观、资源观、环境观和可持续发展观念。

课程目标从知识与技能、过程与方法、情感态度与价值观三个维度来表述，这三个维度在实施过程中是一个有机的整体。地理学科主要培养学生掌握地理知识，学习地理的兴趣，初步掌握地理学术研究方法，应用地理知识、地理技能和地理智能分析解决各种地理问题的本领，亦即正确处理人地关系，特别是提高"提出地理问题、获取地理信息、整理地理信息、分析地理信息、回答地理问题"的能力。学好跨越自然科学和人文科学的交叉学科的地理，学好地理有助于提高学生的人文素养和科学素养，有助于培养学生成为一个有较高学术涵养的社会公民。

1. 知识与技能

（1）获得地球和宇宙环境的基础知识，理解人类赖以生存的自然地理环境的主要特征，以及自然地理环境各要素之间的相互关系。

（2）了解人类活动对地理环境的影响，理解人文地理环境的形成和特点，认识可持续发展的意义及主要途径。

（3）认识区域差异，了解区域可持续发展面临的主要问题和解决途径。

（4）学会独立或合作进行地理观测、地理实验、地理调查；掌握阅读、分析、运用地理图表和地理数据的技能。

2. 过程与方法

（1）初步学会通过多种途径、运用多种手段收集地理信息，尝试运用所学的地理知识和技能对地理信息进行整理、分析，并把地理信息运用于地理学习过程。

（2）尝试从学习和生活中发现地理问题，提出探究方案，与他人合作，开展调查研究，提出解决问题的对策。

（3）运用适当的方法和手段，表达、交流、反思地理学习和探究的体会、见解和成果。

3. 情感态度与价值观

（1）激发探究地理问题的兴趣和动机，养成求真、求实的科学态度，提高地理审美情趣。

（2）关心我国的基本地理国情，关注我国环境与发展的现状与趋势，增强热爱祖国、热爱家乡的情感。

（3）了解全球的环境与发展问题，理解国际合作的价值，初步形成正确的全球意识。

（4）增强对资源、环境的保护意识和法制意识，形成可持续发展观念，增强关心和爱护环境的社会责任感，养成良好的行为习惯。

二、学科课程设计

（一）设计思路

以浙江省深化课程改革"调结构、减总量、优方法、改评价、创条件"的总体思路为指导，结合稽中"坚守大成理念，奠基师生发展"的办学理念及"培育敦品笃学、砺行致远之青年"的培养目标，构建具有稽中特色的地理课程体系，包括以打造学生富有专长知识和饱有人文情怀为核心的学科基础课程、专业体验课程、人文情怀课程，为满足学生个性发展需要和以培育学生职业意识需要的职业技能课程，让学生有比较全面的做人和成才的基本素质，具备持续发展的潜能，有一定的个性特长基础，能基本形成比较明确的专业倾向和相关的知识结构。所以稽中地理课程是从兼顾社会、学科和学生这三个方面的因素出发，谋求基础性、时代性、选择性的互相统一和渗透整合。

1. 基础性：地理课程必须具有很强的基础性，提供未来公民必备的地理基础知识，培养学生基本的地理学习能力和生存能力，关注人口、资源、环境和区域发展等基本问题，以利于学生正确认识人地关系，形成可持续发展等基本观念，这一点是最基本的。

2. 时代性：随着科学技术的飞速发展，学科自身的发展变化也是必然的。所以，地理课程的内容除了要考虑学科的继承性、经典性以外，还必须体现学科的时代性。要反映当前地理科学的时代特点和发展趋势，渗透自然地理和人文地理研究的最新成果，介绍时代性很强的地理信息技术的应用，顺应世界潮流，紧跟时代步伐，使高中地理课程具有一定的先进性和超前性。

3. 选择性：地理课程必须根据学生的发展需要和学生的接受水平来设计。从目前的实际来看，增强课程的选择性是顾及学生特点的一条快捷、有效、合理的途径，让学生自己来选择喜爱的课程。因此，地理课程必须具有多样性、灵活性和选择性，这样才能满足学生探索自然奥秘、认识社会生活环境、掌握现代地理科学技术方法等各种不同的学习需要，以真正达到提高学生素质的目的。

（二）课程结构

稽中地理课程由共同学科基础课程与选修课程组成，学科基础课程与选修课程的关系是：学科基础课程是选修课程的基础，贯穿或渗透于选修课程的始终；选修课程是学科基础课程的延伸与补充，对学科基础的课程内容起到拓展作用。稽中地理学科课程体系以必修课程的校本化为基础，构建专业基础课程、人文情怀课程和职业技能课程组成的校本选修课程体系。所有课程以尊重差异，满足多元选择为特征，面向全体学生，学生根据自己的兴趣爱好、个性特长、需求层次、发展志向，在教师的指导之下，在不同的层次中选择自己所需的、适合的课程，打下扎实的专业知识基础，为自己的最优发展选择最佳的课程。通过基础课程，培养学生的"基础性学习力"和"创新意识"，成为学生"发展性学习力"和"创造性学习力"的基础。开设以培养学生个性特长、创新探索为主的课程，发展学生的"发展性学习力"与"创造性学习力"。

地理课程类别		课程名称或要求
基础课程	A 层	国家必修课程（必修Ⅰ、Ⅱ、Ⅲ）的基本要求
	B 层	国家必修课程（必修Ⅰ、Ⅱ、Ⅲ）的发展要求
拓展课程	A 层	城乡规划、自然灾害与防治、环境保护、旅游地理、海洋地理
	B 层	气象漫谈、选美中国、中国民俗风情、环球地图游、地理趣闻、电影中的地理、3S 技术
探究课程	A 层	导游实务、野外生存自救常识、生活中的地理知识、风水与地理、体育与地理
	B 层	观测与记录常见的天文现象、地理教具制作、地图制作、导游入门、"地球小博士"全国科技大赛加强篇

基础课程：高中地理基础课程共6学分，由"地理必修Ⅰ"、"地理Ⅱ"、"地理Ⅲ"（各2学分，36课时）三个模块组成。这三个模块是递进关系，即必须先学"地理必修Ⅰ"，再学"地理必修Ⅱ"，后学"地理必修Ⅲ"。"地理必修Ⅰ"、"地理必修Ⅱ"和"地理必修Ⅲ"既相对独立，又相互联系，构成一个整体。

"地理必修Ⅰ"以自然地理内容为主，包括地球的宇宙环境、地球的4大圈层、自然环境的整体性、差异性等传统内容，但又不拘泥于纯自然地理结构，而以"自然环境对人类活动的影响"作为总结，紧扣可持续发展这一核心论题。

"地理必修Ⅱ"以人文地理内容为主，包括人口与城市、工农业区位因素等经典内容，但也不拘泥于纯人文地理结构，以"人类与地理环境的协调发展"结尾，阐述可持续发展的缘由、基本内涵和任务。

"地理必修Ⅲ"则以区域作为载体，介绍区域同人类的关系、区域的开发整治等，同样紧扣可持续发展这一核心论题。当然"地理必修Ⅲ"介绍的区域的内涵等内容，和初中地理介绍世界和中国各地概况的区域地理是完全不同的。"地理必修Ⅲ"同样不拘泥于学科体系的严密，在最后部分介绍体现时代气息的地理信息技术的应用，紧跟地理科学的时代步伐、顺应世界发展潮流。

学科基础课程的三个模块，涵盖了现代地理学的基本内容，体现了自然地理、人文地理和区域地理的联系与融合，并且注意其结构的相对统一和教学内容的新颖、充实，使课程具有较强的基础性和时代性。

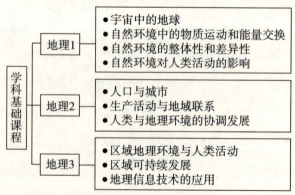

拓展课程：以国家选修课程和必修拓展内容为基础，以分层、分类的

方式实施。拓宽学生的学科视野，认识学科的价值与研究方法，获得更为全面的知识与能力，并进一步培养探究能力与创新精神，全面提升学科素养，为进一步学习打下扎实的学力基础，是实施发展性学力和创造性学力培育的重要内容之一，为学术类大学输送优秀的人才。

探究课程：旨在让学生了解社会、服务社会，增强社会责任感，提升服务社会、知识综合应用的意识和能力，增强学生的自主意识、团队协作意识，培养综合能力、动手实践能力、知识应用能力和创新能力，让学生掌握一定的职业技能，培养学生专业倾向，成为各行各业充满发展潜能、有所建树的创造型人才。

三、课程实施方案

（一）学科课程实施时间

地理课程类别	课程名称或要求		
	课程名称		
上课时间	基础课程	拓展课程	探究课程
高一上	国家必修课程（必修Ⅰ、Ⅱ）的基本要求	1. 选美中国 2. 地理趣闻	1. 风水与地理 2. 体育与地理
高一下	国家必修课程（必修Ⅱ、Ⅲ）的基本要求	气象漫谈	观测与记录常见的天文现象
高二上	国家必修课程（必修Ⅰ、Ⅱ、Ⅲ）的发展要求	电影中的地理	导游实务
高二下	自然灾害、环境保护	环球地图游	地图制作 3S技术

（二）必修课程（学科基础课程）实施方案

1. 必修课程（学科基础课程）是专门为未来公民接受基础教育之后所要达到的共同素质而提出的国家标准。其主要目的在于确保所有学生学习的权利。因此，我们必须坚持《课程标准》，确保底线。要严格按照《浙江省深化普通高中课程改革方案》的精神，按照方案所规定的内容来开设必修课程。按照地理学科必修课程教学指导意见的要求组织教学，严格控制教学内容和难度，不得随意拓宽知识内容、提高教学要求、加重学业负担。注重基础知识、基本能力和核心价值观教学，为全体学生终身学习和可持续发展奠定坚实基础。

2. 加强必修课程的校本化和师本化研修。组织教师对课程标准进行全员研读，特别是校本化的研读，着力构建更具体、更切合学校自身的课程目标系统。对课程资源做合理取舍和适度开发，尊重教师的创新精神，让教师根据自己的教学特色和学生自身的学习特点，制定最恰当的课程体系。

3. 打造多样化的授课方式。分阶段逐步完善教学设施，通过多样化的教学设施，努力打造更为丰富、多样的地理课堂，推动课堂教学行为和方式的转变，关注学生的学习过程，让教师的个性与学生的个性得到足够的张扬，让学生在阳光、快乐和自信下成长。全面提升课堂教学质量，切实减轻课业负担，提高学习兴趣，为学生的个性化学习创造条件，促进全面发展。

（三）选修课程实施方案

根据学校"培育敦品笃学、砺行致远之青年"的培养目标，选取地图、生活、旅游、自然灾害和环境保护等内容，组成了包含国家选修课程和以基础课程、拓展课程和探究课程组成的校本选修课程体系。从地理必修内容的整体设置来看，地图、旅游是与学生生活和今后工作紧密相关的地理知识，又是国民经济健康、稳定发展的重要动力。我国是一个自然灾害频繁的国家，自然灾害对我国国民经济和大众人身安全的影响甚为严重，加上近年来大气污染、水污染等环境问题越来越突出，因此，对学生进行自然灾害和环境保护的相关教育，适应国情和学校的发展目标。从学校培养目标来看，地图系列、生活系列、自然灾害系列和环境保护系列等选修课，符合稽山中学"注重大成理念指引、倾力课程体系构建、关注学生终身发展"的目标。

（二）课程资源的开发与利用

1. 语文学科对学校特色人文资源的合理开发

（1）实施"稽山中学流动图书馆"工程。语文组根据各年级学生的年龄、心理等特点及语文教学和学生人文素养培养的相关要求，选定相应的图书品种，建立"人文书箱"。为每位语文教师提供 120 册书籍，由语文教师组织阅读课和阅读教学。在教学楼或班级教室的适宜地点，放置一定数量的适合学生阅读的图书，设立"校园流动性书柜"，向学生开放，学生不用借书卡、不记名即可借阅。图书馆负责进行轮换。"流动图书馆工程"拉近了学生和经典书籍的距离，学生生活在经典书籍之中，阅读自然而然地成为一种日常语文学习行为，学生的生命和精神得到充分的滋养。

（2）开设"稽中人文大讲堂"。先后邀请了诗人东方浩、新生代语文教师郭初阳、盲人歌手周云蓬等为师生做专题讲座，丰富了学习的形式，开拓了师生的视野。

（3）编写《稽山读本》。在这个有着深厚历史渊源和文化积淀的百年老校，组织教师编写凸显本校特色的《稽山读本》，可以为学生提供更丰富的阅读内容，也传承了校园历史文化。《稽山读本》由三部分组成，结构如下：

一、风雨稽山篇

1. 司马迁：《越王勾践世家》

2. 范仲淹：《清白堂记》

3. 陆游：《绍兴府修学记》

4. 王思任：《思任又上士英书》

5. 沈翼机：《姚启圣传》

6. 王守仁：《越中三记》（《亲民堂记》《尊经阁记》《浚河记》）

7. 徐渭：《龛山凯歌五首》

8. 张岱：《自为墓志铭》

9. 章学诚：《论课蒙学法》

10. 刘宗周：《重修绍兴府学官记》

11. 黄宗羲：《明夷待访录》中《学校》篇

12. 诸大绶：《重修绍兴府学官记》

13. 余煌：《绝命诗》

二、风雅稽山篇

1. 周恩来：诗歌两首《大江歌罢掉头东》《生死离别》

2. 蔡元培：《就任北京大学校长演说》

3. 徐柏堂：《卧薪尝胆——本校的校训》

4. 邵鸿书：《稽山中学在景宁》

5. 马寅初：《北大之精神》

6. 竺可桢:《在就任浙江大学校长后补行宣誓典礼上的答词》

7. 朱仲华:《周总理关注故乡教育事业——追记总理担任稽山中学名誉董事长的史实》

8. 何燮侯:《何燮侯自传》

9. 苏步青:《〈陈建功文集〉序言》

10. 孙伏园:《绍兴东西》

11. 孙福熙:《不死》

12. 杜亚泉:《战后东西文明之调和》

13. 徐敏真:《校董邵力子先生演讲词》

14. 刘仁通:《忆抗日战争时稽山中学在景宁》

三、风华稽山篇

1. 徐光宪:《我的幸福观》

2. 陶文钊:《中美关系的历史关头》

3. 程洪莉:《陶文铨院士:西迁大树一片常青叶》

4. 谢晋:《谢晋作品年表》

5. 张桂铭:《张桂铭先生谈艺》

6. 陈澈:《稽山中学校歌》

7. 蒋风:《童年接触的第一本书》

8. 谢善骁:《返飞的风筝——为母校八十华诞而作》

9. 干春松:《忆看谢晋拍〈秋瑾〉》

10. 胡国枢:《悠悠青史长留》

11. 邹志方:《陆游与故乡》

12. 鲁兰洲:《生命长河中的青春印记》

（4）开列课外阅读书单。每年高一新生进入稽山中学，学校就为他们提供一张《高中学生阅读书目》，让学生在课外充分阅读。书单由三部分内容组成：

一、高中语文新课标课外必读书目

1.《论语》《孟子》《庄子》

2.《三国演义》（作者：罗贯中）

3.《红楼梦》（作者：曹雪芹）

4.《呐喊》（作者：鲁迅）

5.《女神》（作者：郭沫若）

6. 《子夜》（作者：茅盾）

7. 《家》（作者：巴金）

8. 《雷雨》（作者：曹禺）

9. 《围城》（作者：钱钟书）

10. 《谈美书简》（作者：朱光潜）

11. 《哈姆莱特》（作者：莎士比亚）

12. 《堂吉诃德》（作者：塞万提斯）

13. 《歌德谈话录》（作者：艾克曼）

14. 《巴黎圣母院》（作者：雨果）

15. 《欧也尼·葛朗台》（作者：巴尔扎克）

16. 《匹克威克外传》（作者：狄更斯）

17. 《复活》（作者：列夫·托尔斯泰）

18. 《普希金诗选》（作者：普希金）

19. 《老人与海》（作者：海明威）

20. 《泰戈尔诗选》（作者：泰戈尔）

二、高中生必背"四十首诗"

《氓》、《离骚》（节选）、《迢迢牵牛星》、《短歌行》（对酒当歌）、《归园田居》（少无适俗韵）、《山居秋暝》、《蜀道难》、《梦游天姥吟留别》、《将进酒》、《兵车行》、《蜀相》、《客至》、《登高》、《登岳阳楼》、《石头城》、《琵琶行》（并序）、《李凭箜篌引》、《过华清宫》（长安回望绣成堆）、《锦瑟》、《菩萨蛮》（小山重叠金明灭）、《虞美人》（春花秋月何时了）、《雨霖铃》（寒蝉凄切）、《桂枝香》（登临送目）、《念奴娇·赤壁怀古》、《鹊桥仙》（纤云弄巧）、《声声慢》（寻寻觅觅）、《书愤》（早岁那知世事艰）、《永遇乐》（千古江山）、《扬州慢》（并序）、《长亭送别》（节选）、《逍遥游》（节选）、《劝学》（节选）、《屈原列传》（节选）、《陈情表》、《滕王阁序》（节选）、《师说》、《阿房宫赋》、《六国论》、《游褒禅山记》、《前赤壁赋》

三、校本课外阅读书目

1. 《中国人》（作者：林语堂）

2. 《城市季风》（作者：杨东平）

3. 《傅雷家书》（作者：傅雷）

4. 《我的精神家园》（作者：王小波）

5.《培根论人生》（作者：培根）

6.《宽容》（作者：房龙）

7.《话说周氏兄弟》（作者：钱理群）

8.《凡·高传》（作者：欧文·斯通）

9.《中国史学入门》（作者：顾颉刚）

10.《美学散步》（作者：宗白华）

11.《丰子恺漫画品读》（作者：丰子恺）

12.《科学发现纵横谈》（作者：王梓坤）

13.《时间简史》（作者：霍金）

14.《平凡的世界》（作者：路遥）

2. 对校内外潜在课程资源的充分挖掘

"育心礼堂"课程群，充分利用主题体验式教育活动等多种形式落实"让每一个孩子都成为最好的自己"的"大成"教育理念，通过一段时间的实践使之逐渐形成相应的内容体系并不断加以完善。比如在毕业典礼之前，让孩子们写三年校园生活回顾以及最难忘的瞬间和心中最美丽老师的推荐词。又如在高一开展徒步行走的极限挑战，高二"梦想起航"浙大行。还有府学校园美德少年评选以及颁奖典礼，"每一个生命都是唯一的"生命教育系列活动、府学校园经典诵读、学生社团活动以及"如诗的青春"体育艺术展示活动、"学生会主席与校长对话"活动、稽中校服的调研和设计活动、中德学生互访交流活动，学生自主管理模式等。

"育心礼堂"多角度、多维度地开展活动，让学生在校园中解放自己的头脑，解放自己的双手，充分利用自己的生活空间，尽情地发展个性，展现才能，培养特长，提高审美、实践、创新能力和综合素质。

德育重在践行。在课程建设过程中，学校重视对传统文化蕴含的民族精神、道德情操、人文涵养的深入挖掘，为了提高课程的有效性，针对中学生的学习特点、心理特点，努力结合各种纪念日和传统节日设计了一系列学校主题活动，如民族精神培养月、"我们的节日"系列活动等，让学生在活动中感悟、成长，自觉提升精神品质和道德修养。

（1）"三观教育"课程。三观教育，即世界观教育、人生观教育和价值观教育。马克思主义世界观是共产党人认识世界、改造世界的思想武器。人生观是对人生目的和意义的根本看法，具体表现在幸福观、生死观、苦乐观、荣辱观、恋爱观等方面，它是世界观在人生问题上的表现，影响并在一定程度上决定人们的道德行为和品质。价值观是对人的思想和行为的真伪、善恶、美丑的评价和判断。稽山中学开设的"三观教育"德育课程群主要包括"国旗下讲话""高中生团校""高中生党校""生命教育""青春期自我保护""恋爱与婚姻""社会主义核心价值观解读"等。

（2）责任心教育课程。联合国教科文组织指出：中学教育的任务之一是培养负责任的公民，其主要内涵是要承认他人享有法律上规定的各种权利的责任，遵守各种规则，信守诺言的责任。稽山中学重视责任心教育，将责任心培养的八方面基本目标和内容（对自我、他人、家庭、集体、社会、国家、自然、人类的责任心），分解到高中的六个阶段（三个年级六个学期），借助三个环节（认知—体验—反思），运用八种策略（课程开发、环境优化、情境体验、时空拓展、社会实践、自主管理、反思引导、评价导向），全方位、分阶段、多环节、多策略地落实到每个学生身上，形成了高中生责任心培养的稽山模式。在此基础上开设的课程有"班干部队伍培养""班级日常事务管理""学习责任感养成""青春期性健康教育""家庭责任心""责任心二十条"等。

（3）传统文化教育课程。中华传统文化即先秦时期以儒家学说为代表的对人、对社会的认识，以及对社会行为规范的追求，即"仁义礼智信"。稽山中学的传统文化教育课程，主要包括"传统文化研读""府学新探""孔子""传统文化体验"等。

学校还把毕业典礼、入学典礼和成人礼等重要的教育活动用仪式的形式展开，让学生在活动中体验稽中文化的魅力，从而在心中铭刻上深深的母校印迹。

（1）2014年6月10日，学校为毕业生们举行了以"最美好的遇见，最难忘的记忆"为主题的毕业礼，全校师生和毕业生家长代表参加了典礼仪式。

在悠扬的歌声中，14个毕业班的同学踏上红地毯，走过状元桥，相聚在孔子像前，向老师、家长献花致谢，并纷纷拥抱自己的老师，说着自己感激的话语。在感动和眷恋的氛围里，朱雯校长为毕业生颁发了毕业证书。她说在稽中聚不是开始，散也不是结束。希望学生们带走的是校园熏染积淀的品质和胸怀，带走享用一生的精神财富。诚朴、宽容、勤奋、刚毅、怀柔，这是一个深深的烙印，这是稽中人的烙印，只要打上这个烙印，无论走到哪里，无论选择哪一所大学，无论从事哪一种职业，无论与何人牵手一生，他们永远都是稽中人！随后，封幸力副校长宣布了优秀毕业生名单。在朱校长的带领下，全体校领导为优秀毕业生颁发了奖状。学生代表莫言在毕业典礼上说："感谢稽中，让我们在这里开始了所有可能与不可能的梦想！"更有毕业生表示，这是他们高中时代最后一次聚会，有感激之情，更有不舍之情。随后，教师代表王洁老师回忆了与同学们共同度过的 3 年时光，表达了浓浓情意和深深的期待与祝福。相信高三同学无论再过多少年，无论走到哪里，都会永远记得母校，记得今天。都会把学校的期望、老师的叮咛、同学的友情，化为今后成长的动力，成就自己幸福成功的人生！

（2）2015 年 9 月 1 日，学校的开学典礼一改以往的传统阵容，别开生面地以"欢迎礼"（欢迎新一代府学校园人）、"誓师礼"（在庄严的宣誓中高三备考拉开序幕）和"嘱托礼"（校长对同学们提出殷切的希望）三个部分展开，同时借助学校的大成门、府学宫孔子像，使整个典礼庄严有序，意义非凡。

（3）2014 年 12 月 8 日，学校为全体高三学生举办了"十八而志，无悔青春"成人礼。下午，高三年级近 800 名学生举行了古朴庄重的"成人礼"。这些年满 18 周岁的学生怀着激动的心情踏过状元桥，穿过成人门。在红毯尽头，学校领导、班主任、任课老师和家长代表翘首企盼着，为他们佩戴上具有象征意义的"成人章"。随后，佩戴着"成人章"的高三同学来到艺术楼三楼报告厅参加隆重的成人仪式。十八岁成人仪式是学校文化建设和德育工作的重要形式，学校通过开展这一活动，切实增强了学生的公民意识、责任意识及所应承担的社会责任，让他们树立起奋斗目标和远大志向。不少高三学子在仪式中受到震撼，感动到流泪，继而对成人的理解和责任的担当有了更深刻的理解。

（三）教学策略的建构与完善

1. 数学学科的课程教学模式

（1）以复习课、习题课"案例拓展式：变式题组教学"为例。

案例拓展式教学指选择一个典型案例（母题），运用已具备的学科知识与经验，寻求解决问题的思路，通过多次反思和论证，最后解决问题。学生在自主、合作探究的活动中，通过活动与实践、协作与交往途径，提升了学习力，达成知识的迁移与创新（见图4-8）。

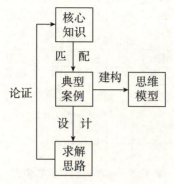

图4-8 案例拓展式教学模式

譬如高三总复习课的题组教学要尽量摒弃传统的教师罗列梳理知识、学生教条地记忆，教师例题示范、学生套用模式解题的教学方法。结合目前浙江省数学高考命题的趋势，在再现型题组和巩固型题组中要突出构建让学生看得见、摸得着的知识网络，要让学生清晰地感受高中数学主干知识的发生发展过程，在提高型题组和反馈型题组中落实在"知识交汇点命题"的小综合思想。例如，在复习二倍角公式时，设计下面的提高性题组：

①$y = \sqrt{3}\sin x\cos x - \cos^2 x + 1$ 的周期是＿＿＿＿＿＿＿＿，最大值是
＿＿＿＿＿＿＿；

②已知 $\vec{a} = (\frac{3}{2}, \sin\alpha)$，$\vec{b} = (\cos\alpha, \frac{1}{3})$，且 $\vec{a}//\vec{b}$，则锐角 α 为＿＿
＿＿＿＿；

③已知 $\vec{a} = (\sin A, \cos A)$，$\vec{b} = (\cos C, \sin C)$，若 $\sqrt{3}\vec{a} \cdot \vec{b} = \sin 2B$，且 A、B、C 为 $\triangle ABC$ 的三个内角，则 B 等于＿＿＿＿＿＿＿；

④已知 $\vec{a} = (\cos 2x, 2)$，$\vec{b} = (1, \sin x)$，若 $f(x) = \vec{a} \cdot \vec{b}$，则 $f(x)$ 的最大值为＿＿＿＿＿＿，最小值为＿＿＿＿＿＿；

（2）概念教学课用体验探究式教学模式，设计环节让学生在参与中理解和学习学科知识。

学生在学习与理解学科知识的过程中，通过运用与实践，挖掘知识内涵，拓展知识外延，全面系统掌握知识，从而达成知识的迁移与创新（见图4-9）。

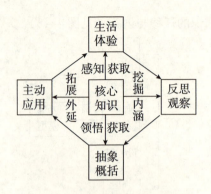

图4-9 体验探究式教学模式

通过"任务"来诱发、强化和维持学习者的成就动机。成就动机是学生学习和完成任务的真正动力系统。

下面以"数列"概念教学为例进行说明。

设计一 回归生活,体验感知

问题1 教材第31页中6个问题最终都是用一列数字来刻画的。其中一个例子:我国参加6次奥运会获金牌数依次为15,5,16,16,28,32,如果交换其中的数字5和16的位置,还能表达原来的含义吗?

问题2 通过分析,能否发现这6个数字的一个显著的共同特点?

【设计意图】要求学生主动阅读,初步发现并思考问题,教师通过课堂一步步的设问引领学生和教师共同探究形成概念,让学生感觉概念的生成自然而然,水到渠成。

设计二 精思善疑,探究领悟

问题1 通过刚才的介绍,我们发现数列与我们学过的一个数学概念很像,是什么?

问题2 它们一样吗?能总结出二者的区别吗?不妨小组讨论一下。

问题3 再看细胞分裂的例子,这是用什么方式表示的数列?

问题4 数列不同于数集,最根本的原因是什么?

【设计意图】从数列的表示形式上引导学生发散思维,穿插探究活动,让学生讨论发现它与数集的区别,通过一步紧似一步的追问,逐步揭示数列是函数的实质,再从函数的一般表示形式上回归数列的表示,进一步揭示数列这种函数的本质。

设计三 思辨观察，挖掘内涵

问题 1 函数有哪三要素？

问题 2 函数有哪几种表示方法？

问题 3 画出金牌总数和细胞分裂两例的图像，并说出它们和以往学习过的函数图像的区别？

【设计意图】通过三个问题串联，说明数列的一般表示其实就是简化的列表，通项公式表示就是解析法，通过操作实验，突破数列是一种特殊函数（离散函数）的数学根源是因为其定义域是离散数集。

设计四 迁移应用，拓展外延（略）

2. 历史学科的分层教学实践

（1）将历史学科分 A、B、C 三种类别进行教学，分三类设置课程。学生结合自身对历史学科的能力要求、兴趣爱好、生涯规划等进行自主选项，如表 4-9 所示。

表 4-9 历史学科的分层教学

年级		高一年级	高二年级		高三年级	
学科C	必修	必修一、必修二中国史的基本要求 3课时/周	必修二世界史、必修三的基本要求 3课时/周	学考复习		
	任选至少开设1门	绍兴古地名、府学宫、绍兴史、古玩鉴赏				
学科B	必修	必修一、必修二中国史的基本要求 3课时/周	必修二世界史、必修三的基本要求 3课时/周	必修一、二、三的发展要求 4课时/周	必修一、二、三的发展要求 4课时/周	选考复习
	限选			中外历史人物评说	世界文化遗产荟萃	
	任选至少开设5门	绍兴古地名、中国古代史、绍兴史、古玩鉴赏、第二次世界大战史、漫画中的历史				

续表

年 级		高一年级	高二年级	高三年级
学科A	必修	必修一、必修二中国史的基本和发展要求 4课时/周	必修二世界史、必修三的基本和发展要求 4课时/周	选考复习
	限选		中外历史人物评说、世界文化遗产荟萃	
	任选至少提供5门	绍兴古地名、美国史、绍兴史、古玩鉴赏、第二次世界大战史、漫画中的历史、历史问题辩论、史学经典选读		

（2）根据学科水平和能力要求在 A、B、C 三种不同的类别内进行三层选课走班教学。

第一，学生分层。通过平常的课堂教学、练习与测验、谈话、问卷等方式，尽可能全面深入了解学生的过去和现状。然后根据学生的历史基础知识、智力水平和学习历史的态度等，把学生分成 A、B、C 三个层次。A层次学生是知识基础、智力水平较低，接受能力不强，学习积极性不高，成绩欠佳的学生；B 层次学生知识基础和智力水平一般，学习比较自觉，有一定的上进心，学习中等；C 层次是基础扎实，接受能力强，学习自觉，方法正确，成绩优秀的学生。

第二，教学目标分层。在制定教学目标的过程中，根据课标和教材的要求，再根据三个不同层面学生的实际制定不同的教学目标。再根据不同层次的教学目标设计好教学内容、课堂提问、技能训练，并且注意层次和梯度。在具体的操作过程中，应坚持以"以 B 层学生为基准，A 层学生降低起点，C 层学生适当提高"的策略。

第三，实施分层授课。分层授课采取"大班导学，小组议学，个别辅导"相结合的方针。根据备课要求，授课着眼于 B 层中等学生，实施中速推进，课后辅导兼顾 A、C 两头，努力为学困生当堂达标创造条件。具体做法是：上课以合为主，分为辅；课后则分为主，合为辅。做到对 C 层学生少讲少练，让他们独立学习，注重培养其综合运用知识的能力，提高其解题的技能技巧；对 B 层学生则实行精讲精练，重视双基教学，注重课本上的例题和习题处理，着重在掌握基础知识和训练基本技能上下功夫；对 A 层学生则要求低，坡度小，放低起点，浅讲多练，查漏补缺，弄懂基本概念，掌握必要的基础知识和基本技能。

第四，完成分层练习。课堂教学效益要提高，教师就要随时掌握学生的学习活动情况，及时帮助学生克服学习过程中的困难。因此，教师在授课过程中，要运用练习对学生学习进行监督，发现问题，及时纠正。

第五，做出分层评价。根据学生的知识水平和学习能力的差异，实施分层考核办法，测试时试卷设计为必做题和选做题两卷。必做题属于检测达标的基本要求，选做题则属较高要求，为加分题。

（四）课程实施需注意的问题

1. 课程资源信息化问题

在信息化时代，网络资源是很重要的资料来源。学校一直重视课程资源的信息化问题，并利用学科网站，建设各个学科校本选修课课程资源库，比如电子书籍、照片、地图、纪录片、电影等资料。有些学科还需比较不同版本的电子教材、教案、课件、习题、素材等。注重在教学中收集利用网络资源，如近几年建立"翻转课堂"，参与"一师一优课"等，将好的课程资源下载下来，供研讨使用。

2. 师资配备问题

从学校的学科课程群来看，师资人员需要充分考虑。如生物学科课程共涉及 3 门必修 15 门选修课程，从学校的生物学科教师配备人数来看，存在人员缺口。缺少师资，其实意味着具体课程的缺乏，意味着现有教师的专业知识、人文素养需要进一步提高，也迫切需要学校能安排各种形式的学习培训活动，学习掌握新的知识来应对学科课程的发展。

3. 资金保障问题

数学学科有建设数学探究实验室和数字化数学实验室的具体设想。数学探究实验室提供给学生一些数学的具体模型，把抽象数学转化为直观数学，克服想象中的数学难点，更有利于数学的学习。实验室需要数学模具约 100 套，数学书籍约 500 册，一张圆形桌子，三组方形活动桌子，一台空调，造价约 10 万元。数字化数学实验室是利用现代信息技术支撑数学教学和学习的重要场所，在这个教室里教师可以利用各种计算机技术来改变课堂教学，同时也改变学生数学的学习方式。在这个教室内有 50 台笔记本电脑，50 台数学图形计算器，一台图形计算器的发射器，一张讲台，50 张桌子和椅子，一组橱柜，一台空调，造价约 50 万元。

历史学科专用教室，开辟了专用教室功能区，包括教师办公区（教室西北角，用传统木质屏风和书柜隔断为一个独立区域）、绍兴乡土文物展示区（教室三面墙壁，7 组展示柜，陈列展示乡土民俗、绍兴历代地方志、绍兴名人的历史专著等）、历史模型展示区（置于绍兴乡土文物展示之下，运用抽拉式展示柜陈列展示各类历史教学模型，如古府学宫复原模型）、书画艺术体验区（教室东南角，陈列文房四宝，同时安置一张仿古条桌，上置方形青石，学生可练习书法、绘画）和教学活动区（传统课桌和讲台，配置电子白板和多媒体系统）。

[第五章]

格心课堂

中国儒家文化对"立德"的价值追求源远流长。习近平总书记关于"培育和践行社会主义核心价值观，每一堂课不仅传播知识，而且传授美德"的重要论述，再次强调课堂是实现育人目标的基本途径和载体，是培养人才蓝图的具体体现。

当然，课堂必须是学生提升学习的重要途径。学习力，学者释义为"一个人学习的动力、毅力、学习能力的总和"，是人们获取知识、分享知识、使用知识和创新知识的能力，对于学生而言，学习力是他们学习和发展的生长力。学习力主要由三个层次、六个要素组成：第一层次是人的基本素质，包括"知识与经验、策略与反思、意志与进取"三个要素；第二层次是对实现人的发展的两个基本路径的把握，包括"实践与活动、协作与交往"两个要素；第三层次是人发展的最高境界，即"批判与创新"能力的培养。根据学习力的三个层次、六个要素，结合学校实际情况，稽山中学的课堂要重点培养学生的"善心、慧心、初心和诗心"，即"格心"，其中，"善心"是立德之本，"慧心"是现代教育理念下的学习力培养，"初心"搭建理想与实践之间的桥梁，"诗心"培养学生对美好事物的欣赏能力，而这"四个维度"的教育教学目标通常通过"六个环节"来完成，即"激活认知—设疑诱思—多向探究—分享归纳—应用内化—拓展升华"。

稽山中学的"格心课堂"，以"立德树人"为核心，以"学习力的提升"为课堂的价值取向，依托常态课，以"四维六环"分解落实为关键策略，追求自主、合作、探究的课堂学习方式和民主、平等、和谐的课堂环境文化，最后实现"大成"的教学目标。"格心课堂"充满对人性的关怀和对天性的尊重，关注个体生命的健康成长，养成良好课堂习惯，全面提升课堂质量，实现中小学课堂的实质性变革。

一、让学生终身幸福是我们的终极目的

学校的教育过程本身也是教师和学生生命的一部分，在这一段生命过程中要尽量地让教师和学生感到幸福。有人认为有很多事情包括工作和学习是很辛苦的事情，怎样让人从中感到幸福呢？其实辛苦与否只是个人的一种感受，同样一件事情在有些人看来是幸福的享受，而在另外一些人看来却无比痛苦。而教育就是教人从那些必须或应该去做的事情中感受到幸福。

（一）知识未必有力量

著名哲学家培根有句名言："知识就是力量。"这句名言来源于真实的历史故事。古希腊伟大的数学家阿基米德是科学史上第一个将物理与数学融会贯通的人，也是第一个将计算技巧与严格证明融为一体的人。他不但是一位杰出的科学家，还是一位伟大的爱国者。当罗马帝国的军队侵犯自己的家乡时，70多岁高龄的阿基米德挺身而出，竭尽自己的心智，为保卫国家而战斗。传说阿基米德制作了一面巨大的抛物镜，把阳光聚焦后反射到罗马的战场上，燃起熊熊大火，使罗马士兵无一生还。他还发明了一种投石器，能迅速投出大量的石子，把逼近城墙的士兵打得头破血流。罗马军队的统帅马塞尔沮丧地说："我们是在同数学家打仗！他安稳地待在城里，却能焚烧我们的战场，一下子掷出铺天盖地的石子，真像神话中的百手巨人。"有鉴于此，培根写下了"知识就是力量"这句名言。

事实上，在整个人类的发展史中，知识一直扮演着促进人类进步与发展的最重要的角色，任何一个时代的人都不会忽视学习和知识的重要性。在我国，流传着一句与"知识就是力量"极其相似的名言——"知识改变命运"。但是，在学校教育价值理念文化中，人们之所以信奉"知识改变命运"，是因为人们仍然相信通过课本知识的学习去应试，能够"一考定终身"。是的，在那个只有少数人才有机会上大学的时代，在社会各界普遍感到人才匮乏的时代，那"一考"确实具有"定终身"的魔力，考上大学就意味着获得了"铁饭碗"，几乎一辈子都有保障了。殊不知，几十年过去了，情况已经改变。山东省教育厅副厅长张志勇说："我国已经

从一个中等教育和高等教育机会极其短缺的国家，成为一个先后完成普及
九年义务教育、高中阶段教育，进而实现高等教育大众化的国家。"正是
在这样的背景下，高校毕业生国家早就不再包分配，就业早就实现了市场
化。正因为如此，今天这"一考"，其意义与刚刚恢复高考时期的"一
考"，已经有了天壤之别，其"定终身"的意义已渐渐消失，"一考"已
不能"定终身"。而学生毕业时能否找到自己满意的工作，包括学生在工
作单位继续发展，靠的不是文凭和学历本身，而是自己的学习经历所给予
的含金量，即一个人通过学历教育所获得的修养、能力和综合素质的高
低，这就为教育回归其自身应有的功能，即解放人的内在力量提供了现实
可能性。

那么，这种围绕着单纯的应试教育而进行的知识教育到底欠缺了什
么？首先，这种知识教育在本质上是不重视人的道德成长的教育，是脱离
生活、脱离社会的教育，而人的道德成长从根本上来说是无法脱离生活与
社会的。其次，这种知识教育是忽视体育和美育的教育，因为从教育者对
教育科学的认知而言，他们不认为人的身体素质、审美素养与知识教育具
有内在的联系，加上这种教育本身与考试无关，或者说，无法在考试中得
到价值体现。最后，这种知识教育实质是排斥对人的创新教育与实践能力
教育的，因为人的创新能力与实践能力的养成，从形成机理上讲，是离不
开实践与探索的，而围绕应试教育进行的知识教育本身是脱离甚至排斥实
践与探索的。正因为如此，这种知识教育本身是无法真正承担改变人的命
运的神圣使命的，因为这种知识没有真正的力量。

英国教育家赫伯特认为，"教育是在为完满生活做准备"，生活应当是
教育价值的核心，教育的目的应当围绕"完满生活"展开。而我们认为，
教育其实是为了让人具有幸福的能力，一辈子能活得幸福。也就是说不管
将来我们的学生从事什么工作，他只要是幸福的，我们的教育就是成功
的；反之，不管他的事业是如何的辉煌，只要他的生活不是幸福的，那我
们的教育对于他来说就是失败的。

如何才能获得幸福，很多哲学家认为幸福的基础是个人的行动和追求
必须符合社会公认的准则和价值标准。罗素认为，美好的人生因爱而生，
而知识引导着这份爱前进。由于爱和知识的无限性，人生没有最好，只有
更好。具体地说，良好的教育、朋友、爱情、孩子（如果想要的话）、确
保温饱的收入、健康和并不感觉乏味的工作才是美好人生的保证。从他的

论述中我们可以看出，幸福人生的三要素是健康、爱和一定的知识能力。所以，我们认为我们的学校教育就有了三个目标：第一是"安全和健康"教育，要关爱学生的生命，教给他们相应的知识和技能，通过各种体育活动培养学生健康的体魄，避免在教育教学活动中损害学生健康现象的发生；第二是"爱"的教育，让学生爱自己、爱父母、爱他人、爱社会，爱所有真、善、美的东西，同时让学生学会感恩，也就是能感受和理解别人的爱，能通过自己的行动表达爱；第三就是学习和掌握实现自我所需的知识和能力。

我们教育的核心内容应该是为了让人一生过得幸福。受教育者应该始终沐浴着人性的光辉，享受着尊严，只有如此，才能获得人性的张扬，从而获得一种有尊严的教育。在学校里接受教育的人，应该始终获得人的德行、智性、体能和美的启蒙和培育，享受着人的内在能量的释放，只有如此，人的内在力量才能得到充分发展，从而获得一种全面发展的教育；一个人在学校里接受教育，其独特性应该得到启迪和施展，只有如此，个性及其创造活力才能得到张扬；一个人在学校里接受教育，他的学习、生活与成长应该始终得到平衡的眷顾，只有如此，才能养成一个强大的内心世界，奠基今后的幸福生活。

（二）岁月的积淀

稽山中学办学以来，一直致力于对课堂教学的探索与实践，主要经历了以下几个阶段：

第一阶段：学校初创时期，中华民族正处于危急存亡之秋。风雨飘摇的社会，动荡不安的岁月，注定了稽山中学从她诞生的那一天起，便要面对种种困难和挫折。同时，这种磨难也铸就了稽中人坚韧不拔、勤勉诚朴的性格。徐柏堂、孙伏园、邵鸿书等校长殚精竭虑，为稽山中学的发展贡献出所有的智慧。蔡元培、竺可桢、马寅初、周恩来等校董出谋划策，为稽山中学的发展壮大奠定了坚实的思想文化基础。

新中国成立后，在党和政府的重视关怀下，稽山中学焕发出青春和活力。学校既吸收老解放区的教育改革经验，也借鉴苏联的做法，设置了门类齐全的学科课程，如政治、语文、数学、自然、生物、化学、物理、历史、地理、外语、体育、音乐、美术等课程。课堂教学结构由组织教学、检查作业、教授新教材、巩固新知识、布置作业等五个环节组成，基本以传授知识为主。教师是课堂的主导，单向地向学生讲授知识，学生单向地接受知识。

"文化大革命"时期，全国没有了统一的教育方针、教学计划、教学大纲和教科书，正常的教学秩序被打破，严重削弱了基础知识的教学和基本技能的训练。稽山中学教师另辟蹊径，自编生活式教材，生活、社会、革命构成了全部的课程。

第二阶段：改革开放以后，教育部颁发了《全日制十年制中小学教学计划试行草案》，这是自1966年以来第一个全国统一的中小学教学计划。"文革"之后，经过1976—1979年的拨乱反正，基础教育课程得以逐步恢复。稽山中学坚持教育要"面向现代化，面向世界，面向未来"，在各级政府的关心支持下，全面贯彻党的教育方针，全面提高教育质量，重点是去除"文革"中的过分政治化倾向。这次课程改革对学校产生了深刻的影响，不仅恢复了教育秩序，还强调了从应试教育向素质教育转变，从注重传授知识向注重培养合格公民转变。课堂教学按照学生的认知特点来设计，把知识的学习与能力的培养紧密结合起来，在培养学生学会学习等方面进行了有益探索，教学思想也发生了质的转变，从"教师中心说"逐渐转变到"教师为主导，学生为主体"。这一时期，学校涌现了一大批课堂教学特色鲜明的教师。物理教师杨明志于1986年被评为浙江省特级教师，傅一心被授予"全国千名优秀体育教师"称号。浙江省物理教研组组织本省部分教师前来本校观摩何愫园老师上课。青年语文教师俞嘉明倡导"茶馆式"教学，被评为浙江省首届教坛新秀。物理教师蒋建棋将深奥枯燥的物理知识转化为简单原理，让学生在笑声中愉快地接受物理知识，被评为浙江省优秀青年教师。1992年，外语组教师在校语音室使用电教媒体投影仪、录像等教辅手段，向绍兴市中学英语教师开出全市第一节英语电教公开课。

第三阶段：1996年，我国启动了新一轮基础教育课程改革，课堂教学发生了巨大变化。新课程确立了知识与技能、过程与方法、情感态度与价值观三维的课程与教学目标，这是发展性教学的核心内涵，也是新课程推进素质教育的集中体现。稽山中学的课堂教学十分注重追求三维目标的有机结合，在知识教学的同时，关注过程方法和情感体验。课堂教学再不是以往的"闷课"，开始活起来了，它把学生从诸多的限制中解放出来，赋予他们独立思考、个性化理解、自由表达、质问、怀疑等自由和权利。学生的解放，教材、教学过程、时空的开放，使课堂教学呈现出丰富性、多变性和复杂性，充满了对智慧的挑战和对好奇心的满足，焕发了师生的生命活力。学校确立了"充分尊重学生个性，让每个学生身心健康，终身发展"的办学宗旨，坚持优质多样、特色发展的学校办学理念，形成了"建设最具绍兴地方特色的现代高中"的办学愿景。

2002年，稽山中学英语教师朱雯提出了在英语教学中开展"情感课堂"的教学。朱雯老师认为，在教学中，情感因素起着或促进或阻碍学习的作用，教师要运用正向的、积极的情感来促进教学，对学生动之以情、晓之以理，达到最佳的教学效果。"情感课堂"首先十分注重建立良好的师生情感，营造和谐的"乐学"气氛，同时也十分注重对学生进行人文精神教育，使其对学生的人格塑造、情感发展、价值观形成和综合素质的提高发挥积极的促进作用。"情感课堂"的另一个特征是为学生营造成功的情感体验，培养学生通过点滴的成功及时进行自我激励，形成学习的良性循环。"情感课堂"对教师的发展也产生了有力的推动作用，因为"情感课堂"要求教师必须不断地加强自身的师德修养、增强职业道德、提高业务能力、优化师表形象等，使学生完成从"爱师"到"乐学"的迁移，激发积极情感，消除或抑制消极情感，使其体验到成功的喜悦，享受到学习的乐趣。"情感课堂"与新课改提出的"以人为本"、"以学生的发展为本"的理念完全一致，也为后来的"格心课堂"奠定了坚实的基础。

自办学以来，稽山中学从来没有停止过追求高效课堂的脚步，形成了以下富有稽中特色的课堂文化：

（1）坚持"以人为本"，尊重和接纳每一个孩子。

一所学校的价值选择以什么为重，以什么为轻，以什么为主，以什么为次，直接决定了学校的教学走向。稽山中学的课堂是对生命的理解和尊重，是对智慧的激发和启迪，是对能力的培养和提升，因此要让课堂回归人的常态生活，充满对人性的关怀、天性的尊重，关注个体生命的健康成长。

（2）坚持"因材施教"，让每一个孩子都得到发展。

世界上没有两片相同的树叶，每个孩子也是有差异的。我们要善于发现每个孩子身上的闪光点，扬长避短，有针对性地进行教育，孩子会一天天地发生变化，我们的教育也会一天天接近成功。稽山中学有近一半的生源来自农村，这些孩子在学习基础和学习习惯上跟许多市区的孩子有差距，特别是英语学科的学习，差距较大。为此，学校努力改革课堂教学，因材施教，也尝试了很多新的方法。一是尊重差异，降低难度，减轻负担；二是加强教学的跟踪指导及质量监测；三是分层辅导，满足不同层次学生的学习需要，让每个孩子在原来学习的基础上都有所提高。

（3）坚持"人尽其才"，助每一个孩子圆梦。

"三十六行，行行出状元。"孩子的智能是多元的，我们相信每个孩子都有优于其他孩子的特殊才能，而我们能做的是注意精心保护，正确引导，激发其优势智能，发挥其个性特长，促进孩子个性发展，为未来的发展奠定基础。

（4）坚持"品学兼顾"，让每一个孩子都成人。

根据学校"责任心德育"的要求，结合学生在生活、学习、礼仪等方面需要进一步改善的现状，学校将德育训练主题分为生活篇、学习篇、礼仪篇和爱心篇。将最基本的行为习惯要求、最基础的学习习惯培养、最起码的礼仪常识熏陶，以及生命安全教育、心理健康教育、爱国渗透教育等融入日常教学中，指导学生做人做事。希望通过开设以上这些校本课程，不断提升学生在品德、生活和学习等方面的修养。

二、让课堂绽放"心"的光彩

2014年，随着浙江省新高考方案的颁布，在著名课程专家裴娣娜教授等的指导、帮助下，学校重新审视了现有的课堂教学。稽山中学最核心的教学理念的体现就是学校在关注学校升学率的同时，更关注学生人格灵魂的健康成长、精神品质的提升、学识能力的改变，为学生未来终身的发展储备和积蓄无穷的精神财富，也就是为终身发展养成一颗强大的内心，这就是"格心课堂"的"四维"价值追求，即培养学生的善心、慧心、初心和诗心。这四个维度的价值追求有其历史和理论依据。

古代的儒家学者在《礼记·大学》中提出了"格物致知"的重要概念，所谓"大学之道，在明明德，在亲民，在止于至善"，"致知在格物，物格而后知至，知至而后意诚，意诚而后心正，心正而后身修，身修而后家齐，家齐而后国治，国治而后天下平"；从此，"格物致知"成为后世儒者的热点议题；到了明代，王阳明将"格物"诠释成"格心"，认为

"'格物'如孟子'大人格君心'之'格',是去其心之不正,以全其本体之正"。"格者,正也;正其不正,以归于正也"。"无善无恶是心之体,有善有恶是意之动,知善知恶是良知,为善去恶是格物"。王阳明先生的思想对后世许多教育家都产生了很大的影响,钱穆先生就是其中之一。钱穆先生对"格心"做了进一步的解读,认为"格"就是去领悟、去感觉、去叩问,甚至去创造;而"心"即"人心",指人的仁、义、礼、智、善之心。"格物"与"致知"是生本教育的基本,它教会学生穷究事物原理,从而获得知识的本质。而"格心课堂"是"格物致知"在学生精神心理层面上的提升,是稽中千年府学文化积淀与先进的现代教学理念的融合,其课堂使命是在各学科的课堂教学中,学科教师利用自身高尚的人格力量、巧妙的课堂教学智慧以及人本化的教学设计唤醒每一位稽中人的生命内力,即"格心"。"格心课堂"的主要任务是培养学生的善心、慧心、初心、诗心,追求人生的真、善、美,并教育学生做一个有梦想的人,"不忘初心,方得始终",在梦想的指引下,努力成为立大志、晓大理、成大器、担大任的稽中人。

(一)传真情——善心润泽生命

爱是一个博大精深的字眼,包含了尊重、宽容、理解、激励等。"爱和尊重"是教育孩子的出发点,尊重他们的个性,欣赏他们的优点,包容他们的缺点,让孩子感受到来自老师的深切、真诚的爱和信任,他们才能拥有奋发向上的勇气,对学习生活充满信心。

稽山中学的办学历程其实就是一部厚重的"爱和尊重"的史册。邵力子等 10 位设立人捐资创办学校,首任校长徐柏堂弃政从教,不辞辛劳,不畏艰险,呕心沥血,鞠躬尽瘁,直至以身殉职;抗战期间邵鸿书校长冒着敌人的炮火流离迁徙,弦歌不绝,将文化、科学的种子散播到深山峻岭;校董蔡元培、竺可桢、马寅初、何燮侯、陈建功等著名教育家时刻关心呵护学校的发展,周恩来总理欣然应允担任学校名誉董事长,陈云副总理亲笔批示解决稽中办学经费的困难;社会热心人士和校友寿孝天,刘宗麒,许金祥、陈平夫妇,王声初的后代等纷纷慷慨解囊、捐资办学,为稽山中学的发展奠定了坚实的思想和文化基础。

正是这些爱造就了今日的稽山中学。今日的稽中没有炮火,没有枪林弹雨,所有的稽中人无一不默默地传承着那份深厚的爱,并将这份爱融入了自己的教学生命中。"学生就是我的孩子","让校园里的孩子因我们而阳光和幸福",这就是稽山中学教师对教育的理解,这种认识和理解也被教师们践行到了课堂教学中。

第斯多惠说:"教学的艺术不在于传授的本身,而在于激励、唤醒、鼓舞。""格心课堂"要求教师关注全体学生的学习全过程,让学生始终处于积极兴奋的状态,适时地点拨,热情地鼓励,让每个学生敢于尝试,乐于尝试,多积累成功经验和积极的情感体验。"格心课堂"提倡教师走下讲台,站在学生的立场去感受他们的思维方式,尊重学生的情感和体验、爱好和需求,鼓励他们自主选择、评价,保护属于孩子独有的天真烂漫,激发属于孩子的想象和创新能力;"格心课堂"相信每一个孩子都有其独有的闪光点,教师对每一位学生都抱以积极的态度,对他们小小的进步都给予大大的表扬。

爱和尊重是双向的,老师们的真情投入引起了孩子们爱的共鸣,孩子们很自然地把学校和老师放在了自己内心里最美最暖的一角。高二(3)班的陈锴琦同学写的《我心中最美的老师》感动了全校师生。她说:"我仍清楚地记得六月的某一天,我们在黑板上画满了蛋糕与蜡烛,还有许多温暖的文字,给蔡老师过生日。那句'此情可待成追忆,我与朝阳共惘然',依然浮现在脑海。许许多多欢乐的画面,或许在分班之后戛然而止,但是时间总是向前的,记忆留在心灵深处,而未来会有更多精彩等待着我们。必须在发现我们终将一无所有前,至少可以说,我们曾经师生一场,在独特的语文课堂上,我们构成了彼此的生命。"

2014届高三学生毕业之际,同学们开展了"我心中难忘的瞬间"的征文活动,高三(5)班的莫言同学这样描绘她的语文教师——袁蓉:"悲悯心是这个世界上最为高贵的情感。她有着江南女子特有的温婉,如水,将我包围在一个又一个旖旎的文学世界里;她有着慈母般特有的温暖,如阳,将我笼罩在一座又一座知识的花园里。从她含笑的眼神里,我能望见她那颗细腻的心和那一抹动人的悲悯之情。"而学生所说的"悲悯",正是稽中人特有的怀柔的情怀,对生命,对周围一切事物的感恩、尊重、善待、理解、宽容……怀柔但不失诚朴勤奋、怀柔但不失刚毅坚守。

爱和尊重具有强大的感染力,孩子们在学校里学会了爱和尊重,并从学校开始启航,学会了传递爱与尊重。校团委开展的"新年祝福语"征集活动中，高一（4）班的史雨露同学写道："爸爸妈妈，不论何时，你们都是我的拐杖，岁月的流逝让你们的皮肤逐日布满道道皱纹，但在我的心目中，你们是永远年轻的父母。祝你们春节快乐，身体健康，万事如意！"在每一个假期里，学生们走上街头，宣传文明出行；走进养老院、福利院，为老人、孩子送去温暖的问候；走进社区，书写春联，清除"牛皮癣"……在奉献爱心的同时也收获了满满的温暖和快乐！

教育家夏丏尊说得好："教育之没有情感，没有爱，如同池塘里没有水一样；没有水就不能成为池塘，没有情感，没有爱，也就没有教育。"师生之间美好的情感本身就是种巨大的教育力量，师生、生生之间的人际关系时刻潜移默化地影响着学生的精神生活质量。师生间的关系是课堂上最重要的关系，师生间感情的融合是教学的催化剂。爱和尊重确实能产生意想不到的教育效果。

（二）求真知——慧心启迪才智

求真知，是教育的核心要素之一。马斯洛的需求层级理论中"求知需求"是一个重要组成部分。这种需求又称认知与理解的需求，是指个人对自身和周围世界的探索、理解及解决疑难问题的需求。马斯洛将其看成是克服阻碍的工具，当认知需求受挫时，其他需求也不容易得到满足。这一理论为我们形成"格心课堂"中"慧心启迪才智"的教育内涵提供了理论支持。

同时，"求真知"还是一个求索的过程，是一种实践。对于学生而言，这个过程非常重要，它对学生的专注力、意志力、逻辑能力等，都是极好的锻炼。尤其是专注力，也就是我们所谓的慧心，并非天然形成，而有待于在教育过程中，逐步训练后为学生所习得。作为有教学经验，懂得教育原理的教师，适得其时的指导与点拨，往往有助于学生慧心的培养。

教育过程中之所以要强调慧心，不仅在于培养学生听课的专心、练习的专心等，更在于在求真知的过程中，拥有慧心能够帮助启迪才智，拥有一种处理事情的专注能力，在面对学习或者人生中的任何困难时，都能够坚持不懈、一以贯之地研究，从而收获成功的喜悦。因而，培养学生的慧心，便是为学生的终身发展奠定了良好的基础，为他们确立了一个基本的研究范式，无论他们日后涉猎何种领域。因而，"慧心启迪才智"，其内涵已经远远超越我们平常所谓的专心听讲之类，乃是一种着眼于学生一生发展的长远眼光，是真正的立人的教育，是一种现代教育观念与教学实践的有机结合。

古人常说笨鸟先飞。不是说先飞便能抢占先机，而是说作为一个资质平常的个体，其飞行的能力需要在不断练习与试错之中习得。天才从来都是少数，而绝大多数的孩子，其后天的专注力甚至比天赋更重要。

著名的《伤仲永》的故事，则是一个反面的事例。在王安石的描述里，仲永可谓神童。而多年之后，则"泯然众人矣"。问题在于仲永的父亲在教育他的过程中，没有将专注力作为最重要的品质教给他。尽管天赋很重要，但因为仲永心智不够成熟，对经史子集尽管多有涉猎，但无非浅尝辄止。只有在拥有天赋的基础上，专注地、一心一意地研究自己想要研究的领域，才能取得成就。古今中外，有太多的教育事例，无一不在说明这个道理。

因而，中国的大教育家荀子在其著名的《劝学》一文中写道："骐骥一跃，不能十步；驽马十驾，功在不舍。锲而舍之，朽木不折；锲而不舍，金石可镂。蚓无爪牙之利，筋骨之强，上食埃土，下饮黄泉，用心一也。"这个教育的基本原理，两千年前便为教育家所阐发，而在21世纪，在我们的教育实践中，会有更深刻的现实回响。

几年来，正是秉持这样的教育理念，稽中学子成就斐然，涌现了许多令师生欣慰的典型案例。

2014届高三（7）班唐俞楠同学是2014年学校的高考理科状元。高一第一学期他的期末成绩是全校524名。一个并非尖子生的孩子，用自己的努力、勤奋，数年如一日地专心学习，成为稽中的一匹黑马。高三第一学期期末考试，唐俞楠是年级第22名，高三4月考，是年级第18名，最后高考时，他成了年级第一名，进入了梦想中的浙江大学。在外人看来，这是一个稽中版的丑小鸭变天鹅的故事。只有稽中的老师才明白，学生身上究竟发生了什么，是一种怎么样的力量，使得唐俞楠拥有了不断战胜自己、取得进步的能力。学生的飞跃离不开老师的循循善诱，而循循善诱之中最重要的一点，就是教给他持之以恒的信念，去开启他内在的智慧，使其脚踏实地、一步一个脚印地前行，最终结出甜美的果实。

精诚所至，金石为开。其实，教育者固然欣喜于"金石为开"的成果，但更重要的恰恰在于"精诚所至"的过程。万物各有其时，每一颗种子，只要用正确的、良好的教育观念加以指导，必然会开花结果。这也就是教育者"只问耕耘，不问收获"的深意所在，也是学校强调专注力的培养的意义所在。

"行百里者半九十"，最后一程往往是最为艰苦难行的。稽山中学教给孩子们的，是平顺时把持自己、坎坷时战胜自己的信心与能力。只要将"求真知"的信念存于心中，并辅之以专心与专注的能力训练，那么，无论前进的道路多么崎岖难行，稽中学子都会选择不轻易放弃。

在稽中校园里，有很多像仲永一样有天赋的孩子，更令人欣喜的是，他们还有着阿甘式的专注与执着。他们未来的成功，便奠基于我们"慧心启迪才智"的教育理念之中。

（三）探真——初心照亮前程

王阳明指出，"知行合一"中，"知"和"行"密切相连，不可分割，即认识和行为是同一过程中相互渗透的两个方面，是不可分的。如只重"行"不重"知"，就会"冥行妄作"，缺乏依据；如只重"知"不重"行"，就会"悬空去思索"，没有实效。"格心"就是要做到知行合一，课堂教学中体现为知识与技能、理论与实践的统一。

"卧薪尝胆"是稽山中学的校训，也是稽中人一生的财富。稽中校友徐光宪院士历经磨难矢志不移，献身科学研究与教育事业，人生取得的每一项成果，都是与坚守毕生的信念，与包容宽厚联系在一起的。理想和信念教育是每一个稽中教师的使命，"不忘初心，方得始终"，它时时刻刻提醒我们只有坚守自己最初的梦想、信念，才能不断认识自己、超越自己、证明自己。在这样的育人理念之下，稽山中学的学生深信"事在人为"，相信"付出必有回报"，相信"一分耕耘，一分收获"，相信"别人能做到的事情，我也一定能做到！"

2014届高三（10）的班长陈超高三寒假时不慎摔成了骨裂，手术后医生建议她卧床休息，但是为了追逐心中的梦想，她毅然拄着拐杖，忍着刺骨的疼痛，每天早早到校，埋头苦学，认真备考，终于圆了心中的大学梦。这样的例子不胜枚举。支撑这些孩子成功的正是心中不灭的梦想之灯，而点燃或者呵护孩子心中梦想之灯的正是稽中的教师。2014届高三（4）班娄潇潇同学这样写道："最难舍三年相伴的老师们。王老师的和蔼睿智，彭老师的谦逊严谨，还有朱老师的热情洋溢，他们，都是我们苦涩学海中的一个个灯塔，指引我们前进。难忘四月考前班主任袁丽老师的那句'老师相信你'，也难忘她坐在毛老师身旁细致地为我分析作文的情景，更难忘那一天中午与我静静谈心的珍贵记忆。这一些情意，都将珍藏在我心里。"理解与鼓励，是孩子们不忘初心的力量。

除了理想和信念教育，学校还把生涯规划教育融合到"格心课堂"的教学中，并通过相关学术课程的渗透，由任课教师承担相应任务。学校将职业生涯规划指导渗透进学科教学，在日常教学中，指导学生了解与学科有关的、有趣的职业，如化学学科有指纹鉴定员、冶金技术员、药理学家等，展示学科知识在相应职业中的地位与作用，以及在广泛的工作、生活情境中的迁移和拓展，引导学生把自我认知和职业认知相匹配，将近期学业目标与职业发展目标统一，形成自我规划意识。

"初心"引领学生选择适合自己的成长轨迹，奠定他们将来的人生选择。"格心课堂"希望教师利用学生的自我实现需要，为学生的成功创造条件、提供平台，让学生更充分地展现自我、实现自我。体现在课堂上便是"不同的人在学习上有不同的发展"。或许有人收获十分少，甚至微不足道，但对于这个学生本人而言，却是独一无二的。因此，为了能够让每个人将自己独一无二的收获展示出来，必须为他们提供足够的平台来满足他们自我实现的需要。作为教师应调动一切因素，充分挖掘学生的潜能，用不同的尺子去衡量不同的学生，帮助学生掌握"渔"的技巧，培养鼓励学生发展特长。

（四）悟真谛——诗心美化人生

德国哲学家海德格尔曾有一句名言："人生充满劳绩，然而，诗意地栖居在大地之上。"这句对人生状态的高度概括之语，也包含着深刻的教育意义。作为存在主义哲学家，海德格尔看到了工业化之后技术对人的异化，从而重新提出"诗意"这一维度，人生需要"诗"，只有拥有一颗"诗心"，人生才可能是丰富的、饱满的，同时也是优美的。

就教育而言，光有知识技能，仍不能说是全面发展。当然，有了知识和技能，人的生命有了长度和宽度；有了至善的道德和人文追求，人的生命有了深度，立体的生命才会开始形成。诗意，则是人生花朵的精华所在，只有让学生拥有一颗诗心，教育才称得上趋于完美。而诗心的培养，更多在于与美育的完美结合。

稽山中学校董蔡元培曾提出一个非常著名的观点，就是"以美育代宗教"。蔡元培认为，中国并不是一个宗教的国度。可是，爱美却是人类的共同天性。"美"比宗教更带有人类美好的普遍性的品格。一个人懂得审美，他就是非常幸福的人，不管是读书、看电影、看戏、观赏大自然，都能享受审美的愉悦，而且这种审美的眼睛，一定是超脱的，是非功利的。通过教育培养审美的眼睛，感官就不一样了，生命质量就不一样了。

"格心课堂"中的美育，是通过两个层面来推进的。首先，是教学内容中的美育，教育者可以通过挖掘教学材料中的美来开展美育。其次，是通过提高教育者的个人修为。教师的修养，或者说教学风格或教学艺术本身就是很好的美育。教师要做学生的表率和榜样，要以身示范，用自己的人格魅力去感染和影响学生。积极乐观、进取向上的精神追求，丰富渊博的学识，出口成章的才情，健康的活力，积极的生活态度，优雅绅士的气质，得体的妆容，好学善思的习惯，严谨科学的治学态度，高品位的审美情趣，高远的视野和辽阔的胸怀等，教师要用自己的精彩唤起学生的精彩。法国文豪罗曼·罗兰曾说过："要播撒阳光到别人心里，先得自己心里有阳光。"教育者的人生风范，某些时候，比课堂的知识传输，更能塑造孩子一颗爱美的诗心。所以，美育十分重要，美的事物更能被人接受，影响人的心灵，感官经过美育的熏陶，整个生命质量就不一样了。将美育有机整合在整个课堂教学过程之中，通过美育，激发师生的诗心，从而培养健康、阳光、而又充满创造力的学生。

三、在眷顾学习和生活的课堂中成长

课堂生活是人生的一段重要组成部分。"格心课堂"体现了学生生命发展的主体需要，对学生而言，要得到好的发展，需要课堂成为其学习与探究知识、智慧展示与能力发展、情景交融与人性养育的殿堂。"格心课堂"的实践形式是对"大成"教育的内涵与"格心"的育人理念在课堂教学方面的具体化操作，其核心内容是培养学生的善心、慧心、初心、诗心，结合"教师、学生、课堂情境"这三个课堂要素，"格心课堂"所追求的本质是"教师创设课堂情境，培养学生健康的人格、可持续的学习

力、职业规划能力与高雅的审美情趣",让学生在眷顾学习和生活的课堂中成长。落实到具体课堂中,它具有以下三个特征:

在教学目标上,在重视知识与技能的基础上,"格心课堂"更加关注学生的生命发展,重视学生健康人格的养成和情感、意志以及抱负等健全心灵的培养。

在教学过程中,"格心课堂"强调教学过程是师生合作学习、共同探讨的过程,是师生心灵沟通、情感交融的过程,也是教师激励欣赏学生、期待学生心灵成长的过程。

在教学结果上,"格心课堂"在强调掌握知识的同时,更加重视学生求知欲望有没有得到更好的激发,学习力有没有得到进一步的培养,学生有没有体验到"美"的感受,学生会不会规划自己的人生道路,学生的心灵是不是更丰富、更健全。

"格心课堂"一般有"激活认知"、"设疑诱思"、"多向探究"、"分享归纳"、"应用内化"和"拓展升华"等教学环节。

1. 激活认知

结合教学内容和课堂教学目标,联系学生的生活实际,以音像、图画、故事、游戏等形式创设一些小情境,激活学生已有的知识和生活经验,让学生迅速进入课堂角色,把自己的精力、兴趣和爱好等一切因素调动到积极的状态,以便达到最理想的学习效果;同时,学生可以明确本堂课的学习目标,迅速明白本节课的总体学习任务,搞好新旧知识的衔接和过渡。

2. 设疑诱思

好奇与探究是人的天性。成功的问题设置表现为在课堂活动中,教师创设一些令学生感兴趣、疑惑、惊讶的问题,并促使他们产生一种怀疑、探索、求实的心理状态。通过问题设置可捕捉学生思维的兴奋点,鼓励学生去探索发现,驱使学生积极思考,标新立异。这一环节可以引导学生积极主动学习。在本环节中,教师要展示本学科的重点和难点,引导学生积极质疑发问。

3. 多向探究

在教师启发下,学生从不同的路径独自尝试解决问题,教师给予学生充分的主动探索的时间,鼓励学生的答案多样化。这个过程其实是学生自主探究问题的过程,在这个过程中,学生能发现答案并提出新问题,是新知识习得的重要环节。在这个环节中，教师坚持让学生独立探究，把学习的主动权还给学生，让学生根据自己的体验，用自己的思维方式，主动地、自由地、开放去探究、去发现、去创造有关的知识。教师无法代替学生自己思考，更代替不了一个班级几十个有差异的学生的思维。学生通过自己的独立探究，可以亲自体验获得知识的快乐。

4. 分享归纳

通过班级讨论或者小组讨论，学生分享思想及成果，获得成就感，在碰撞中激发思想的火花。学生将自己或小组经过实践、体验所取得的收获进行整理，在此基础上同学之间进行交流。教师要对交流活动加以指导并做出评价，评价方式也可以是学生自评、学生互评等多种方式。学生对所学知识进行分类、归纳、综合并使之系统化。很多知识点间的联系是千丝万缕的，要理顺知识间的关系，抓住知识间的内在联系，进行对比、小结、归纳，结合笔记，使知识点形成知识线，那么下次再看到图，就很容易回忆本堂课的内容，并且能够知道，哪些地方已弄懂，并知道知识间的内在规律；哪些地方还未完全弄懂，需要经过分析、思考、讨论、交流得到解决。用这种方法可以充分发挥学生的主动作用，增强分析解决问题的能力。

另外，学生在观点分享和评价的基础上还可以生成新的感悟。孔子的《论语·述而》指出，教师举其一，学生应该"反"其三，这一说法蕴含了教师在"动态生成资源"中的作用，体现了"教学过程要注重动态生成资源"的观念。这期间必然会形成多种相对分散或者局部性的认识和观点，也有在课堂教学情境中通过积极的师生互动、生生互动，在共同思考与共同发展中产生超出教师教案设计的新问题、新情况，即表现在言语、行为、情绪方式表达中出现的"节外生枝"的情况。教师引导学生将这些分散和凌乱的认识和观点进行集聚和分类处理，使课堂中即兴生成的资源清晰化和结构化，从而形成相对完整、丰富和高水平的资源和认知体系，这一过程也是对整个课堂教学的总结归纳和提升环节。

5. 应用内化

应用内化环节通常是整个教学过程的最后一个环节，同时也是学生学习成果及技能运用的展示过程，应用内化环节重在"内化"二字，教师在这个环节中要根据教学内容、培养目标和学生学习的重点、难点，结合学生的日常生活，科学而高效地设计各种活动或任务，引导学生在任务完成过程中积极运用所学的知识，通过应用，加深理解，得以内化。应用内化其实就是将所学知识经验运用于实践的关键环节，这样可以帮助学生加深对书本知识的理解，形成分析问题和解决问题的能力，尤其是在培养学生的独立性和创造性方面，有着重要的作用。在教学过程中，教师引导学生应用知识的形式是多种多样的，有练习作业、实验、实习等，另外，还可以与生产劳动、社会实践等活动联系起来，相互配合、相互促进。

6. 拓展升华

拓展升华是课堂学习的延伸与发展，是课堂教学的补充，可以为学生提供一个自主发展的平台。这一环节的设计有利于培养学生的学习兴趣，促进个性发展，提升创新意识，其内容是开放性的，形式是多样化的，如数学学科，他们通过办数学报、开展生活中的数学调查等活动来拓展课堂教学。拓展延伸大致分为知识延伸、文化延伸和实践延伸三种，其中，知识延伸旨在提升学生的思维水平，文化延伸旨在丰富学生的学科素养，而实践延伸则关注了学生的科学体验。

"格心课堂"的"四维六环"可以用图 5-1 表示。

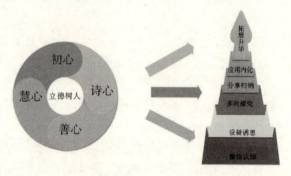

图 5-1　"格心课堂"的"四维六环"

在学校"格心课堂"理念指引下，各个学科都积极落实并深化，并开始尝试制定具有本学科特色的"格心课堂"模式，各学科的"格心课堂"的核心特色已经日趋凸显，主要体现在以下几个方面：

1. 塑造人性精神

教师不仅仅是课堂的组织者和实践者，而重要的是学生价值观的引领者和影响者，他们不应将学生看成容纳知识的容器，而要将学生看成一个活生生的、有血有肉、有思想的个体。稽山中学的教师始终铭记在稽中"大成"教育的理念中，人格教育是核心，人性精神和力量的培育是终极目标。因此，"格心课堂"要求各学科教师在课堂教学中充分开发、利用课堂人文资源，指导学生学习做人，有效对学生进行人文主义的教学渗透。课堂人文资源包括师生的课堂活动、情感、意志、价值观及教材本身蕴藏的丰富人文内涵。教师要充分调动学生与教材的对话，让教材不仅为提高学生的知识水平服务，更重要的是要潜移默化地影响学生的人生情感，引领学生学会求知、学会做事、学会共同生活、学会生存，培养不断获取知识的毅力，提升精神，完善自我。同时，"心性"的提升来自于学生之间或师生之间的真正对话。教师要多方面引导学生积极讨论、大胆质疑、发表意见、团结协作，共同提高。在学生学习掌握知识的过程中实现学生与人的交流，在交流过程中培养学生尊重他人、善待他人、合作他人的品质，磨炼学生的人性精神。

2. 提升学习之力

社会的发展需要创造型人才，而创造型人才最需要的是学习力，尤其是能促使他们终身学习的学习力。我们不能把学习力仅仅等同于学习能力抑或是知识的记忆能力、接受能力，事实上，提升学生学习力不仅要提升其在学习过程中对学科知识的接受能力，更需要提升其运用该学科知识解决实际问题的能力。稽中"大成"教育理念下的"格心课堂"要求将提升学生的学习力作为课堂教学的要素之一。稽中教师对学习力进行了更深层次的阐释，将学习力视作提升其学习动力、毅力、能力的总和，即获取知识、分享知识、使用知识以及排除困难、尽可能达到自己可能达到的学习巅峰的能力，因为这是动态衡量个人综合素质和社会竞争力的真正尺度，也是跟"大成"教育培养"立大志、晓大理、成大器、担大任"的稽中人这一培养目标相吻合的。

3. 善用情感力量

如何让学生在课堂中受到爱的熏陶，是"格心课堂"研究的另一个要素。我们相信爱是包含"尊重、宽容、理解、激励"的，认为"爱和尊重"是教育孩子的最佳方式，所以学校提倡学科教师在课堂中首先要创设平等、民主的师生关系，让学生在爱和尊重的前提下，在"求实求是"的学风和愉悦和谐的课堂气氛中学习，充分调动他们主动学习的热情，开发其学习潜能。其次,教师对工作的热爱会感染和影响学生。一个热爱自己工作的教师往往是专注的,细腻的。学生会热爱你的热爱,喜欢你的喜欢。另外,教师的评价会促进学生情感的生成。能引起情感共振的老师通常是会正确评价的老师。第一,教师要善于表扬与鼓励,这样可以帮助学生找到自信。第二,评价必须客观公正。高中生已经具有比较成熟的辨别能力,盲目的、夸张的或者模式化的表扬不仅不能达到目的反而会引起学生的反感,所以教师的表扬应该客观、具体、个性化。第三,评价最好有点"诗意"。"诗意"并不代表用多么华丽的辞藻去修饰,而是用朴实的、自然而又得体的语言去评价。

4. 依靠课堂智慧

课堂智慧,是说教师要有智慧。学生是活的,课堂也是活的。所以,当教师在课堂上和学生进行思维碰撞和情感交流时,教师完全可以突破常规,多找几条不同的途径,构建"多向尝试"的课堂教学模式。有预设,也有自然生成,这样的课堂才会充满灵动。教师的课堂智慧需要两根支柱,第一是专业素养,这是基础,第二是要善于把握学生的心理,善于从学生的角度去看问题,学会认同和包容他们的观点,从而引导他们认同并接受这个教师和这个学科。

5. 活用课堂资源

"格心课堂"教学理念要求各科教师树立新的教材观,在充分了解和把握课程标准、学科特点、教学目标、教材编写意图的基础上,既能以教材为载体,又能做到活化、精化、生活化并创造性地使用教材,拓展课堂教学空间,提高课堂教学实效。新课程标准指出,充分利用学校、家庭、社区的资源是对教材创造性使用的最佳途径。基于课程资源的生活性、开放性、综合性的特点,本着开发和利用课程资源的原则,"格心课堂"要求教师在"四维"价值目标指引下,重组、增减并创造教材,选取有利于培养善心、慧心、初心、诗心的教学材料,培养学生健康的人格、可持续的学习力、职业规划能力与审美情趣,让学生在兼顾学习和生活的课堂中成长。

6. 巧用教学策略

"教无定法,贵在得法",指依据不同的教学目标,对不同层次差别的学生,采用灵活教学手段和教学方法达到预期的教学目的。"格心课堂"

在"四维"价值目标指引下，提倡教师创新、改良"六环"教学环节，在长期的实践和研究中，学校各学科提炼了各种不同的课堂模式，如"知行合一，人文见长"语文课程创造性课堂教学模式、"主动探究，合作发展"数学课程创造性课堂教学模式、"发现—思辨"政治课程创造性课堂教学模式、"情境—T&D"英语课程创造性课堂教学模式、"情境—体验—探究"化学课程创造性课堂教学模式等。另外，学校鼓励教师在课堂中形成自己的教学特色与风格，打造教学品牌。

"格心课堂"的教学策略，是指在教学目标确定以后，为达成教学目标，完成教学任务，教师有针对性地选择与组合相关的教学内容、教学组织形式、教学方法和技术，形成的高效率的特定教学方案。

"格心课堂"的教学策略可分为两种类型。一种是基本教学策略，即为全体教师共同掌握的从事教学活动所必需的方法和技巧，可分为生成性教学策略、替代性教学策略和指导性教学策略等。另一种是特殊教学策略。特殊教学策略是具体到某一方面的教学策略，可分为两种：一是适用于不同种类教学目标的教学策略，简称目标教学策略，如概念教学策略、问题解决教学策略；二是适用于不同学科性质的教学策略，即学科教学策略。在具体的教学实践中，每一个教学策略并非是孤立存在的，它们具有综合性、可操作性和灵活性等基本特征。而且，"格心课堂"教学理念认为教师能否设计和运用有效的教学策略，对于提高学生课堂学习和知识掌握的有效性具有重要意义。同时，教师也可以通过研究和掌握有效的教学策略提高自身的素质，从而形成自己的特点和优势，使学生信服自己，引导学生在形成良好的学习习惯和品质的同时获得知识和能力的提高。

表5-1是检验课堂教学各环节方法和策略是否有效的"格心课堂"量表。

表5-1　"格心课堂"方法、策略量表

教学环节		有效性衡量指标
一	激活认知	1. 是否创设真实的学习情境 2. 是否激活已有的知识积淀 3. 是否创设问题情境，激活学生的先前经验

续表

教学环节		有效性衡量指标
二	设疑诱思	4. 是否鼓励学生求知的欲望和行为 5. 是否以学生学习的真实的认知过程为基础展开教学 6. 是否使教学生动有趣，并与学生的生活相联系
三	多向探究	7. 是否充分展开高层次的思维过程： ●有条理的思考 ●有根据的思考 ●批判性的思考 ●反省性的思考 ●彻底性的思考 8. 是否考虑思维的品质： ●思维的流畅性 ●思维的原创性 ●思维的深刻性 ●思维的敏捷性 ●思维的多元性
四	分享归纳	9. 是否充分展开课堂交互活动： ●产生想法 ●发展想法 ●想法实质性碰撞和争鸣 ●促进多元理解 ●实现知识建构 10. 是否建立积极的课堂环境，使学生有情绪上的安全感 11. 是否鼓励学生提出有深度、开放性的问题，并且鼓励学生相互回答 12. 是否帮助学生树立学习的自信心，乐于给予学生他们需要或渴望的额外帮助

续表

教学环节		有效性衡量指标
五	应用内化	13. 是否达成对知识的深层理解和灵活应用： ● 在不同的情境下应用知识 ● 用自己的话解释 ● 解变式题，解相关问题 ● 解综合问题，实际问题 14. 是否以建设性、激励性的方式给予学生快速、准确的反馈，引导学生改进行为
六	拓展升华	15. 是否提升学生的思维水平 16. 是否丰富学生的学科素养 17. 是否关注学生的科学体验

附：特色学科"格心课堂"课例

（一）语文学科"格心课堂"课例

春风也度玉门关——《陈情表》

［背景分析］

目前的高中语文教学，教师过于注重对学生认知能力的研究，很少考虑到学生非智力因素对学习的影响，在一定程度上造成了高中语文教学过程中的情感缺失问题。

语文"格心课堂"，一方面要改变知识的单一传授为知情并重，有效扭转只重视语文知识传授、轻情感素质培养的教学现状。另一方面，要树立以人为本的教学目标观，变学生的被动接受为主动参与。教师应尊重学生的主体意识和创造精神，激发和利用影响学生学习效果的积极情感因素，增强学生学习的原动力、主动性和目的性，培养他们健全的人格和情感素质，通过情感教学来实现语文教学中的师生共同参与并和谐发展。教师应重视学生学习过程中的心理活动，关注其学习过程中的情感因素和情感体验。

语文教学的过程是人与人之间进行思想、情感、信息交流的过程，是通过师生之间、生生之间的交际活动来认识语文、掌握语文的过程。一个语文教师要想在教学上获得成功，除了对教育事业，对语文这门学科有一种执着的爱，还必须以自己真挚的爱，增进师生间的情感交流，拉近彼此的距离。要了解每位学生，尊重和理解学生内心世界的态度，用愉悦的神态、期待的眼神和亲切的话语来创造和谐的课堂氛围，多使用亲切的、鼓励性的课堂语言，走到学生中间，与学生平等对话。

教学改革的春风总是在语文的园地中来得特别早一些，来得更深入人心一些。然而对于文言文教学来说，那种把学生当作容器的“满堂灌”、“填鸭式”的教学方式却“方兴未艾”，大多数教师把文言文教学完全等同于文言翻译课，而对作者寄寓其中的情感态度、人文精神或忽略或一带而过。“字字落实，句句清楚”的八字真经于学生而言已经异化为令人头痛的“紧箍咒”，很多学生几乎“谈文言文色变”。我的课堂追求是，让学生透过文言“陌生”的外表，感受其丰富多情的内里，感受古人的喜怒哀乐，吸收传统的人文精神的滋养。在教学文言作品《陈情表》时，我努力追求以学生为本、以情感为本的格心课堂。在这样的课堂尝试中，教师和学生一起体味到了文言文的一些“情味”、“趣味”，也体会到只要教师心中有春风，文言文园地也可以萌发勃勃生机，浓浓绿意。

[教学过程]

《陈情表》第一课时要求学生以自读的方式预习课文，借助注释和字典、词典，努力做到正确、清楚、流畅地朗读，学生发现疑难，举手提问，教师释疑。以下是第二课时的主要教学片段。

一、激活认知

教师：中国的封建社会持续了两千多年，这跟统治者提倡“忠”、“孝”思想不无关系。在文学作品中，“忠”以诸葛亮的《出师表》为代表，“孝”则以李密的《陈情表》为代表。我们在初中时已领略了诸葛亮的耿耿忠心，今天我们一起来感受李密的拳拳孝心。请问，李密是在怎样的情形下向晋武帝递呈这篇“陈情表”的？

学生：皇上下诏任命他做太子冼马，而他因为要待奉患病长期卧床的祖母不想应诏，即处于忠孝不能两全的两难境地。

二、设疑诱思

教师：假如你是晋武帝，看了这份“陈情表”后，你准奏吗？为什么？请你结合文章有关内容回答，当然也可以借助适当的联想、想象。

三、多向拓展

学生发言1：准奏。李密与祖母的关系是“臣无祖母，无以至今日；

祖母无臣，无以终余年"。（又朗读了相关句子为证。为了更好地表达自己的观点，生还对有些文言虚词、实词进行了解释）在这种情况下，可以想见祖母在李密的身上倾注了多少的心血。所以李密对祖母的依赖之情、对祖母的感激之情是非常深沉的。再说祖母已"日薄西山，气息奄奄，人命危浅，朝不虑夕"，李密能回报祖母恩情的日子已经很少了。人非草木，孰能无情，皇帝也不例外。（有应和的声音：就是，就是。）

学生发言2：寡人不准。想我浩浩中华，人烟富庶，岂孝者独密一人者哉？然则安邦定国之臣难觅，是以不准。然密之奏表，言恳辞切，实乃惊天地、泣鬼神之作。纵寡人身为人君，然能无感于此乎？如此，寡人只好出一权宜之策。赐密婢女若干，奉养其老，密则赴京出仕。寡人特准密可随时探老。（生轰动）

学生发言3：一定得准。我想，李密只有亲自侍奉祖母才会放心。如果几个婢女就能代替自己的话，他自己早就这么做了，又何必等到皇帝像催命一般的地步呢？况且"伏惟圣朝以孝治天下，凡在故老，犹蒙矜育，况臣孤苦，特为尤甚"，这句话说明"孝"是晋武帝所宣扬的"治国方针"，如果不准，等于自己搬石头砸自己的脚。所以如果我是皇帝，我就准奏。

学生发言4：从文中看晋武帝早就知道李密的"实际困难"，可他为什么还要"强人所难"。我觉得晋武帝可能是"醉翁之意不在让李密做官，而在担心李密身为前朝遗臣对晋朝有二心"。所以我理解他的固执，古人云："大行不顾细谨"，"妇人之仁会坏其霸业"。但既然现在李密已说"且臣少仕伪朝，至微至陋，过蒙拔擢，宠命犹渥，岂敢盘桓，有所希冀"，表明自己没有二心，又提出让他"先尽孝"，"再尽忠"，提供了一个切实可行的方案，忠孝可以两全。在这样的情况下，如果我是晋武帝的话，我会准奏的。

（教师在学生发言时也适当地介入其中。或激发矛盾，促使学生把对课文的解读引向纵深处；或在山重水复疑无路之时，指点学生另辟蹊径去发现新的风景。）

四、分享归纳

师：《晋书·李密传》云，"武帝览之曰：'士之有名，不虚然哉！'"又云，"后刘终，服阕，复以冼马征至洛"。（生满意地笑）

师：请你说说对"孝"的认识，也可以对一些在身边发生的、新闻媒体中报道的有关内容做出评价。

学生发言1：打动晋武帝，让一言九鼎的皇帝收回成命的不是其他，而是"孝"，可见"感人心者莫先乎情"！而且"孝"似乎不仅仅是我们中华民族传承了几千年的优良美德，也是整个人类社会所共同崇尚的不分民族、没有国界的一种美德。

学生发言2：昨天去看了电影《爱心》，我对父母、对社会似乎有了更多的认识与理解。我们的父母给予我们的爱似乎很琐碎，出门时的一句轻轻的叮咛，做作业时送上的一杯温热的牛奶，餐桌上可口的饭菜，还有一些唠叨，乃至"不近人情"的严格要求。但这些往往为我们忽视或厌烦，甚至因为缺少理解而产生叛逆情绪。但如果没有了这些呢？不能想象！

学生发言3：看到过这样一句话："父母唠叨时是幸福的，能听到父母的唠叨也是一种幸福！"它对我触动很大。"滴水之恩"尚且要"涌泉相报"，那父母的大恩大德呢？我们当然要尽孝，一首《常回家看看》风靡大江南北，也折射出人们一种共同的情愫。

（教室中传来轻轻的抽泣声，那出自一位几天前刚刚失去了父亲的孩子。教室里很安静。）

"乌有反哺之义，羊有跪乳之恩"，作为万物之灵长的人类切不可连鸟兽都不如！我们日渐长高、日渐成熟的代价是我们的父母渐渐地老去，这是成长中不可回避的痛楚。我们无法改变父母终将老去的现实，但我们可以做一些力所能及的事，抚慰父母疲惫的心灵。不要留下"树欲静而风不止，子欲养而亲不在"的人生大憾！

五、应用内化

作为儿女，你也有尽孝的义务。平时，你应该为父母做点什么呢？

六、拓展升华

我们所追求的"格心课堂"，应是"以学生为本"的课堂，应是"以情感为本"的课堂。结合文言作品实际和文言文教学现状，课后，学生思考了这样一个问题：文言文教学的终极目标是"掌握文言知识"，还是"培植人的精神"？

学生的反思："母语教育，说到底，实际就是'人的精神培植'，就是'丰富人的精神经验、丰富发展人的生命个性的教育'，是一种'本民族文化的教化'——这是母语教育最根本的内在本质。"被选入教材的文言篇目都是千百年来被世人传诵的名篇佳作，内容上能引起读者的强烈共鸣，形式上能唤起读者的浓郁美感。这样一些情文并茂的文言文就好像在我们面前打开了一扇窗户、铺开了一条通道，让我们能穿越时空，去阅读、去思考、去吸取，与几千年前的大师直接对话，了解并深刻地认识我们的祖先，懂得我们的历史，从而继承和发扬我们的文化。这也是我们接触传统文化的起点，这将为我们以后进一步认识了解并热爱祖国文化打下基础，并对我们一生文化素养的形成起到非常关键的作用。掌握一定的文言知识是学习文言文所必需的，但它仅仅是开启古人情感世界的一把钥匙，而不是文言文教学的终极目标。而现在盛行的是一种本末倒置的教学方法，误入了"捡了芝麻，丢了西瓜"的歧途。而且经过九年中小学阶段母语学习的高中生，已经具备一定的阅读和理解祖国语言文字的能力，高中阶段的母语教学，应该在认知和情感教育兼顾的情况下，更加注重情感目标的实现。

很多老师长久以来漠视文言文的情感目标，一味地沉溺于字词句解释的泥沼中不能自拔（确切地说是不想自拔），导致了我们对文言文价值的误解，也引发了我们对文言文学习的厌恶感。在这堂课中，老师非常注重情感教育，无论是导入，还是两个话题都是在情感上做文章，意在通过对作品的解读让我们懂得"孝"、懂得"回报"、懂得"珍惜"，从而树立正确的人生观、价值观，成为人格与知识同时得到丰盈的健全的人。既有对"孝"的理智的剖析，更有动情的讲述。恰逢学校刚组织我们观看过一部关于"爱"与"孝"的催人泪下的电影《爱心》，而此时班内一位男同学的父亲、一位女同学的外公刚刚离开了人世，在这特定的背景下，大家谈得特别动情，特别真诚，特别感人。苏轼云："读《陈情表》，不下泪者，其人必不孝。"虽然我们都为李密的拳拳孝心感动，但终归没有一人因此而落泪。可当同学们为自己身边失去亲人的同学的伤痛感染时，他们的心灵也在战栗。我想，这一节不是道德教育的课也许比以往任何一节道德教育课来得自然真切，来得深入人心。

在高中文言文作品中，能给我们以精神熏陶感染的作品、人物很多。屈原、司马迁、李白、苏轼等先贤，以文言构筑的诗文，就是一座座辉煌灿烂的"精神灯塔"，照彻千万年，沐浴古今人。他们的灵魂，用"文言"走过的漫漫的精神历程，我们今人再通过文言"循迹走过"，对我们的精神就是一次次历练。不断地"走过"、不断"历练"，就是民族的精神积淀、记忆与传承！

[教学反思]

对于教师而言，我们也一直在思考，该如何运用教学智慧激发学生的兴趣，吸引学生进入古人的情感世界，汲取传统精神的滋养。首先，要充分挖掘文言文的价值，仅仅有教师对文言文教学目标正确的定位还是远远不够的。教师还必须运用自己的教学智慧激发学生的兴趣，吸引学生积极主动地进入古人的情感世界。正如一位古希腊的智者所言："头脑不是一个要被填满的容器，而是一把需被点燃的火把。"教师应是点燃火把的光明使者，而不应做消磨学生学习兴趣的元凶。火把的点燃需要有氧气，学生要被"点燃"需要的是教师用智慧创设的活的语境。活的语境才有可能调动读者已有的生活经验和阅读经验，通过联想和想象为主的形象思维活动产生与作者、作品情思的共鸣。

本堂课中的话题"假如你是晋武帝，看了这份'陈情表'后，你准奏吗？为什么？"不仅可视为解读全文的纲领，包容性广，张力大，而且用富有趣味性的假设性问题又能有效激发学生的学习兴趣。一个活的语境激活了学生的生活体验、思维方法。整堂课课堂气氛空前活跃，学生再也不甘心、不安心做一名被动的听众，他们跃跃欲试，纷纷表达自己的认识。特别是有一位学生竟能把文言运用得如此得心应手，实为教师始料未及，不由感慨"真是后生可畏"。我不禁反思，不愿面对文言文，难道就是学生的错吗？我们教师不也难辞其咎吗？

运用教学智慧激发起学生的兴趣，吸引学生进入古人的情感世界，汲取传统精神滋养的关键在于找到阿基米德所说的"那个支点"，找到了支点，就能撬起"那个地球"。没有一个能激活课堂的话题，就不能使学生在潜移默化中浸润在中国传统文化的精华中，产生触动灵魂的力量。当然，不同文章的支点有可能是迥异的，如我在教学《祭十二郎文》时，我以"有感情地朗读"为支点，让学生通过文字去感受韩愈与十二郎之间叔侄情深，特别是面对十二郎的英年早逝，韩愈痛不欲生的悲怆。通过"以读带解"，学生的情绪进入了文本，对亲情、生死都有一定的触动。

"没有文言，我们找不到回家的路！"韩军老师如是说。文言文是炎黄子孙文化气质的根系，漠视文言文中蕴含的大师们的大智慧、真感悟，就是与最深厚的文化积淀、最丰富的精神财富失之交臂！

（二）英语学科"格心课堂"课例

M3U1　*Festivals around the world*

Reading：Festivals and celebrations 教学案例

［背景分析］

英语学科的最大特点在于它的工具性兼人文性。高中英语教学不能只把学生教成考试的机器，它不仅应该是知识和技能的培养，更是对人的思维、文化意识、情感态度和价值观的培育。也就是说，英语教学既要培养学生在听、说、读、写、译五个方面的能力，即发展学生的语言知识和语言技能，同时也要注意对其进行人文教育，并注重思维能力的培养和美的熏陶。这是稽山中学英语组对英语"格心课堂"教学理念的诠释。因此，我们进行了情境化的语法教学、创造性的听力教学、分层次的词汇教学、重思维的阅读教学、立主题的校本教研、多样化的第二课堂等课堂实践。

在教材方面，我们坚持以教材为本，但同时又对教材进行了建设性和创造性的改编，如搜集各种有利于激发学生课堂情感的原版视频材料、经典电影片段以及听力音频材料，使教材资源做到最大限度的优化。在教学策略上，我们为学生创造参与型的课堂教学氛围，引导学生品味英语，体验语言的美感，即 T&D English。第二课堂创设上，我们开展"英语周"特色活动，如原版电影对白模仿秀、原版影视歌曲歌手选拔赛等，让学生学会主动用英语交流、用英语展示自己并积极进行自我评价。另外，我们创设激发想象的模拟教学情境，构建开放的任务型英语教学情境，并努力创设现实的情境作为课外延伸，提高了学生学习英语的兴趣以及英语教学的质量，提高了学生的英语综合应用能力。随着新一轮高考的改革，我们的课堂还尝试着打通必修课程和选修课程，进行及时的重构，力争在学科课程规划上做好必修课基础上的补缺和纵深化的拓展课程的开发。而在这一系列课堂模式改进的探索过程中，我们始终将学生情感观、态度、人生观、价值观、文化内涵，以及创造性和评价性思维的培养放在最重要、最核心的位置。

［目标分析］

1. 善心。*Festivals and celebrations* 这一阅读材料，侧重于对学生爱心的培养，即学生能了解中外的节日习俗及节日对人们所产生的积极意义，培养对世界文化的客观态度和对祖国历史文化的热爱之情。

2. 慧心。*Festivals and celebrations* 这一课阅读设计是，首先，学生需

要略读文本，了解文本中提到的节日的名称、起源、分类和庆祝方式，并形成自己的理解和判断；其次，学生要学会运用 honour, in memory of, have origin in, look forward to, celebration, custom, belief 等词介绍一个中国的传统节日。

3. 初心。介绍中西方的节日，有利于学生了解中西方文化的异同点，提高文化素质，增强本国文化认同感和跨文化交际意识，为今后的职业生涯打好基础。

4. 诗心。欣赏语言美，欣赏各国节日文化，提升文化鉴赏能力。

[教学过程]

一、激活认知

关于节日，学生有各种各样的体验。教师从重要节日如中国的春节、中秋节和西方的圣诞节等入手，提问学生以下问题：

1. What festivals can you think of, in China and in foreign countries?

（这一问题为引出下面的问题做好了铺垫）

2. Try to picture one of the festivals mentioned. What can we see, hear, and experience?

（这一问题的设计是为了通过话题背景知识的激活，复习与节日和庆典有关的认知图式和相关词汇表达，以过渡到课文的学习。作为总结，教师板书本课核心词 custom、tradition 等。）

二、设疑诱思

通过阅读标题，帮助学生进一步理解文本可能讨论的主题，激发学生阅读的欲望和兴趣。

Read the title of this text —— festivals and celebrations. What do you think will be talked about in this passage?

顺着第一步中认知图式的激活，让学生根据标题预测文本的主要内容。Festivals and celebrations 是学生自然能回答的。此时，教师关注先前预热时的成果，追问学生下面的问题：

Yes, it will be about the kinds of festivals and celebrations. What will be talked about for a certain festivals and celebration?

有的学生说是 origin，有的说是 activities，还有的说是 things to do and things to eat，等等。学生正是联系了刚刚学过的知识和自己的生活经验，才能回答这些问题，而这些回答综合起来，就是本文的核心内容。

三、多向探究

阅读教学中，读的过程是一个多向尝试和探究的过程，同时也是真实地品味英语（T&D）的机会。教师设置的阅读活动有跳读、略读，目的是理解有关节日的细节内容。细节梳理部分教师帮助学生分段阅读，整理信息链，开展不同层次的思维训练活动，运用不同的教学组织形式，让学生有机会与教师、作者和同伴对话，也有独立思考的过程，达到英语语言知识、话题知识、阅读策略和思维能力的多元发展。

1. Skimming

学生阅读文本的首段和其他几个部分的小标题，并思考问题：

（1）What are the festivals and celebrations mentioned in this text? What do they celebrate? Why?

学生要回答上述问题，必须有效运用跳读和略读的阅读策略——跳读节日或活动名称，略读其庆祝的内容，并能分清文本探讨的两大类节日：古代的和现代的。这样的回答需要学生读懂诸如古代节日常常庆祝丰收（starve 是个关键词）之类的内容，并与第一段的总述建立联系，进而做到"有条理地思考"，使思维更加流畅。

（2）Try to find out the similarities and differences in terms of their origins.

关注四大节日间的区别与联系，学习使用 origin, religious, seasonal, custom, in memory of 等关键词汇。从提取信息到加工信息，学生必须找到不同节日间的相似之处和不同之处，每一个观点必须从文本中找到依据，并进行简单整合。这个活动可以训练学生有条理、有依据地思维。

2. Detailed reading

关注文本重要细节与主题的关系，引发学生思考作者讨论这些节日的思路，进而理解其用意，即作者想向读者传递什么样的信息。

（1）Festivals of the dead（Para. 2）

Why are such festivals?

（In memory of the ancestors who might return to help or harm）

此处追问学生为什么有"help or harm"一说，引发学生进行稍深层次的思考。

How many festivals are mentioned here? Read and underline the verbs describing the celebrations.

Festival	Celebrations
Obon	
Day of the dead	
Halloween	

表格是给学生的思维工具。学生自主阅读后完成本表，并与同伴交流。讨论时，教师还可以问后续问题：

Q1：According to Japanese belief, will the ancestors come back to help or harm?

这个问题，文本没有直接给出答案，只是让学生自己推断。How do you know…便是训练学生有依据地推断的重要问题。学生要自圆其说，对思维能力要求很高。

Q2：What is the origin of the festivals of the dead?

They have an origin in the belief about the return of the spirit of the dead.

这个问题又引到了本文的关键 belief（信念）上，让学生进一步分析这些庆祝方式与更深层的因素即 belief 之间的联系，让学生学习用更上位的概念去观察判断文本的细枝末节。

Q3：What is the festival of the dead in China?

Qingming festival.

这个问题让学生有机会联系自己的生活，并模仿使用刚学的语言进行简单的语言输出活动，但需要学生整合思维：清明节起源于古代皇家祭祀祖先的古老习俗。

(2) Festivals to honour people (Para. 3)

The kind of people to honour? Who? (Examples of China/the USA/India)

整理细节后可以再提问以下问题：

What kind of people are usually celebrated in such festivals?

学生稍加讨论，再由教师提问。给学生一个概念化的任务：文中有具体的人（如屈原）或身份（如诗人），那么，请归纳什么样的人可以通过一个节日被纪念。这是一个让学生敏捷地、深刻地思维的环节。

Q1：Dragon Boat festival is coming soon. What celebrations do people hold?

Q2：Is Qu Yuan honoured only because he was a famous poet?

（3）Harvest festivals（pair work）

关于庆祝丰收的问题，让学生梳理如下：

When?

Why?

How?

How come?

Give an example.

这些问题学生在阅读本部分内容时能从时间、原因、庆祝方式和来源四个维度去看文中的例子，让思维更有序，也能重点学习本文相关语言，如如何表达这四个要点，用词如：autumn、agricultural work；honour、admire、in memory of、have fun with；celebrate、gather、awards、rooster；have its origin in 等。

（4）Spring festivals（Para. 5）

世界各地庆祝春天的节日自然是谈论的重点，为什么？

People generally believe spring festivals are the most _____? Why?

教师以一个大问题统领这一部分的阅读，要求学生从文本中找到 energetic 一词，并从文本中找到其支撑性细节。这里再一次关注了"有依据地思考"这一思维品质，同时也让学生有机会归纳、整合信息。

然后思考：

What springs festivals would you expect in the world other than in China?

用问答的形式，让学生想象一个节日与其地理位置、信仰、民俗之间的关系。老师没有重点关注学生说的是否全面，而是关注其说了什么，尤其是说的内容是否与风俗、社会有关，是否从时间、原因、庆祝方式、起源等维度展开。此处的问答不必详细，只是直到总结"维度"，引起下面学习的作用。这样的教学安排，让学生有机会训练其反省性、评判性、原创性和多维性的思维能力。

四、分享归纳

让学生归纳全文的主旨大意，并归纳作者从哪些维度讨论了节日与庆典。学生在此基础上还可以提出自己认为有独到之处的其他维度。目的是为下一步的应用内化做铺垫。在这节课中，这一环节主要起到过渡的作用。

What kind of subtopics are included in the writer's presentations of the festivals and celebrations?

What else do you think are even more worthwhile?

这两个问题只需要学生简单交流即可。第一个问题学生可以很快从先前的讨论中得出，如时间、起源、庆祝方式等。学生认为，还可以从节日与庆典对这个民族的文化、经济的影响等方面加以探讨，比如洋节日的问题等。这样的教学安排，时间花费不多，学生必须总结先前学过的内容，通过课堂交流，了解别人的想法，交流自己的思想，也能积极思考。教师对学生的鼓励与指导也可以让学生有安全感。问题的开放性源于课文，又不囿于课文，能让不同层次的学生体验不同的成就感。

五、应用内化

教师设计以下两个问题，让同学讨论：

（1）Which kind of festivals are you most interested in? Why?

（2）What else do you want to know about the m? (List at least three)

Use the following words or phrases when necessary.

教师上课时已经将重点字词句板书了，所以学生可以有以下语言的支持：

Festivals：have its origin in, honour, in memory of, custom, belief …

Celebrations：dress up, have fun with, look forward to, admire, feast…

两个讨论问题的难度是有层次的。第一个问题以整理全文基本信息为起点，由"为什么"向外拓展。第二个问题是注意搭建文本中与节日有关的话语，并将这些新学的语言应用于新的情境，基于话题提升自己的语言应用能力。学生发言时，教师和同学都注意倾听，教师评价和学生互评相结合，及时反馈。

六、拓展升华

1. 再读文章，复习节日和庆典的词汇，并完成命题作文：My favorite festival。

2. 登录网站 www. festivals. com，寻找跟主题相关的其他信息。

课后的任务设计一是为了拓展学生习得的知识，二是为了让学生练习知识的迁移或者关联能力，寻找共鸣，关注学生的科学体验，达到提升学生的思维水平、丰富学生的学科素养等目的，这其实是一个知识升华成经验和价值观的过程。

[教学反思]

本堂课很好地体现了"格心课堂"的四维目标，六环节设计和落实也比较到位。

第一步：教师努力创设真实的教学情境，从学生已知的节日说开去，重视学生认知图式的激活，利用问题帮助学生把旧知识与新知识有机联系起来，并及时将他们带入课文的学习。

第二步：教师通过让学生阅读标题，预测文本可能讨论的主要内容，一方面，激发了学生要求了解更多相关内容的欲望；另一方面，通过问答，教师也了解了学生已有的词汇和话题知识水平，同时，由于这个过程中学生始终在主动积极地思考，所以他们也充分体验了如何有依据地使用预测和推测（grounded prediction and inference）这一阅读策略。

第三步：本节课最重要的"基础工作"，即为后续活动做铺垫。以跳读为主的阅读活动，要求学生筛选有关信息，并整合要点，以比较不同节日之间的异同，使学生有机会建立起不同信息点之间的联系，形成信息链。这样，学生的思维得到了隐性的训练，逻辑思维能力得到加强。细读部分关注了细节的梳理，通过整理各部分信息，学生有机会从话题语言出发，与文本作者对话，两两活动、师生对话，解读文本表层信息，也理解一些深层次的问题，为学生实现浅层次思维活动做铺垫，又联系生活进行了原创性、多元性的高阶思维训练。

第四步：分享归纳，让学生在相互交流的过程中体验成功感，归纳已学内容，并从此"走出去"，产生想法，发展想法，思维相互碰撞，为下一步学习打好基础。

第五步：这是一个提升学生综合素质能力的任务，学生将所学的知识和获得的能力应用于新的情境。这是课堂最核心的步骤，知识实现了内化。

第六步：课外进一步的延伸不仅可以扩大学生的知识面，同时还可以促进学生对课内知识的理解，产生对课内知识的积极的反拨作用。表面上看这是一个增加知识广度的环节，其实它更是一个增加知识深度的环节，学生把机械的知识升华成了活性的理念和意志，是整堂课的终极指向。

[第六章]

生涯规划教育

对普通高中学生实施人生规划教育，既是学生健康成长的必然需要，也是深化普通高中课程改革的需要。本章立足于稽山中校生涯教育的具体实践，从学业规划、职业规划和人生规划三个层面来剖析各年段的生涯规划内容、方式、经验及困难，为其他学校与教师开展高中生涯规划教育提供一些参考。

一、直面生涯规划

高中是人的发展的关键阶段，面对着重要的选择。著名职业教育家黄炎培先生指出："我感觉最难处置，就是中学这个关头。到了大学，人生观渐渐确定了。中学正在交叉路口，欲东便东，欲西便西，出入很大。"19 世纪末，西方已经出现了职业指导，这是生涯规划的雏形。现在我国的一些城市，如北京已经有很多中学开始意识到生涯规划对学生成长的重要性，也以不同的方式开展了这项工作。

教育部颁布的《普通高中课程方案（实验）》明确指出，"普通高中教育为学生的终生发展奠定基础"，使学生"具有强健的体魄、顽强的意志，形成积极健康的生活方式和审美情趣，初步具有独立生活能力、职业意识、创业精神和人生规划能力"。这是我国普通高中教育在培养目标方面的重大突破和创新。对普通高中学生实施人生规划教育，既是学生健康成长的必然需要，也是深化普通高中课程改革的需要。

新课程对高中学校教育工作提出了新的要求，高中教学的科目不应该仅仅停留在基础学科的层面，更应该融入择校、选专业等人生规划课程的设计与讲授，这会对学生今后的发展起到极其关键的作用。

高中学生面临着进入高等教育或进入社会的现实选择。如何在这个阶段设计好自己未来的角色与实施规划，对学生一生起着重要作用。生涯规划指导就是学校对中学生在校学习、心理、职业、生活发展给予全面的指导。高中阶段的生涯教育指导对于学生整个人生的规划和发展具有举足轻重的作用。它是提高学生认识社会、适应社会、服务社会的能力以及掌握自我认知、自我设计、自我修炼、自我管理、自我提升的方法与技巧，让学生克服"一夜成名"、"一朝暴富"的浮躁心态，以最低的成本、最高的效率和最佳的方法设计、选择和实践自己的人生之路。

可以说，高中学生的生涯规划教育能够帮助学生理性地思考自己的未来，多一些机会思考自己的职业生涯。通过生涯规划课程的学习，他们可以了解不同的人所从事的不同职业，了解不同职业的工作者所拥有的不同的生活方式和状态。在老师的细心指导下，学生会对自己的未来负责任，并多一些机会认真思考自己未来的职业生涯。高中生的生涯规划教育还能培养学生对自己未来的责任感，增强学习和工作的动力。开展生涯规划教育,要求学生对自己未来的职业生涯早思考、早准备、早策划,学校也有责任为学生提供生涯规划方面的帮助和指导。

"凡事预则立,不预则废。"这句《礼记·中庸》中的话在当今社会越发显得重要,对于学生来说,在高一开始之初就进行生涯规划指导显得非常必要,它体现了"以人为本"的教育理念,体现了对学生一生的人文关怀。通过生涯规划教育,帮助学生建立"自我",并借助生涯规划的制定以及规划目标的追寻,实现与个人才能相适应的人生目标,使学生不仅学会认知,还学会做事,学会生活,学会生存。这正是教育的目标和追求,也是教育所要承担的责任。

稽山中学生涯规划教育的核心是,帮助学生适应生活、筹划发展、准备未来。希望通过高中三年的生涯规划指导培养出身心健康、人格完善、有理想、有抱负,对自己未来的人生有一定规划能力的、具有社会责任意识的有为青年。

认识自我是人类发展的永恒主题。"认识你自己",相传是刻在阿波罗神庙的三句箴言之一,也是其中最有名的一句。尼采在《道德的系谱》中指出:"我们无可避免地跟自己保持陌生,我们不明白自己,我们搞不清楚自己。"对于高中生来说,所有的彷徨、怀疑甚至叛逆,都蕴含着学生对自己的反省、对社会的好奇和对价值的追问。

高中生处于青春期的晚期,在自我意识、学习、人际关系、情绪和情感等方面继续发展,趋向于成人。几乎每个中学生都有美好的愿望,对未来充满着憧憬和向往。他们幻想进重点大学,修读热门专业,或者出国留学,成为海归,出人头地;他们幻想做知识渊博、收入稳定、社会地位高的作家、工程师、医生、企业家、领导干部,他们幻想生活幸福、婚姻美满。但是从这些美好的幻想回到现实,学生会有梦想很美当下残酷的感觉。

二、生涯规划之"惑"

稽山中学在实施生涯规划前期,特意对开展生涯规划课程的可行性进行调研,了解学生对该课程的需求程度和需求热点,为生涯规划课程的开展提供切实的理论指导。

前期调研从稽山中学高一年级随机选取 200 名学生作为研究对象,选用自编的《学生生涯规划调查问卷》。发放问卷 200 份,当场收回,回收有效问卷 192 份,有效回收率为 96%。调查结果显示,78% 的同学愿意主动规划自己的高中生活,但是其中 40% 的学生不知道如何规划,8% 的学生不知道向谁求教。

具体来说,在自我认识方面,56% 的学生对自己的性格了解不深,60% 的学生觉得自己能力缺乏,17% 的学生能够明确告知自己的特长,82% 的学生能够说出自己 3 种以上的兴趣;在学业规划方面,绝大多数学生已经了解高中考试制度,并且能够自主选择高考科目,46% 的学生能够有意识地通过网络等途径去了解大学和专业,但对具体的学科学习,96% 的学生表示"不清楚高中三年的学习安排";在职业规划方面,大多数学生能够"至少说出 40 种职业",但是 29% 的学生不清楚自己的职业兴趣,对于不同的职业,只有 35% 的学生能够"说出 5 种以上的职业资格";在人生规划方面,76% 的学生表示"曾经想过未来的婚姻家庭",80% 的学生"愿意去安排休闲生活",但是 50% 的学生认为"计划和执行总有差距"。

这个调查结果显示:这个年龄的学生已经开始思考学业、职业,对未来充满着诸多美好的愿望,愿意自主规划自己的人生。但是由于他们自我认知、职业认知、高校专业知识、社会经历、规划意识的缺失,包括他们当中有一些学生学习不是很努力,面对现实需要付出艰苦劳动的时候会想得不多、做得不够,从而造成了美好的愿望与心理准备脱节的矛盾。

在进行学校的生涯规划教育时,学校确实面临着一些困难和挑战。

(一) 来自师资层面的困惑

职业生涯规划起源于 1908 年的美国。1916 年,我国清华大学周寄梅校长首次将心理测试的手段应用在学生的职业选择中。1917 年,黄炎培先生在上海创办中华职业教育社,开展职业指导。新中国成立后,由于国情的限制等多方面原因,职业指导近乎绝迹。直到 1999 年,《中华人民共和国高等教育法》第 59 条明确规定:"高等学校应当为毕业生、结业生提供就业指导和服务。"2008 年,广东省教育厅在《关于开展"初中生人生规划"专题教育的实施意见》中规定:"《初中生人生规划指引》是每一个初中学生的必修课程。"

现在,我国各高校都已开设了"职业指导"课。与高校相比,中学的生涯规划教育在很长一段时间内得不到重视，特别在普通高中里几乎是缺失的。很多教师对生涯规划没有足够的重视，缺乏以人为本的全面发展观，甚至代替学生决定其升学、择业等。

生涯规划课程的目的是培养学生基本的职业素养与生涯规划的能力，使学生做好升学、就业的准备和树立自我持续的发展观。从目前来看，高中学校普遍缺乏一支专业化的职业生涯规划课程教师队伍，生涯规划教师多由德育课教师或班主任兼任。《中美日韩高中生毕业去向和职业生涯教育研究报告》展示，日本高中生接受过职业与毕业指导的比例最高，为78.2%，韩国为72.3%，美国为68.8%。三国的指导教师均为专业的职业规划专家。但在中国，高中生接受职业与毕业指导的比例只有33.1%，他们的职业与毕业指导多由班主任承担。

近几年来，普通高中深化课程和高考考试制度的改革一下子将生涯规划教育摆在了广大学校和教师的面前。学生在进入高中那天起就要对自己的生涯发展负责，基于自己的兴趣和能力，面向心仪的大学和专业，选择适合自己的学习课程。然而学生选择的能力是欠缺的，他们需要得到教师的指导和帮助，这对教师来说是一项挑战，更是不可推卸的任务。这就要求教师懂得生涯发展的相关知识。从实际情况来看，我们的教师缺乏这些基本知识，繁重的专业课教学任务使他们无暇学习。从一些已经开设"生涯规划"、"职业规划"课程的学校来看，任课教师多为其他学科的兼职教师，未经过系统的专业教学和培训，素质良莠不齐，缺乏专门的课程教材，课时安排少，又常常被其他所谓的主课冲淡，因此课程教学成效不明显。

因此，建设一支相对稳定、专兼结合、高素质、专业化、职业化的师资队伍是保证学校生涯规划教育质量的关键。这就迫使学校加强就业指导教师的培训，加强实践锻炼，提升他们的能力和素质，提高就业指导的水平。同时，就业指导课的专任教师应享受学校教学人员的相应待遇。

（二）来自学校层面的困惑

学校作为课程的开发者和实施者，在生涯规划教育方面重视不够，投入不足。

从教学功利化的角度来看，生涯教育在高中教学中可有可无，难以找到评价其教学效果的客观尺度。虽然人们都明白它将潜移默化地影响学生的学业和职业选择，但真正把它放到日常教学中来，从高一到高三开展系统的教学却是"心有余而力不足"。

从稽山中学这几年来生涯规划课程开发和实施的情况来看，由于师资力量缺乏、课程建设开发不足、缺少保障措施等情况阻碍了生涯规划教育的全面实施。

师资力量缺乏。两年来，生涯规划课程如雨后春笋遍地开花，很多学校高呼规划的重要性，但是落到实处，由谁来教，怎么教，却是个问题。学校里没有专职教师，相关科任教师缺乏系统培训，摸着石头过河，在教学中倍感吃力。

课程建设开发不足。诚然生涯规划教育作为一门选修课已经开设两年了，但是存在着建设、开发上的很多问题。如教材的选用。浙江省精品课程和网络课程提供的教材基本上是基于心理学编写的半成品教材，适用性差，实务性教材只得靠任课教师自己摸索编写。另外，教师在上课之前往往需要阅读大量的材料，并且由于缺少对生涯规划课程教师的培训，教师无法把握课程的开发。

缺少保障措施。生涯规划内涵丰富，涉及教育学、心理学、政治学、经济学等相关课程，生涯规划教育不是一个任课教师的事，而是整个学校的教学任务和德育任务，仅凭上几堂课是远远不够的。如果有一个专门的组织机构来规划、指导学生生涯发展的各项内容，认真分析学生的情况，熟悉学生学业发展和社会职业发展的各种情况，为学生的学业、职业生涯发展提供有力的支持和保障，那才真正有利于学生。

（三）来自行政主管部门的困惑

如果说生涯规划作为一门课程，在学校的课程开发和建设上受到了诸多因素的制约，那么从更高的层次来看，教育行政部门缺乏一种课程规划的敏锐性。虽然各级教育行政部门对生涯规划教育日益重视，也陆续出台了一系列文件，但总体来说，目前对课程开发指导、课程资源投入等方面还是欠缺的，对职业生涯规划教育还缺乏全局性、统筹性和规划性的眼光。

这两年来，浙江省教育厅开始将教师生涯规划业务培训纳入了教师培训的备选方案,供有需要的学校和教师进行选择,并且开出了一系列课程,在一定程度上进行了生涯规划知识的普及。经调查发现,职业生涯规划已经被越来越多的学校和教师接受,他们逐渐明确了生涯规划引进学校是教育改革和发展的需要,也是自身发展和自身生存的需要。因此,很多学校开始有意识地拓展相关课程,对学生产生了实质性的帮助。但是培训过程中也存在一些问题,如培训内容流于理论,知识结构体系与高校的此类课程相似性极高,实践性的内容培训较少,与高考热点问题的结合不够密切等。所以在进行教师培训时,教育行政部门还需要花力气组织好优质的培训教师,投入必要的教育经费,积极组织教育实践活动,切实促进培训效果。

三、生涯教育的实践

生涯规划教育具有发展性,贯串于整个高中阶段,对学生实施辅导具有系统性的优势。针对高中阶段三个年级不同班级和学生的独特发展目标,稽山中学采取有针对性、分阶段、多层次和多元化的方式展开教学。

从进入高中那天起,每个高中生就应该设想三年之后,自己究竟要做什么,是继续升学,还是直接工作?如果继续升学,是参加国内高考,还是选择国外大学?如果参加国内高考,自己理想的大学和专业是什么?如果直接工作,准备选择什么行业、什么职业,是准备到用人单位应聘,还是准备自主创业?每一个目标对高中学习生活的要求是不同的,千万不能临到高中毕业时,因为考出不错的成绩,才临时选择大学、专业,或者因为高考成绩不理想,才考虑出国,或者心灰意冷地找份工作,蹉跎岁月。

职业生涯规划是指从第一次择业开始到退休的整个职业生涯规划过程,包括择业规划以及中期和长期的职业发展规划。高中生毕业后如果不参加高考而直接找工作,这第一次找工作,就是他人生的第一次择业规划,从这第一次择业开始一直到他退休,就是整个职业生涯规划过程;如果选择上大学,大学毕业之后再找工作,那么第一次找工作就是第一次择业规划,由此开始职业生涯。

学业生涯规划是指对学习活动的规划,既包括开始求职之前的能力准备规划,也包括工作期间的继续学习规划,以及脱产学习规划。第一次求职之前的学业生涯规划,是为开展职业生涯规划做准备的;职业生涯开始之后的学业规划，则是为了满足岗位不断提出的新要求或者为获得在用人单位的发展进一步充电，以及为实现新的择业做准备。

高中生人生规划的意义在于促进人格完善。人生规划的内容主要包括：知己——认识自己的能力、性格、兴趣、人格特质和价值观；知彼——了解社会及经济发展趋势、行业就业状况、未来就业机会；抉择与行动——做决定的技巧、勇气、毅力，有计划地采取行动，落实有效管理生涯规划事项。

（一）高一年级：适应生活

对新入学的高一学生，生涯规划的重点是培养学生良好的身心状态，帮助学生尽快适应高中生活，初步树立生涯目标。稽山中学在高一年级开设正式的生涯规划课程，两周一节课，每节课都有一个主题。同时会邀请社会各行各业代表为学生做讲座，扩大学生的知识面。

1. 学业规划

主要是高中选课指导和"生涯规划基础"课程的设置。学校在学期开始之前，大力鼓励教师开设各类有益于学生全面发展、培养特色的选修课程；对于学生选课有明确的方法指导，减少学生不会选课、盲从选课的现象。

学校编制了《选课指导手册》，帮助学生了解课程内容，更好地组织选课。开设生涯规划课程，引导学生合理规划。"生涯规划基础"课程设置分为"了解自我"、"了解职业"、"人职匹配"、"了解大学和专业"四大部分："了解自我"部分，帮助学生了解个性特征；"了解职业"部分，帮助学生了解职业的分类、职业兴趣、传统职业和新兴职业、就业市场和就业前景等；"人职匹配"部分，帮助学生了解人职匹配的基本理论、方法、职业要求；"了解大学和专业"部分，帮助学生了解学科、专业、大学。

从高一开始，学校通过诸如"新高考政策分析"的课程，引导学生主动要求认识"大学和专业"，所以在生涯规划课程里加入了"选校看校"的内容，上网了解理想大学的资料，身临其境感受大学生活，有利于学生对理想大学的选择，也能起到为高中学习增加自主能动性的作用。具体来说，根据学生的大体意向，教师或家长列出符合其意愿的若干备选学校。

学生经过有计划地实地参观向往的大学，体验学校氛围而做出最心仪的选择。看校结束后，要求学生将看校的经历整理成一份简单的书面报告，报告内容应加入自己与向往大学的差距、自己今后的学习规划等，这不仅让学生有自己选择的权利，更锻炼了学生解决问题、反思问题的能力。看校择校课程的设置可以让学生成为规划自己的主人，与教师、家长共同制订看校计划，在看校过程中自主充分体验，回来后写成心得体会与同学分享，共同成长，可以收获传统课堂教学中不能获得的视野，提高个人素质。

案例：

我的学业规划书

高一是打基础阶段，在这个时候我要努力学好各门功课，不能出现偏科现象，落后的功课要及时补上来，否则成绩在总排名中不会靠前，那样学习动力不会很大。因此要打好基础，奠定信心，为今后的学习做好充分的准备。

看到一些同学在高一高二无目的地耗掉了不少时间，仅靠高三一年的冲刺，最终高考也取得了差强人意的成绩，我在思考：如果能够在高一的时候就用接近他人高三的状态去学习各科知识，打下较为牢固的基础，甚至是适度超前，是不是在后两年中就会拥有更多的时间、精力与机会，去尝试更多别的选择？

抓紧时间在高一时有意识地去搜集相关的信息。比如考试改革信息，还有自己在未来的发展路径中可能会获得的机会、需要的资源等相关信息。

面对自己的成绩时，我考虑过：如果自己在数理方向上有浓厚的兴趣与不错的天赋，就该提前关注下自主招生，甚至是学科竞赛的安排与重要时间节点；如果对人文语言类的学科偏好更重，那就可以提前设想和调研人文学科的学术和职业的出路如何。

我也曾与父母讨论过，文理不分科了，自己应该如何将自身的优势最大化地发挥出来，以及应该如何进行学科的选择？我的英语特别有优势，父母和我经常交流这些问题：①如何把当前的优势转化为一直能保持下去的强势，甚至胜势？②如果真的实行了两年三考取最高分的政策，自己重视听力甚至口语，现有的优势如何能最大化？③有些语言类的名校是提前录取的，需不需要为这样一种可能性去进行一些前期的了解与规划？④是否需要发掘自己在艺术、体育方面的特长？如何规划和设计自己的社会活动等学业以外的全方位发展，以便在今后自主招生资格的申请中占据更有利的位置？

我觉得这些信息如果能在高一时收集、整理、筛选完毕，对于后续的安排和规划一定会有极大的帮助。

2. 职业规划

高一阶段的职业规划主要包括职业认知和自我认知两个部分。

职业认知。如今新兴的职业层出不穷，每种职业的特点也不一样，所要求的能力、兴趣、性格不尽相同。在现实情境中，基础教育阶段较少进行职业生涯教育，因此高中阶段的学生先要普遍了解各种职业的特点，这是职业生涯规划的前提。

稽山中学把职业调查作为生涯规划教育的切入点。具体做法是：

明确职业调查的目标。学生通过职业调查，了解社会三大产业和社会分工，了解职业对人才的需求；学生选择两种自己愿意从事的职业，通过访谈、查阅资料、社会调查等方式详细了解相关职业对从业者能力和素养的要求，并找到自己和这种要求之间的差距。

设计和开发工具。学校设计了一系列职业调查表。如高一年级设计了《认识三大产业和社会分工》《职业对人才能力和素养的要求》《领袖型人才的沟通交流能力》三种职业调查表，供学生使用。

对教师、学生及家长进行全员培训。培训的意图是让大家明白，职业调查是学生参与人生规划教育的一项学习任务，是一门具有综合实践活动特征的课程，全体教师要共同承担指导学生学习这门课的任务。

制定工作流程和工作机制。根据总体计划，学生每周完成一项职业调查任务，填写职业调查表，导师分别批阅学生的调查记录，并与学生个别交谈，提出指导意见。年级全体教师承担导师任务。

成果的呈现和调查反馈。学生每完成一项职业调查任务后都要进行小组交流，通过演讲的方式和同学分享自己的调查成果，交流思想，形成相互促进、相互激励的良好氛围，并不断做出调整。每学期组织不少于三次的全年级汇报交流。

自我认知。在了解职业的同时，也要对自己的兴趣、性格、能力有清醒的认知。要意识到并不是所有热门的职业都适合自己，也不是所有的传统职业都不能出成绩，人职互相匹配才能有所成就。

为了帮助学生更好地认识自己，学校设计了《学生成长手册》，分为轻松学习篇、快乐成长篇、多彩人际篇和描绘生涯篇4个篇章，具体内容的设置根据三个年级的学生特点有所区别。学生在自己的成长手册中填写相应事项，这不但能帮助学生更透彻地认识自己，还能通过三年的填写看到成长、发展的自己。

此外，学校还建立了心理健康和生涯规划指导中心，帮助学生放松减压，进行心理测验，从而对自己的性格特征和个性特长有比较深入的认识。对自己有了全面的认识后，学生就可以扬长避短，不断地提高和发展自己。

3. 人生规划

高一进行的人生规划教育，主要和其人生目标相联系。

明确主要人生目标。所谓主要人生目标，应该是一个学生能够终身追求的固定的目标，生活中其他的一切事情都围绕着它而进行。对于一些学生来说，这个工作是一个自我发现的愉快的过程。但对于另一些人来说，它或许是一个痛苦的过程，因为他们需要把心绪拉回到年少的时光，回忆自己当时的梦想并思考这理想是否适合自己。为了找到或找回自己的人生主要目标，我们可以鼓励学生问自己几个问题，比如，"我是谁?""我想在我的一生中成就何种事业?""临终之时回顾往事，一生中最让我感到满足的是什么?""在我的日常生活中哪一类的成功最使我产生成就感?"

做好实现目标的心理准备。在这个方面，职业如何选择就是教师要指导学生所要着重考虑的问题。学历是一个工具，是帮助其实现终极目标的工具。学生规划自己将来职业的重要性，就像将军筹划一场战役，也像一个足球教练确定一场重要比赛的作战方案。教师可以引导学生自问："我的学习生活正在帮助我实现人生的最终目标吗?"如果答案是否定的，那就要学习其他知识或者换种学习方式。倘若更换学校是不现实的，那可再进一步问一下自己："是否有一种途径可以让我现有的学习生活与我的人生基本目标一致起来?"对于第二个问题，答案常常是肯定的。例如，一个羞涩腼腆的学生为了将来能够从事像新闻主播这样需要外向性格的职业，会在与同学交往中注意培养自己与人沟通的能力。教师要让学生意识到：任何时候开始人生规划都不晚，现在仍然是自己进行人生规划的好时机。

（二）高二年级：筹划发展

高二学生在适应高中生活、了解自身已有能力的基础上要明确专业或职业方向目标，进一步锻炼自己的沟通、判断、创新、领导等能力。高二生涯规划实施的主要形式有选修课、专题系列活动和主题活动。

1. 学业规划

开设生涯选修课——能力拓展活动课。在"快乐中成长，在体验中收获"是能力拓展活动课的宗旨。作为生涯课的补充，学校开设了素质型能力拓展选修课，精心设计各种体验游戏，安排一系列活动，旨在让学生在课程的推进中增强人际沟通、团队合作、统筹规划、探究创新等能力。该类课程深受学生的欢迎。

专业的选择指导等系列活动。人在做自己喜欢做的事情时往往可以拼尽全力，更容易在自己喜欢的领域成为专家，获得成功专业的选择对高中学生至关重要。但现在很多高中生的状态令人痛心，由于家长大包大揽、学校以分为本等多方面原因，使学生"升学无意识"、"发展无意识"。大部分学生为了更高分数只顾学习、高考填报志愿只考虑分数差，或即使想报考自己喜欢的专业，往往不知道某所大学的某些专业到底研究什么。

在高中阶段可以邀请已考入各所大学不同专业的学生回母校进行汇报，为学弟学妹们讲解自己的专业及学校情况；也可以由老师为不同专业的大学生录制视频资料，进行需求分析后选择性播放，这样可以更好地节省、控制时间。其实高中生的独立意识、思考能力已经较强，应该学会综合考量自己的发展问题，在专业选择指导课程的进行中，可以逐步培养学生的自主思维能力，懂得对自己负责。稽山中学于 2015 年 2 月开展了"优秀学子回访母校"活动，给学生留下了深刻的印象。

优秀学子回访母校　稽中举行特殊休业式

日前，高中生们都陆陆续续开始了假期，绍兴市稽山中学的学期休业典礼上，迎来了一群特殊的客人，他们都已经走进了大学校园。在这个寒假，回到阔别许久的母校，为学弟学妹们带来一场不一样的盛宴。绍兴电视台、《绍兴晚报》对此次"稽中情，大学梦，未来志"主题活动做了生动的报道。

在稽山中学高一年级的休业式上，稽山中学"稽中情，大学梦，未来志"高校学子回访母校活动第一场正式举行。针对高一年级的特点，同学们安排了学习经验介绍、专业介绍、学校基本情况介绍、自由提问等内容，向学弟学妹们传授自己的高中经验，并谈了自己在大学的感想和对自己专业的感受，方便高一的同学更好地融入高中生活，并在高一下半学期根据教改的相关政策选择自己合适的选考科目。这场活动得到了高一学生的热烈欢迎，宣讲时不时被掌声打断。在整场活动结束后，仍有很多有疑问的同学留下来和学长们进行交流。

这次活动之后，又相继进行了高二和高三两场回访母校的宣讲会，同学们根据高二和高三各自的需求，设计了不同的活动内容。这两场宣讲会也非常成功，得到了同学们的高度评价。来自各大院校的同学还为学弟学妹们送上了精美的礼品作为纪念。

据了解，参加本次活动的稽中毕业生，包括来自浙江大学、北京外国语大学、西安交通大学、山东大学、杭州电子科技大学、温州医科大学、浙江警察学院的近二十位同学。

"大家一想到可以回到母校为学弟学妹们带来帮助就感到十分荣幸。"回访队伍中浙江大学的郭佳雯同学这样说道，"我们通过回访活动，向高中的学弟学妹介绍优秀学长学姐的学习方法，也让同学们更加了解浙大，感受浙大，增强对浙大的向往，我觉得我们的这次活动非常有意义。"

主题活动。针对学生在学习中出现的问题，开展主题班会或"心理健康主题月"活动，内容涉及学习心理辅导、学习人际交往等。如考试焦虑、合理归因、理性情绪、时间管理、合作和竞争等一些课程，促进学生积极体验学习的乐趣，正视学业中的问题，合理分析，加强学习动机。

我的学业规划书

高二是关键，可以说高中60%的课程都是在高二学习的，因此一定要提高课堂效率。我觉得对于数理学科，要加强自己的缜密思维和计算能力，首先要把知识点理解透彻，再就是多做题来提高自己的计算能力，当自己真正步入学习当中就会知道计算能力的重要性了，很多老师实行题海战术就是这个道理。对于文史学科，需要不怕麻烦，背诵大量需要记忆的东西，还要加强自己分析问题的能力，全面地考虑问题。文科大多考材料分析题，都是和知识点联系起来考的，因此要提高这方面的能力。

通过和高三学长的交流，我发现高二要解决的问题是：第一，如何充分利用自己可支配的时间为学业打下扎实基础；第二，形成自己的优势学科，初步确立专业趋向；第三，不良情绪管理（主要是厌学）。核心是围绕学习的挫折教育，很多不良行为是学习的失败感造成的。

了解了这些方面之后，我想尝试做一张时间管理清单，把在校时间和在家时间、整块时间和零碎时间、学习时间和娱乐休闲时间做个调整和规划，让自己真正成为时间的主人。另外，因为我的学科优势不突出，所以努力的方向就很明确了，花点时间下些功夫在个别有上升空间的学科里，比如数学，我有兴趣，而且最近几次考试成绩还不错，让我学好数学的动力大增。我想，好的兴趣是最好的老师吧，体验到学习的快乐，那就离成功不远了。

2. 职业规划

高二阶段是在认识自我的基础上，注重培养和锻炼学生的沟通、领导、判断等综合能力素养，通过多种形式的教育实践，让学生走近社会、了解社会；同时，引导学生充分利用并整合家长、校友、社区等社会资源，进一步提升专业探索能力，树立人生发展目标和理想信念。高二的职业生涯教育应该注重职业定位和职业准备。

职业定位的含义分为两层：①确定自己是谁，适合做什么工作；②告诉别人你是谁，擅长做什么工作。在职业认知和自我认知的基础上，学生可以进行初步的职业定位。结合自己的专业（所学特长）、特点（内向稳重或活泼外向），了解应聘的职业有哪些，自己与这些职业的要求有多大差距等，同时关注目前的就业形势，看看自己的定位是不是与个人的职业发展相符。学校会采用专题讲座和团体辅导活动的形式，让学生能自觉地根据自身特点和社会需求选择升学和就业的方向，树立正确的职业观和择业观，并有目的地为将来的就业和发展做好规划。

职业准备。在竞争日益激烈的时代，一个在事业上取得成就的人大体要具备以下的能力和素养：专业素养、创新能力、沟通表达能力、团队合作能力、职业操守等。学校在设计活动时，努力融入上述元素。

基于学生的专业、职业意向，除了继续做好高二的选课指导工作外，学校将通过一些活动，如生涯规划大赛、"我有我风采"、职业沙龙等，引导学生加深对自我的认识、对专业的兴趣、对职业的热情，创设良好的竞争氛围。

在课程设置上，学校开设了“生涯规划提高”课程。“生涯规划提高”课程是高一“生涯规划基础”的加深。主要内容有：职业规划书的设计，职业兴趣的培养和提升，如何准备备选职业、创业、出国和留学等。这门课程的实用性和可操作性较强。

学校还设立“职业体验日”，让每位同学根据自己的意愿去体验自己感兴趣的职业，如去法院体验做一天法官，去特殊教育学校体验当特教老师，去附近旅游景点做一日双语导游。通过“职业体验日”活动，学生第一次走近自己陌生的职业岗位，不仅初步了解到各个职业所需要的知识储备，更了解到各个职业背后所需要的“软素质”——坚毅、耐心、踏实、坚持不懈等。

3. 人生规划

高二阶段的人生规划则注重于学生的行动，根据自己的规划去努力实现目标。

制订个人计划。鼓励学生制订一份详细的个人学业发展计划。这个计划可以是接下去的计划，也可以是一学期的计划。不管是属于哪一阶段的计划，它至少应该能够回答如下问题：①我要在未来一学期或三年内实现什么样的个人学习具体目标？②我要在未来一学期或三年内使用哪种学习方式？这些问题的答案就是学生的短期目标清单。在形成这些目标的过程中，不要纯粹地依靠逻辑思维。这一类的抉择，需要发挥学生的创造性，应该把学生的情绪、价值和信仰等因素全部调动起来。

准备付诸行动。未来三年规划使自己成为一个优秀学生，那么，怎么才有可能实现目标呢？教师可以引导学生回答：①我需要哪些科目的特别训练才能使我够资格做一名优秀学生？②我该增加哪些书本知识？③为使自己学习顺利，我需要排除哪些人际关系上的障碍？④我目前的老师在这方面能给我提供多大的帮助？⑤在目前的这个班级里，我最终成为优秀学生的可能性有多大？比起本班来，我在其他班级处于什么位置？⑥优秀学生的标准是什么？

行动。良好的动机是一个目标得以确立和开始实现的条件，但不是全部。如果动机不转换成行动，目标只能停留在梦想阶段。要想实现人生的终极目标，有两个方面的陷阱需要避免：一是懒惰，懒惰是事业成功的天敌；二是错误，哪怕是小的错误。要想有一个无悔的人生，除了认准目标外，还要集中精力全力以赴。在实现人生终极目标的过程中，难免受到各种妨碍或各种诱惑，任何的闪失或偏差都会使你远离你的既定目标。然而，人非圣贤，孰人无过？在通往理想的艰难跋涉中，尽可能少地犯错误，这样就可以尽可能快地达到目标。

（三）高三年级：准备未来

高三阶段针对学生最后一年特殊的学习和生活状态，就复习迎考、自主招生、填报志愿、升学就业、生涯决策等专题，展开了一系列以"生涯选择"为主题的活动，采用"请进来，走出去"相结合、高中和大学相衔接的方式，通过举办个体咨询、沙龙研讨、大型讲座等活动，根据每位学生的具体需求，进行个别辅导，提供个性化、差异化的意见和建议，帮助学生具备初步的生涯决策能力。

1. 学业规划

帮助学生快速适应高三阶段，提高整体规划和应对能力。邀请往届刚考入重点大学的优秀学生代表与高三学生面对面地进行交流，分享他们高三阶段的学习过程和成功经验，解答同学们处于迷茫时期所面临的种种困惑，有助于同学们合理规划并安排好之后的学习和生活，为升学考试做好充分准备；帮助同学们调整好自己的情绪和状态，以更加饱满的精神迎接高考。

心理调节，度过充实的高三。特聘心理专家就迎接高考的心态调整、考试技巧和注意事项等进行指导，为高三学生如何度过一个充实而从容不迫的冲刺年做好充分准备。定期开办小型沙龙，为高三学生舒缓压力，提供建议。开通高三心理咨询绿色通道。

为自主招生笔试、面试做好准备。向已经考入重点大学的学生征文，撰写有关自主招生笔试、面试等相关方面的心得体会，准备以内部参考资料的形式发放给相关学生，作为后期考试的参考；向往届参加自主招生笔试的同学征集往年考试的第一手资料，补充完善原有内容，从而为自主招生辅导做好前期经验分享的准备，并对即将参加面试的学生进行辅导。邀请大学招生办负责人进行相关指导，或由生涯规划老师进行统一辅导和模拟面试，从而针对自主招生展开进一步实战演练辅导。

实践填报志愿，增强生涯决策能力。对全体高三学生再次进行职业匹配的相关测试和辅导，深化生涯规划理念，邀请往届各大院校校友进行高考志愿填报和大学规划等方面指导，从而实践志愿填报，增强生涯决策能力。

我的学业规划书

高三是冲刺阶段，要对前面学习的内容熟练运用，题目的综合性增强，我的综合能力不强，学习上很被动。班级里同学之间的成绩差距是相当大的。高三的学习是最累的，因为面对的是高考，各方面的压力陡增，因此我想绝对不能放松，坚持到底就是胜利。

刚上高三就觉得时间特别紧，如何提高学习效率是合理利用时间的关键。我深知以后特别是冲刺阶段，学习强度会增加，但只要头脑不疲劳，我就会坚持下去。同时我还学会依据自己的生理特征来学习，认清自己的人体生物钟。我早上时头脑特别清醒，就把背诵这项工作放在晨读时，效果不错。但是，在周末的时间利用上，我经常觉得效率很低，甚至会把作业留到周日晚上去做，这是我在接下来的日子里要努力解决的问题。

我也遇到了一些考试心理问题，其中最困扰我的是考试焦虑。在考前的晚上基本睡不着觉，觉得很紧张，手心经常汗津津的。心理老师传授了我一些应对的方法。特别是她引导我学习放松呼吸，效果挺好。我会坚持下去的。

至于填报志愿的问题，我也在担心，但是现在还早，成绩还没有出来，我想应该先把手头的事情做好，只有成绩一步步上去了，才能有更大的选择空间。

2. 职业规划

针对学生高考考分，学校将结合选择的专业做志愿填报指导，具体形式有年段志愿填报讲座和个别咨询。志愿填报是每个学生的大事，更是每个学生家庭的要事，因此要协同家长的力量帮助学生认清形势，合理填报，增加专业的录取率。

职业实习体验也是高三毕业生可以尝试的一条途径。高中生做职业规划的目的是为自己确立职业方向、职业目标，选择职业道路，也就是确定职业理想。而职业规划一方面是让学生认识社会，最主要的渠道是参加社会实践活动，即高三后的职业实习体验，在社会实践中认识社会实际情况，了解社会需求。另一个方面，让学生认识自我，包括性格、兴趣、能力倾向等特质。这些认识可以通过专业测试获得，更主要的还是在实践中认识自我、完善自我。通过体验，一方面，学生可以更好地认识社会，了解自己想要从事的职业特点及要求，认清社会的发展和行业前景，及时修正理想。另一方面，在社会实践中了解自己的不足，明确提升能力的方向。

3. 人生规划

高三连接着高中和大学生活。这一阶段，学生的人生规划更具有完善人格的意义。它迫使学生思考现在与未来、自我与社会的关系，参与社会实践，扮演社会角色，承担社会责任，体会社会艰辛。高三阶段可以对前两年确定的人生目标和行为进行修改和更新。抗压的过程中，他们能发现自身的不足，并能在挫折与逆境中体会真实的痛感，在解决问题中享受成功的喜悦，在真正的磨砺中学会体谅、分享、互助、共赢，学会爱与被爱，学会感激与回报，学会忍受与坚持，学会独立与承担。这种健全人格的培养是任何教育难以替代的，这种经历将对学生的人生影响深远。

四、思考和下一步计划

这几年，稽山中学通过对学生生涯规划指导的探索，积累了一定的经验，也正在积极探索更为有效的方式、方法。同时，学校注意到学生生涯规划指导制度的建立需要无缝衔接，高校与高中需要建立更为密切的联系。生涯规划指导如需进一步发展，一些关键的要素也需要进一步跟进与完善，离不开教育行政部门的支持。这些关键要素的合理协调关系着生涯发展指导的持续发展。

培养学生初步具有人生规划能力，是普通高中新课程提出的目标之一，也是学校实施课程改革、开展教育教学工作的主要任务。高中学校要统一思想、高度重视，可以借鉴和学习国外中学生生涯规划教育的一些经验和做法，从以下几个方面开展工作：

（1）制订人生规划目标和标准。学校应该对高中生生涯规划的目标领域、基本规范和职业标准等方面进行预设。

（2）建立一个生涯规划发展项目。包括目标、保障条件等，全校参与、多方合作、管理评价等。

（3）将生涯规划教育纳入教育教学活动。将人生发展的概念融入教学活动中，帮助学生学习技术、职业与基本的技巧；培养学生形成清晰的自我观念，并对职业与人生发展方面的知识有一定了解，为学生做出适当的决策创造条件；培养学生寻找和获得工作所需要的一系列技能，帮助学生面对不同情境能果断决策。

（4）全面、认真地指导学生选课。按照普通高中课程改革的要求，将学生的选课与学生的生涯规划紧密地联系在一起，在选课时让学生初步思考和规划自己的人生，让课程学习为学生未来发展服务。

（5）加强学校与社会的合作。学校不能成为教育的"孤岛"，要让学生与社会联系，在现实中实践和活动，以帮助学生在教育与职业方面进行探索及规划。

（6）家庭和学校是青少年生活、学习的最主要环境，家庭教育和学校教育是青少年最主要的两支教育力量，加强两者的合作，有利于形成巨大的教育合力，最大限度地发挥教育的作用，从而促进青少年顺利成长，家校合作也必然能成为提升高中生生涯规划质量的有效途径。

（7）保障机制的缺失。由于我国在此方面起步较晚，而且实践经验较为欠缺，加强相关方面的理论与实践研究，有利于提高全民族，尤其是青少年一代的就业意识与素质、创业精神与能力，也会促进全社会就业形势的改善，更有利于完成全面建设小康社会的历史重任。加强保障机制建设，势必要在机构、制度、师资方面等方面投入更多。

[第七章]

课程制度的建设

课程改革是一项系统工程，涉及学校工作的方方面面，如果没有一套行之有效的制度，就会流于形式。

　　课程改革的实施，不仅需要先进的理念、教师的转变与配合，更需要有保障其实施的组织和领导机制以及一整套相适应的规章制度。随着课程改革的实施，学校在选课指导、学分设置、走班管理、课程评价等诸多方面实践探索，制定出一整套系统性、操作性较强的课程管理制度和办法，并在课程管理中认真加以落实，从而使课程的规划、发展、管理更加科学、系统、可持续。

一、课程制度的功能

课程制度是课程管理与课程政策的研究范畴。在我国，由于长期以来实施的课程管理体制，课程管理和课程政策研究十分缺乏，即使有一些研究，也主要集中在课程的宏观行政管理和学校微观的教学管理方面，学校层面的课程制度研究几乎没有。长期以来我们只有教学论，并不重视课程论，课程制度方面的研究还十分缺乏，包括学校课程制度建设层面的研究。

学校课程是学生学习知识、增加体验、获得发展的依据和载体，是对国家育人蓝图的具体实施，有明确的目的性和严格的控制性。虽然《基础教育课程纲要》赋予学校一定的课程开发权，但学校课程开发不是随意的活动或行为，它受到一定条件的制约，必须遵守相应的规则。学校课程制度是规范、引导和促进学校课程开发活动的一整套规则体系，是在学校时空范围内形成和制定的强制要求参与学校课程建设的有关人员共同遵守的程序、步骤和规范体系。

学校课程制度大体包括学校课程规划制度、学校课程设置制度、学校课程实施制度、学校课程评价制度、学校课程管理制度、学校课程资源开发和利用制度等。这些方面构成一个有机整体，它们彼此联系、相互制约和补充，形成一个完整的学校课程制度体系。

学校课程开发活动是一个涉及多种要素、多种组织和行为主体的复杂系统，在具体的开发活动中，具有很多不确定因素。学校课程制度建设就是要变不确定为确定。通过对课程开发活动各个环节和权利、职责、义务的规定以及各种适当行为的明确界定，减少课程开发活动的随意性，从而保证课程开发活动的系统运行。如学校制定了《绍兴市稽山中学选修课程申报和评审制度》，对申报的选修课程提出了明确的要求：

● 申报课程应包括名称、课程负责人、教材、师资队伍、目标和内容、所需教学时间、所需教学条件及评价方式等要素。

● 使用的教材可以是教师充分发挥自己的兴趣特长自主开发的自编教材，与高校、中等职业学校、社会机构包括企业合作开发的选修课教材，引进国内、国际精品课程并进行二次开发的教材，或直接选用经过国家审查通过的选修课教材。

● 课程负责人以本校教师为主,并负责课程教学方案的规划落实与联络,鼓励来自企业、行业一线的优秀兼职教师担任课程负责人。课程师资队伍要有合理的知识结构和年龄结构,鼓励组成专兼结合的教学团队共同开展教学方案的规划和设计,鼓励来自企业的兼职教师参与选修课程。

● 课程内容要贴近生活、贴近社会,反映学科最新的发展趋势;要立足本校文化传统、发挥自身教育教学优势,体现当地社会、经济、文化的独特性及差异性,有利于培育学校课程特色;注重理论联系实际,能和本领域的社会经济发展需要相结合,有利于培养学生科学思维能力和创新精神。

● 所需教学条件是学校目前已经具备或通过努力基本能够达到的。学生所做的教学准备也是通过努力基本能够达到的。

● 具有明确的课程建设目标和切实可行的建设规划,教学手段合理,具有科学的考核方法,教学成效显著,示范作用强。

对于是否开设教师开发的选修课程,《绍兴市稽山中学选修课程申报和评审制度》又有相应的程序规定:

● 评委初审:由学校课程评审委员会对教师申报的《稽山中学选修课程申报表》进行初步评审,评审内容包括选修课程的价值和意义、目标和内容、实施和评价等。取消不符合开设条件的课程,要求教师重新申报,对不完善的课程申报表提出修改意见,要求教师及时修改完善。

● 学校审核:由学校课程评审委员会将教师申报开发的课程提交学校深化课程改革领导小组审核,审核通过的课程列入《稽山中学选修课程目录》,并向全校公布,供学生选修。条件允许的情况下,对通过评审的课程,提供一定数量的课程建设资金。

显然,有了课程制度,就能实现学校课程资源的有效配置,保证学校课程开发活动紧紧围绕学校的办学宗旨这个最终目的来有效进行。有了课程制度,就能有效防止课程开发的随意性、盲目性,最大限度保证学生的整体发展符合社会发展的要求,跟上时代、科技与文化的发展脚步。

二、课程制度的建设

新课改实施以来,稽山中学依据教育部、浙江省教育厅的有关文件和新课程理念制定了一系列规章制度以保障新课程和高考的顺利实施,包括课程规划、课程设置、课程实施、课程评价、课程资源开发和利用等方面的制度建设。

学校先后制定了《绍兴市稽山中学课程管理机制》《绍兴市稽山中学选修课程建设规划》《绍兴市稽山中学选修课程实施与管理方案》《绍兴市稽山中学选修课程申报和评审制度》《绍兴市稽山中学学生学分认定方案》《稽山中学教师指导学生选课制度》《绍兴市稽山中学走班期间教学管理制度》等一系列制度。这里着重介绍一下学校的课程实施和课程评价方面的制度。

（一）学分制

学分制是以选课为核心，教师指导为辅助，通过绩点和学分，衡量学生学习质和量的综合教学管理制度。学校于 2006 年开始了学分制的尝试，于 2012 年全面推行。学分制管理包括课程设置、学分认定、选课指导、学籍管理四大要素。

（1）课程结构与学分配置：课程结构由学习领域、科目、模块三个层次构成。学习领域共 8 个，即语言与文学、数学、人文与社会、科学、技术、艺术、体育与健康、综合实践活动。除综合实践活动领域外，其他 7 个领域都由相应的科目组成，每个科目有一定弹性范围的学分数。

学校按照浙江省教育厅的相关文件进行了课程设置和学分配置。请详见本书第三章关于课程设置的说明。

（2）学分认定：学校以量化的分值方式，通过学分来记录学生在相应课程领域的成长经历以及所达到的发展程度。学分认定有一定的制度要求。以下是《稽山中学学生学分认定方案》。

稽山中学学生学分认定方案

1. 基本程序（图示）

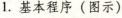

（1）学生按规定完成课程（模块）修习并经考试或考核后，任课教师进行审核并提出初步意见。

（2）初步意见报教学处汇总。

（3）召开学分认定委员会会议，确定是否认定学分。

（4）学分认定委员会主任签署认定意见。

（5）公示获得学分的学生名单。

（6）复议申请。

（7）将学分导入学籍管理系统。

2. 获取学分的基本条件

（1）正确选课，到学校确认的班级完成课程学习。

（2）原则上完成18学时（以1学时45分钟计）课程内容的学习可获得1学分。（因稽山中学1学时为40分钟，所以需完成21学时课程内容的学习可获得1学分）

（3）完成规定课程的学习，不出现无故缺课的情况，正常请假的缺课不能超过2课时。

（4）学习过程中表现良好，无迟到、早退、课堂违纪等现象。

（5）参加课程考试（考查）成绩合格，具体考试（考查）方式在教师开课介绍中有说明。一般根据学生所写的小论文、作品、制作、活动、测试、竞赛等成绩，采取适当的方式进行考核。

（6）学生获得初级、中级职业技术资格证书，经市、县（区）教育局相关部门认定后，可分别获得2或4学分。同一项目有多级证书的，以最高级别计分，不重复计分。

（7）学生具有音乐、美术和体育方面的特长，可获得一定的学分。学生获得经学校课程评审委员会认定的机构颁发的荣誉证书，或参加经学校课程评审委员会认定的机构组织的考试，获得某项资格或证书，学校学分认定委员会按以下标准认定学分。

①音乐特长学分认定标准

音乐特长学分认定标准		
证　　书	发证机构	学　　分
浙江省中小学生艺术特长水平测试小B级	市、县教育局相关部门	2
浙江省中小学生艺术特长水平测试B级	市、县教育局相关部门	3
浙江省中小学生艺术特长水平测试A级	省教育厅艺教委	4

音乐特长学分认定标准			
业余音乐 考级证书	六至八级	经教育部门确认的 相关机构	1
	八至十级		2

音乐竞赛获奖学分认定标准				
类　别	个人获奖		集体获奖	
级别 学分 等第	市级	省级及以上	市级	省级及以上
一等奖	3	4	3	4
二等奖	2	3	2	3
三等奖	1	2	1	2

备注：参加教育部门组织的艺术竞赛活动方可确认相应学分，同一项目多次获奖的只取其中一次最高级别计分，不累计加分。

②美术特长学分认定标准

美术特长学分认定标准		
证　　书	发证机构	学　　分
浙江省中小学生艺术特长水平测试小 B 级	市、县教育局相关部门	2
浙江省中小学生艺术特长水平测试 B 级	市、县教育局相关部门	3
浙江省中小学生艺术特长水平测试 A 级	省教育厅艺教委	4

美术竞赛获奖学分认定标准				
类　别	个人获奖		集体获奖	
级别 学分 等第	市级	省级及以上	市级	省级及以上
一等奖	3	4	3	4
二等奖	2	3	2	3

续表

美术竞赛获奖学分认定标准				
三等奖	1	2	1	2

备注:参加教育部门组织的艺术竞赛活动方可确认相应学分,同一项目多次获奖的只取其中一次最高级别计分,不累计加分。

③体育

体育特长学分认定标准		
证　书	发证机构	学　分
一级运动员	省体育局	4
运动健将	国家体育总局	5

体育竞赛获奖学分认定标准				
类　别	个人获奖		集体项目获奖（主力队员）	
级别　　学分　　等第	市级	省级及以上	市级	省级及以上
1-3	3	4	3	4
4-6	2	3	2	3

备注:参加教育部门组织的体育竞赛活动方可确认相应学分,同一项目多次获奖的只取其中一次最高级别计分,不累计加分。

(8) 学生参加社会调查、社团、社会实践等活动,有活动记录、总结或报告,有反馈评价,经同学互评,由学校学分认定委员会审核认定学分。

类　别	认定依据	计分办法
调查探究活动	课题研究方法学习	修满 13.5 小时（最少 9 小时）为 1 学分
	完成课题,提交开题报告、过程记录、结题报告、信息搜集记录、心得体会、评价结论等材料	完成一个调查探究课题为 2 学分

类　别	认定依据	计分办法
社会实践活动	参加校外社会实践活动并提供活动计划、活动记录、活动总结以及活动所在单位提供的证明	参加校外社会实践时间折合成学时，修满 13.5 小时为 1 学分
校园文化活动	参加校园文化活动并提供活动名称或社团名称、活动内容、活动记录、活动总结等材料	各类活动时间折合成学时，修满 13.5 小时为 1 学分

学生参加同一社会实践活动的学分最高不得超过 3 学分。

3. 毕业学分要求

学生在 3 年内完成普通高中学习，允许学生提前毕业。学生修习必修课程满 96 学分，修习选修课程满 48 学分（其中职业技能类选修课程不少于 6 学分，社会实践类选修课程不超过 8 学分），总学分达到 144 学分，同时学业水平考试和综合素质评价达到规定要求，即可毕业。

4. 学分管理和学籍管理

（1）免修制度：学生通过自学等途径获取初级、中级职业技术资格证书，通过教育局相关部门认定获得学分，或者通过音乐、美术和体育上的特长认定获得学分，可以申请免修。

（2）复议制度：未获得学分的学生对学分认定委员会认定意见如有异议，可在接到通知之日起 15 日内以书面形式向学分认定委员会提出复议申请，学分认定委员会在接到学生复议申请 15 日内召集有关学科学分认定小组复议，做出决定并通知学生。

（3）补考、重修、改修制度：学生以考试考核成绩不合格而不能获得学分的，可以向教务处申请补考，补考时间由教务处统一安排，一般在新学段开始后一周内进行。补考不得超过 2 次，仍不及格者，可以申请重修。

（3）选课指导。

学校开设的课程允许学生有一定的选择自由，学生可以根据自己的需要、兴趣和能力选择希望学习的一些课程。为了配合学生选课，学校有相应的选课指导制度。

选课指导制度包括选课指导手册和教师指导制度。学校每年为高一新生编制《稽山中学学生选课指导手册》。手册由"浙江省普通高中课程与学分结构"、"课程设置方案"、"选课流程"、"学分认定方案"、"选修课程目录"、"学生课表编排"等6部分组成。手册明确了学生的选课流程：

（1）动员。学校开会动员，就选课的意义、原则、操作方法、注意事项等向学生及家长做出明确解释，同时发放《选课指导手册》。

（2）咨询。由行政班班主任、成长导师及家长为学生进行选课咨询，让学生对自己所选的课程做到心中有数，准备好至少两个选课方案，为正式选课做好充分准备。

（3）填写。填写选课意向表，学生可在成长导师、家长的帮助下选课，最后由学生本人填写选课意向表。

（4）汇总。教学处汇总学生的选课结果。就班级人数少于25人的选修课，再次征求这些同学的意见，重新选择课程。

（5）公布。公布选课结果，由教学处开出各门课程选修学生名单，一式三份，送任课教师及学生所在行政班班主任各一份，课程中心留存一份。

学校同时制定了《稽山中学教师指导学生选课制度》。

指导教师的产生主要有以下几种形式：

（1）设立学生顾问。学生顾问有一定的资格和经验，懂得和学生进行沟通和交流，有利于对学生选课进行指导。学生顾问由心理辅导老师担任，对学生进行学术和职业方面的指导。

（2）班主任和任课教师组成的指导团队。班主任和任课教师共同承担指导学生选课的责任。

（3）建立学生选课指导中心。学校教学处下设一个学生选课指导中心，由各个学科的教研组长组成，负责在校学生的选课指导。

指导教师的职责是：

（1）向学生解释选课指南（选课指导手册）的内容，确保学生能理解选课指南的各项规定。

（2）通过心理测试等多种方式帮助学生更好地了解自己的优势、弱点和兴趣点。

（3）帮助学生了解高校招生的各项规定，从而为学生的选择提出相应的建议。

（4）要经常过问学生的学业进展情况。

（5）根据选课指南（选课指导手册）控制学生的课业负担。

（6）要积极创造一种和谐的师生关系。

（二）走班制

实行走班制，不仅是对学生学习能力的一种考验，也是对学校教育教学管理提出的一个新挑战。学生将不再固定在一个教室里上课，将遇见更多"同桌的你"，同班同学的数量也在递增。

走班制常见有三种类型：第一种，"走班"的学科和教室固定，即根据专业学科和教学内容的层次不同而固定教室和教师，部分学科教师挂牌上课，学生流动听课。第二种，实行大小班上课的教学形式，即讲座式的短线课程实行大班制，研究型的课程实行小班制。通过不同班级、年级学生的组合教学，增强学生的互助合作。第三种，以兴趣为主导的走班形式。学生根据自己的兴趣选择上课内容，不固定教师与教室。这种形式的走班主要发展学生的兴趣爱好，开阔学生的思维。

稽山中学由于没有多余的上课教室，任课教师紧缺，因而采用的是切块走班模式。所谓切块走班，是指将几个行政班组成一个相对固定的走班单位，以选课人数较多的行政班为母班，将其他选择人数较少的班级学生编入母班。也就是说，不是所有模块都需要走班，也不是所有学生都在"走"，学生只是在邻近教室"走"。

实行走班制后，学生学习的主动性被充分调动起来，不同兴趣爱好、不同学习基础、不同学习能力的学生获得了与自己最相适宜的发展环境，自信心得以提升，尝试到了成功的快乐，减轻了思想压力；同时交往范围逐渐扩大，同学间的相互影响逐渐加强，同一层次学生之间的竞争意识和合作意识也得以增强。

由于选课走班教学面对的是多变的学生、流动的课堂、多样的模块，所以必须加强过程管理，确保选课走班的教学质量。为此，学校制定了《绍兴市稽山中学走班期间教学管理制度》。

绍兴市稽山中学走班期间教学管理制度

为加强选课走班的教学管理，规范选课走班教学中教与学的行为，保证选课走班教学有序、高效开展，特制定本制度。

（一）行政班班主任的职责与管理

1. 加强物品安全、选修课纪律的教育。

2. 认真做好选修课的请假工作，向各走班组长了解出勤情况。

3. 加强对本班学生的选课指导，掌握本班学生的选课情况。

4. 及时向有关课程导师了解原班学生的思想行为和学习表现，及时解决发现的问题。

5. 及时了解本班学生在不同教学班的学习和思想状况，处理发现的问题，并及时与任课教师做好沟通工作。

6. 了解选修课期间，本班教室是在上选修课还是在进行自修，本班没有选修课任务的学生在何处自修。

7. 自修的学生中指定 1 人为自修组长，上选修课的学生中每一门选修课指定 1 人为走班组长。

（二）教学班课程导师的职责与管理

选修课课程导师是教学的核心，是课程教学班中教学、纪律、财物、安全管理的第一负责人。课程导师要求一岗双责：既要完成课程教学任务，又要承担起对所任教学班的学生管理的责任。具体工作要求有：

1. 建立健全教学班班级组织机构。选修课程导师应在课程第一讲前确定班长、学习委员等主要学生干部，明确职责，将考勤、作业收交等工作分工到人，充分实现学生的自主管理，并明确相关职责。

班长——协助课程导师做好教学班的教学和管理工作，协助导师考勤，督促本班同学按照规定的座次坐好，提前做好课前准备。

副班长——主要负责班级的卫生、教室公物的维护，负责开关电脑、关锁窗门等。

学习委员——主要负责作业的收齐和学习信息的上传下达。

走班组长——由各行政班选出一名同学担任，主要负责本行政班出勤情况。

2. 划分选修课程教学班走班学习小组。选修课程导师应在课程第一讲前，以原行政班为单位，将学生划分为几个走班学习小组，固定学生座位，确定教学班教学座位表，每次教学中学生座位不允许随意调换。

3. 认真上好所开课程的起始课。起始课要求完成本课程整体内容简介、课程学习要求、学分认定方法、本班日常管理方法、明确班干部职责和编排学生固定座次等各项任务。

4. 落实选修课程考勤制度。选修课程由教学班班长协助课程导师考勤。

5. 根据课程纲要，认真准备每一节选修课教学，教案详细、过程完整。选修课教学要根据教学内容切实提高学生的自主性，加强实践环节，提高教学实效。选修课导师应保证课程质量，积极提升学生对课程的满意度。

6. 加强行政班和教学班的联系，实现无缝隙管理。选修课程导师要注意观察和了解学生的学习和思想情况，对选修课程教学班级中出现的迟到、早退和旷课等现象及其他问题及时与相关行政班班主任沟通联系，问题比较突出的要协同行政班班主任及时报德育处解决。

7. 严格执行学分认定办法。结合过程性评价，及时完成所开选修课程学生学习的终结性评价。

（三）走班组长的职责

1. 负责组织本班的同学到指定教室上课，对选修同一模块的本班同学及时认真考勤、管理，教学班上发生的问题直接向行政班班主任汇报。

2. 配合任课教师及教学班班长做好收发作业、请假等工作。

（四）教学班学生的纪律要求

1. 学生的选课一旦确定，不得随意更换。若所选课程出现课时冲突或因故未选满，经学校同意后，可另选选课名额未满的其他课程。

2. 按照课时计划做好自己的课前准备工作，做到走班时清理好自己的课桌，课桌里不要存放贵重物品，桌面保持干净，为其他走课同学提供方便。

3. 记住自己所选课程和上课教室，带好钢笔和笔记本及其他上课所需物品，迅速、有序地进入选课教室，不在教室、走廊内喧哗、打闹。

4. 上课不得迟到、早退、旷课。不论何种原因，缺课1/3者，不能参加该门课程的考核，对考试作弊者按作弊规定处理。

5. 按指定时间、指定教室、指定座位参加学习，不得随意调换。

6. 保持个人良好形象，爱护教室的物品，不乱画，不乱扔垃圾，不得翻动所在教室行政班学生的物品，自觉维护教室的卫生与课桌等公共设施。

7. 上课要遵守纪律，服从老师的管理，认真听讲，记好笔记，按时完成选修课作业（作品），不做与上课无关的事。

8. 配合教学班副班长，做好值日、按时交作业等教学班班级工作。

9. 自觉遵守选修课程考勤制度，严禁旷课，杜绝迟到、早退现象。学生如不能按时上课，除执行学校日常请假制度规定外，须向行政班班主任办理请假手续，填写"选修课请假二联单"，一份由行政班班主任保管，另一份交走班组长，由走班组长交教学班课程导师。

10. 如因老师公出不能上课，则到指定教室自修，遵守自修纪律。

（五）对违纪学生的处理办法

1. 选修课考勤与课程学业总评成绩挂钩。考勤分是学业总评成绩的一部分，考勤分规定如下：旷课每节扣2分，请事假每节扣1分，请病假每节扣0.5分，请公假每一课程超过4节的部分，每节扣1分。对于缺课达课程修习总课时三分之一及以上的学生，本课程修习不能认定学分。

2. 旷课、迟到、早退是严重的违规行为，视情况将接受诚勉谈话和纪律处分。诚勉谈话：旷课1—3节，班主任和课程导师教育辅导。旷课达4节或以上者，行政班班主任和课程导师及时汇报年级组，由年级组长与学生（或学生家长）谈话，该课程需要重修方能取得学分。同时根据情节按照校规的有关规定给予相应的处分。

（六）自修组长的职责

1. 对本班选修课期间自修的学生进行点名，并将点名结果告知管理老师。

2. 督促自修的学生到指定教室自修，并认真自修。

（七）自修学生的纪律要求

1. 离开本班教室前清理好自己的课桌，课桌里不要存放贵重物品，桌面保持干净，为其他走班同学提供方便。

2. 记住自己自修的教室，带好钢笔和笔记本及其他所需物品，迅速、有序地进入自修教室，不在教室、走廊内喧哗、打闹。

3. 不得迟到、早退。

4. 按指定时间、指定教室、指定座位参加自修，不得随意调换。

5. 保持个人良好形象，爱护教室的物品，不乱画，不乱扔垃圾，不得翻动所在教室行政班学生的物品，自觉维护教室的卫生与课桌等公共设施。

6. 遵守自修纪律。

（三）评价制度

完善选课走班的评价机制是确保选课走班顺利实施、提高其教学质量的根本保障。走班背景下如何进行模块考试、学分认定、学生评价、教师评价等都是亟待解决的问题。科学评价应从转变评价观念入手，从学生和教师角度构建具有学校特色的评价体系，促进学生的终身发展和教师的专业发展。

1. 教师评价

教师评价就是对教师参与选修课程建设以及课程教学的评价。对教师的评价主要由学校课程委员会依据是否符合学校课程规划要求、课堂观察、同行评价、学生评价及专家意见做出综合评定。

（1）对教师参与选修课程建设的要求。要求教师努力开设选修课，努力提高选修课程的教学质量。学校提出教师课程"1＋1"，即一位教师要上一门自己专业的必修课程，同时必须开设一门自己擅长的选修课程，条件成熟时再提出教师课程"1＋1＋1"，即在上述基础上再指导一个社团，通过开设选修课程让教师在某一领域成为专家。

（2）对教师选修课程教学的评价。总体思路是重态度、重过程、重质量、重师生共同发展。

①常规评价：采用听课的形式，随机检查课堂状况，检查教师教案，要求教师写教学反思等。

②同行评价：要求每一个开设选修课程的教师每一学期开设一节公开课，进行课堂教学模式的研讨。对先期开发的教材进行校内推广使用，进行效果测评和可行性评价。

③专家评价：邀请课程专家不定期对学校的选修课程开发和开设进行点评和指导，为教师的专业发展服务。

④学生反馈：召开学生座谈会，对教师的教给予描述和评价；发放调查表，对教师的教进行不记名的描述和评价。特别注重通过学生对课程的喜欢程度来考核教师。

以下为《绍兴市稽山中学选修课程质量评价表》。

课程名称：

开设年级：　　　　　　　指导教师：　　　　　　学分：

一级指标	二级指标	评价标准			评价依据与分数
		A级	B级	C级	
课程预设	课程纲要	课程纲要项目完整	课程纲要项目基本完整	课程纲要项目不完整	网络选课平台公布
	网上选课	学生申报人数达到设置人数80%	达到开课最低人数规定	人数不足，不开课	网络选课平台公布
课程内容	教材选用	教材编写或选用符合相应层次教学要求	教学资料基本符合相应层次教学要求	教学资料不符合相应层次教学要求	教材或教学资料
	教案	教学内容明确，教学环节安排符合教学目标	教学内容基本明确，环节合理	教学内容不明确，环节不合理	教案
		教材、教法的处理与教学重点、难点相吻合	教材、教法处理基本得当	教材、教法处理不得当	
教学过程	教学进度	教学时间、内容等安排明确、合理	完成教学进度	没有完成教学进度	教学进度表与实际授课
	教学方法	教学手段适当，教学方式多样，语言生动、条理清楚	方法一般，条理清楚	方法单一，课堂不活跃	课堂观察

续表

一级 指标	二级 指标	评价标准			评价依据 与分数
		A 级	B 级	C 级	
教学 效果	教学 秩序	重视组织教学，认真辅导学生，学生出勤率高	按计划上课，无教学事故	出现教学事故	考勤表、课堂观察
	教学 效果	教学质量学生评价优秀	教学质量学生评价良好	教学质量学生评价合格及以下	有关评价

如一位教师有 5 个以上 A 级，且没有 C 级评价，最终会被评为优秀等级。

2. 学生评价

完善学生评价是促进学生健康发展的关键。学校坚持"学分评定，强化过程，注重发展"的评价原则，主要评价学习成绩、学习过程和综合素质。

（1）学习成绩采用"等比例"。对于同一学科的不同模块，由于不可完全控制的因素导致全年级学生不能横向对比，就会造成选修某一模块的学生因为试题简单全部及格，而选修另一模块的学生因为试题难而出现大量不及格的情况。对此，学校采用同一学科下单个模块学生考试成绩的平均分，然后按各平均分进行等比例折算，对折算后超出总分的学生按满分计算，不及格的学生要补考。

（2）过程评价使用"成长卡"。在评价时，首先考虑过程评价的严肃性，把出勤作为选修课程的重要考核要素；教学处和年级组加强对选修课程教学过程的管理，对不遵守纪律的学生进行及时教育。为每一位学生的每一门选修课设置一张学生卡，由学生本人、同伴和教师共同评价。

（3）素质评价采用"激励制"。应从过去的注重学生的学业成绩、全面发展向激励学生的个性化、特长化发展转变。在既有的"学科之星"、"三好学生奖"等基础上增设"创新实验奖"、"才艺之星"等奖项，真正做到从制度上激发学生的各种潜能，点燃学生的智慧火花。

三、问题与挑战

学习的选择性是现代学习的重要特征，对课程的选择则是现代学校的重要标志。选课制度为教师创造了施展才能的机会，也创造了适合学生的教育，充分体现着对人、对教师和学生的尊重和理解。但是在走班选课的实施和摸索过程中，不可避免地出现了一些这样或那样的问题：

（1）行政班和教学班的管理问题。走班后，行政班的工作重心从教学管理转到了教育和日常管理上，其教学的作用、职能将退化。教学班级的管理模式因学生群体的流动性、松散性及教学班形成的短期性给教学班的教育教学管理提出了挑战。教学从行政班中淡出后，行政班与教学班之间的有机协调问题变得尤为突出。走班后，对学生的管理将从"班主任的管理"过渡到班主任、任课教师和学生的自主管理，这对学校的管理提出了新的挑战。如何加强对自修学生的管理，怎样指导他们利用学校资源自主学习，也成了新的管理课题。

走班选课在为学生带来选课的自由、充分的主动权的同时，也受学生的兴趣、爱好的影响而变化，可能出现选课的盲目性，造成自身知识结构不合理的现象。

（2）校本教研问题。走班制对教师的教学能力、知识储备、上课艺术等都提出了更高的要求。由于学生选择教师，有的教师深受学生欢迎，选的学生较多，有的教师能力欠缺，以致门可罗雀，从而造成排课、学生管理等一系列问题，教师的压力随之加大。

而加强校本教研，相互学习、相互听课无疑是提高教师能力最快的一种方式和做法，但走班制教学往往是同一年级同一学科的教师同时分布在不同的教室里上课，不同学科教师之间又不易调课，这给校本教研带来极大的挑战。

（3）学生辅导问题。由于同一教学班的学生分布在不同的行政班，造成教师对学生的了解和沟通不够，不利于进行有针对性的教学行为；教师课后对学生的辅导不能及时到位，只能是学生有问题时到教师办公室去问，个别胆小或害羞的学生宁可问同学也不去问老师，甚至有问题也不问，造成问题越积越多，教师辅导效率变得低下。

（4）教师评价问题。因走班，每位教师所带学生的数量不同，作业批改量也不同，怎样合理界定教师的工作量是一个问题。另外，由于所教学生基础不同，素养不同，如何体现通过"教"所带来的进步，也是教师评价时面临的困惑。

（5）学生评价问题。学生基础素养评价涉及学生自评、生生互评、师生评价等各个方面，由于教学班和行政班的分离，造成学生互评所选学生的不确定性，给学生评价造成一定的偏差。教师评价仅限于教师在课堂上对学生的了解，由于缺乏课下的沟通和交流，教师对学生的评价也会出现片面的情况，所以选课走班制下的学生评价有待进一步探讨。走班学生的成绩评价如果摆脱不了应试教育的阴影，仅仅是为了甄别和选拔，那将会极大地损害学生的发展，严重违背教育规律。

第八章

追求职业幸福的教师

"大成"出自老子《道德经》："大成若缺，其用不弊。大盈若冲，其用不穷。大直若屈，大巧若拙，大辩若讷。"大意为，最圆满的东西，好似有残缺一样，但它的作用永远不会衰竭。教师要和学生一起内省，到达一定的境界：发展内在的品质和必要的洞察力，寻找并完成自己的天命。古今中外，无障无壁，凡可为成长助力、为生命助益者，均可兼容并包，以成大器。为学不拘一格以开阔视野，为人虚怀为本以扩大心胸；勤勉为事以成大气象，无为为道以至大境界。

　　"大成"教育不是一个封闭的体系，而是一个开放的教育理念。"大成"教育不是一个终极的价值目标，而是一种教育不断迈向完满的过程。这种过程，达至"大成"的，不单单是学生，还有教师。人非生而知之者，教师也是如此，没有一蹴而就、从一而终的教育艺术，在达至"大成"的过程中，教育者任重而道远。

一、坚守信念，成就精彩

苏联教育家苏霍姆林斯基认为："教师的信念——这是学校里最宝贵的东西。"教师对于职业价值的信念认同是其素质结构的基础。

在现代教学过程中，教学对于教师而言，不只是为学生的成长付出，不只是完成别人交付的任务，而且是教师自己生命价值和自身发展的体现。教师的职业价值特性决定了教师职业是一个需要全身心投入的事业，而不是简单的谋生手段。德国教育家第斯多惠指出，"教育者和教师必须在他自身和自己的使命中找到真正的教育的最强烈的刺激"。这就是说，教师要对自己的职业价值在信念上产生强烈的认同感。正是在这种认同感的催化作用下，教师才能不断地更新自我，超越自我，一步步地走向辉煌的巅峰，充分体现其人生价值。

（一）无限相信自己的潜力

教学改革，首先要转变教学观念，将教学的重心转移到教学生"学会学习"。在知识迅速更新、价值日趋多元的现代社会，教师的角色已经从传递知识转变为激励思考。

教师教学观念的更新同时也包括教师自身学习观念的更新。教师在信息社会需要不断提高自己的教学水平。那种认为一次性完成师范学院学习的观点已不适应现代社会的发展。教师受训的各种条件应该得到深刻的改变，以便基本上使他们成为教育工作者而不是变成传递预先规定课程的专家。在职教师必须通过继续教育（或职后教育）不断提高其学历和知识水平，全面提高自身的素质，才能跟上时代的步伐。

随着新课改工作的进一步深入，学生的自由程度越来越大：自己决定要学习什么，要如何学习，以及在哪里学习。这就对教师提出了新的挑战。教师自身应集中更多的时间和精力去从事那些有效果的和有创造性的活动：互相影响、讨论、激励、了解、鼓舞。稽山中学就有这么一批教师，他们坚守着自己的信念，无限相信自己的潜能，在时代提出的挑战面前积极锐意进取，更新理念，优化知识结构。稽山中学一贯重视教师的观念更新和专业发展，从 2014 年上半年开始，采取分班制形式落实校本研修工作：

（1）开设"稽山中学教育、管理高端研修班"。针对学校管理干部及后备对象开设"稽山中学教育、管理高端研修班"，培养指向为"提升教育境界、拓宽管理视野、掌握管理艺术、增强服务本领"，培养方式以高端培训、观摩取经、名家引领、自主提高为主。该研修班成立以来开展了教育、管理相关的专项培训，包括法律法规培训，并利用双休日时间参加杭州市余杭区名师、名校长培训班，学校也多次邀请教育、管理学方面的专家和教育行政部门的管理人员来校对该班成员进行培训，一支年轻、敬业、专业的学校管理队伍已经开始形成。

稽山中学开展行政干部暑期集中培训

8月13—15日，稽山中学全体中层及以上行政干部赴浙江师范大学进行2014年暑期集中培训。其中8月13日为理论培训，8月14、15日为实践培训。

学校管理工作中的法律知识是管理者的薄弱点和易忽视点。13日上午，浙江师范大学宋高初教授的报告"学校管理中的法律问题"给大家起到了很好的普法教育作用。宋高初教授从学校管理立法、学校设施管理和教师管理等方面进行了讲述，结合生活实际，带领教师们观看了相关视频案例，并逐一进行分析讲解。宋教授的讲座让与会的行政干部觉得作为一名教育工作者必须要学习法律知识，具有高度的法律意识，知法学法，规范与约束自己的教学行为，用法去解决教育教学中遇到的问题，提升自己解决问题的能力水平。

再完美的决策，如果不能有效执行，最终只能是美妙的幻想。有力、高效、顺畅的执行力，是学校规划与决策变成现实的关键。13日下午，浙江师范大学经济与管理学院院长郑文哲教授做了"赢在执行"的专题讲座。郑教授从执行力的重要性、执行力的构成和执行力的提升路径三个方面，阐述了通过提升管理者的素质和执行力来提升组织管理的总体水平和整体绩效。郑教授的报告让在座的行政干部体会颇深，对实际工作有很好的借鉴意义，如何把学校的决策贯彻到每个管理者的实际工作中，让每个管理者不折不扣地执行学校的决策，这就是学校的执行力。

14日，稽山中学行政干部一行来到景宁标溪乡预章村重走稽中流亡办学路，重温艰辛办学史。预章村的一砖一瓦、一路一亭都凝聚了预章人对稽中的感情。行政干部们走了村里的稽中路，在稽中亭里小憩，参观了稽中办学旧址——刘家祠堂，听取当时稽中办学的感人故事及取得的骄人成绩，重温了"抗战"时期稽中流亡办学的历史。稽山中学一行还为预章村委会带去了文化书籍，充实了当地村民书屋，并就稽中办学旧址修缮工作与预章村委会进行了探讨。在实践中感受稽中精神，重走稽中流亡办学路，既是稽中卧薪尝胆精神的一次践行，更是一次发扬光大的过程。

15 日，全体学校行政干部参加了 2015 届高三教学研讨会，大会随后分文科组、理科一组、理科二组共三个小组进行讨论。各位行政干部参加了自己所在组分组的讨论，就新一届高三如何应对 2015 年高考、如何高效教学、如何有效管理等问题进行了深入的研讨，并提出了许多可行性建议。

此次培训安排紧凑，内容丰富，既有理论的高度又学以致用，教师们受益匪浅，特别是如何当好行政干部，如何提高行政干部的领导力和执行力，教师们有了新的收获。

促教师成长　强队伍建设
——我校部分中层干部赴浙江大学参加研修培训

为了进一步加强学校管理队伍建设，切实提高教育教学管理水平，我校开展了"稽山中学教学管理高级研修班"，学校领导和中层干部每学期将分批参加名师名校长培养研修班。9 月 14 日，沈建红、沈骏、俞奇弘和孟亚红四位老师赴浙江大学参加了首次研修培训。

培训会上，浙江大学教育学院课程与教学研究所所长、教授、博士生导师盛群力教授和江苏省语文特级教师、全国优秀教师、苏州市首届名校长、苏州市首批教育科研学术带头人高万祥老师分别做了题为"议 21 世纪能力与学习新方式"和"做一个幸福教师——现代教师的九种修养"的讲座。

盛教授的讲座结合了最前沿的教育心理学、教学设计理论，引起了大家对如何在教学过程中掌握学生的认知方式和心理，培养学生的创造力和学习能力方面的思考。高老师从高中语文老师的角度提出现代教师要进行"九种修炼"，表达了他的"幸福的教育人生"策略。

通过首次培训，教师们纷纷表示学到不少的理论知识和优秀经验，以后还会不断学习新的教育理念，反思自身实践，为做一名优秀的教育工作者而努力。

（2）"稽山中学名师培养对象研修班"：针对学校各类名师人选及后备对象开设"稽山中学名师培养对象研修班"，培养指向为"提升教育层次、锤炼教学风格、讲究教学艺术、增强科研本领"，培养方式以专业培训、观摩取经、名师引领、自主提高为主。该研修班通过听课、跨校教研、与名家对话、撰写研修反思报告等方式，使学校名师队伍向年轻化发展。学校还为研修班配备了导师，促进学员的快速发展。

绍兴市稽山中学名师培养对象专项培训方案

为进一步加强稽山中学高层次人才队伍建设，努力造就一支与现代教育事业和经济社会发展相适应、教育教学思想先进、创新能力突出的高层次人才队伍，现决定开展绍兴市稽山中学名师培养工程。

一、培养对象

从稽山中学学科带头人、骨干教师中选拔师德高尚、专业素养较强和发展潜力较大的中青年教师进行重点培养。

二、培养方式

将浙江师范大学教师教育学院作为培养基地，采取"双导师"制，为名师培养对象配备在教育理论、教学研究和教学实践领域中有突出成就的专家教授、特级教师，将其分别作为学术导师和实践导师，并为学员们制订个性化的培养方案，导师定期跟踪指导。

三、培养周期

培养周期为4年，即从2014年10月开始，2018年7月结业。

年度工作重点：

第一年（2004年），完成名师培养工程人选的选拔与评审工作，启动稽山中学名师培养工程，师徒结对，使名师培养工程人选掌握坚实的教育基础理论，进一步更新教育观念，开阔教育视野，拓展教育思维，明确自身专业发展的方向与途径。

第二年（2005年），注重学术体验和学力提升，着力提高名师培养工程人选的问题反思意识和问题研究能力，优化个体专长，形成专业发展的特色优势。

第三年（2006年），进一步提高名师培养工程人选的教育科研能力与水平，探索形成其独立的教育教学思想、独特的教育教学风格或成功的教育教学模式。结合研究论文的撰写，总结推介其专业发展的成果。

第四年（2007年），进一步提高名师培养工程人选可持续的专业发展能力，使名师培养工程人选具有运用现有理论解决教育实践过程中所遇到问题的内在自觉性及提高教育实践水平的责任意识，具有引领基础教育改革发展的成功与典型意义的作为。

四、考核制度

实行任务型达标考核制度：要求名师培养工程人选在培养期内主持完成1项课题研究，在公开发行的学术期刊至少独立发表2篇与个人研究方向或任教学科有关的学术论文。培养期满，要在所在学校进行述职评议，要求评议成绩为优秀。导师负责对学员进行平时考核和中期考核，不合格者将被淘汰。培养期满，不合格者将延期结业或不授予名师称号。

稽山中学"名师培养班"学员赴江苏常州一中学习交流

2015年5月21日，稽山中学名师培养班第二批学员一行15人在赵新鸿副校长的带领下，前往江苏省常州市第一中学进行学习交流。

老师们参观了常州一中的校园，听取了该校的情况介绍。常州市第一中学是一所有着八十多年历史的国家级示范高中，现有学生2000多人，教职工180多人，其中，教授级教师5名，特级教师9名，市名师工作室领衔人4人，市五级梯队人才近百名，已形成一支以名师为龙头、骨干教师为主力、青年教师为梯队的结构合理的教师队伍。学校一贯推行"每一位学生都是整个学校"的核心价值观，把"阳光心态、优秀学业、国际视野、领袖素质、一流口才、明显特长"作为学生的发展目标，发展"三自发展"德育特色，即"自我设计、自我诊断、自我完善"，以学生的高成长性赢得了社会赞誉，本科达线率在常州市名列前茅。

接着，老师们与对应学科的学科带头人进行了交流，并深入课堂听课。大家印象最为深刻的是常州一中的"学案制"教学法。常州一中的老师们用学案进行"导读、导听、导思、导做"，帮助学生掌握教材内容，培养学生自主学习和建构知识，学案中提供适量、难易适中的课后作业，体现了"增效减负"的教学理念。

最后，老师们参观了常州一中的机器人课程基地。科技教育一直是常州一中的特色，早在21世纪初，学校就开始了智能机器人兴趣小组活动。2012年学校开始建设江苏省智能机器人课程基地，设立了机器人体验室、仿生机器人实验室等十多个现代化的实验室。2007年以来学校智能机器人社团在国内外比赛中已获得 2 个世界冠军、9 个全国冠军，近百人次获得省一等奖。常州一中机器人冬令营和夏令营活动已在学校和全市得到推广和普及。现在，学校以课程统整为手段，努力构建培养学生科技素养的"学科课程、校本课程和活动课程"三位一体的特色课程体系。

外出学习交流对提高教师的教育教学能力、提升教师的专业素养有着十分重要的意义。此次常州一中之行，教师们不仅开阔了视野，学到了经验，而且受到了启示，打开了思路。老师们纷纷表示将结合自己学校的实际情况，在教学中不断开拓创新，提升自己的教育教学和课程研究能力。

（3）"稽山中学青年教师专业能力提升班"。针对全体青年教师开设"稽山中学青年教师专业能力提升班"，培养指向为"掌握教学本领、拓宽教育视野、学会管理方法、提高科研能力"，培养方式以专业培训、名师引领、交流实践、自主提高为主。该研修班成员以拜师学艺，专家来校指导、讲座为主，为青年教师的专业发展奠定坚实的基础。

稽山中学 2014 年满师拜师仪式圆满落幕

为促进青年教师的专业成长，提高青年教师的师德、师风、师能、师技，2014 年 9 月 16 日下午，稽山中学在念慈楼一楼会议室举行了隆重的 2014 年新教师满师拜师仪式。学校领导、年段长、结对新老教师、学校三年以下青年教师和部分教师代表参加了本次活动。

首先，教科室蔡红老师宣读了《稽山中学新老教师结对活动制度》，学校领导宣读了 2014 年满师教师和班主任名单，并向满师教师颁发了"满师证"。徒弟向师傅赠送了满师礼物，对师傅毫无保留的言传身教表示感谢。师傅代表王宇老师发言，对新教师的成长表示肯定，并对徒弟提出了进一步的希望和要求。

在拜师仪式上，校领导宣读了新一轮结对的新老教师名单，新结对的师傅和徒弟郑重地签下了"稽山中学新老教师结对协议"，师傅代表袁蓉老师简单叙述了带徒计划并表示愿意与新教师相互帮助，共同进步。新教师代表徐婷婷老师也做了表态发言，希望在师傅和其他老教师的帮助和指导下迅速成长为优秀的中学教师。

"我在研修中成长"
——稽山中学举行"泮池论坛"校本研修活动

2015 年 6 月 1 日，稽山中学在学校图书馆三楼报告厅举行了以"我在研修中成长"为主题的"泮池论坛"校本研修活动，全校老师参加了此次论坛。论坛上，"青年教师专业能力提升班"学员代表金丽奈老师结合自己的学习体会和科研工作经验做了题为"青年教师科研能力的成长"的报告，报告内容如下。

各位领导、亲爱的同事们：

下午好！

很荣幸今天能在稽山中学泮池论坛上发言，对于青年教师培训，我最深刻的体会就是：教师个人科研能力的成长是离不开团队的。

首先，是团队活动唤醒了教师做科研的意识。在一次次的青年教师培训中，我们的教研员戴老师总是会强调一句话：教师不要只会教书，要关心自身的发展，要多看书，多做教科研，多写教学论文。那时，我觉得教育科研很神秘，不是我们普通教师能够研究的，应该是专家来做的。后来，在一次次参与中，我明白了教师日常的教学工作就是教育科研活动的重要组成部分。关键是教师是否以科研的态度对待自己的教学工作，是否有在日常教学工作中不断地学习、探讨、总结和创新的意识。而教改项目就是通过研究改变我们认为不合理、需要改进的教学方面的研究。因此我们在平时就开始留意教学实际中碰到的一些问题，记录我们的感受。

其次，是团队智慧启发了教师做科研的灵感。俗话说，三个臭皮匠，顶个诸葛亮。这正是对我们的教改项目的最好写照，因为本项目的缘起正是在团队智慧的启迪下萌生的。我们备课组的老师在一次调研时，发现英语听力教学存在很大问题，我们教师几乎都不用现行教材中的听力材料。因此整个团队就如何改变这样的听力教学现状进行了讨论。朱老师认为不能完全摒弃现行教材，要对其进行分析，蔡老师觉得可以开发新的听力材料……所以那次教研活动给了我们很多启迪，把平时留意到的问题集中提出，经过集体讨论，问题形成的原因和解决方法清晰呈现。于是我们通过阅读相关书籍打开思路，尝试解决这些问题，试着用相关教学理论把这一串串的珍珠穿起来，最后形成了一条美丽的项链。

再次，是团队合作帮助了教师科研能力的提升。我曾经读到过这样一句话：No one can sail the ocean of life single-handed. 即没有人能独自在人生的海洋中航行。这句话概括了我这几年的经历。用我们英语的虚拟语气表述就是，如果没有这个团队，我本不会有这样的进步。以本次项目为例，小胡、芳芳和我经常一起讨论，她们为这个项目尽心尽力，找资料、编教材、写教案和相关论文。叶老师把平时听力教学中的经验和体会讲给我们听，带给我们灵感。杜老师和任老师及时指正他们认为我写得不对的地方，蔡老师时时关心并和我们讨论项目实施的思路和方向，郑老师解决我们写教学参考的困惑等，本项目还得到了朱老师和王老师的悉心点拨和指导。同时在每次上交报告的时候，戴老师都对我们的报告进行详细的修改。回头看这一年，虽然很辛苦，但我们感到很幸福。每次有困惑、有困难的时候，团队中都有人帮助我们。因此，我认为我们的成长是离不开稽山中学这个大团队的。

最后，是团队培训加速教师专业素养的提升。这几年，学校越来越重视教师的专业成长，多次组织专家和名师来学校讲课。就我个人而言，每次校本培训对我的科研能力的提高都有很大的意义。就像不久前，学校为我们英语组请来了建德严州中学的特级教师、浙江省中小学师德楷模——赖朝晖老师。赖老师为我们作了题为"阅读教学中的语言处理"的专题讲座，他用相关的理论指引，从立足文本、感知探究，整理成块、整体记忆，创设情境、积极运用几个方面，介绍了阅读教学中的语言处理问题。阅读教学一直是我的薄弱环节，于是我认真听取了讲座，吸取了赖老师讲座的精华，并将这些经验之谈在接下来的教学中进行实践。在讲座期间，我还咨询了赖老师如何处理学生写作中词汇搭配不地道的问题，他说要让学生的思维"think outside the box"，要跳出思维的局限，开启创造性思维。我觉得这次培训为我们开启了新的方向。

（二）让课堂焕发生命的活力

教师的知识结构是否合理、优化，固然会对教学水平及效果产生较大影响，但教师的教学能力同样是一种不可忽视的力量。

教师的教学能力包括对知识的处理能力和对教学的监控能力等。教师对知识的处理能力要求教师有很强的表达能力，在教学中主题鲜明，简明扼要，富有条理，生动有趣地把学习知识和经验的方法尽可能有效地教给学生；教师要有对知识的组织处理能力，选择恰当的教学方式，使教学适合于学生的认知发展水平；教师要有很强的接受能力，使其站在科学文化的前沿，避免思想陈旧、知识老化现象的出现；同时，教师还要有熟练的现代教育技术的操作能力，用现代化教学设备直观形象地展示教学内容，有效地融进学科新成果、新信息，扩大学生眼界，激发学生思维，提高学生素质。而教师对教学的监控是指教师为了保证教学的成功，达到预期的教学目标，在教学的全过程中，不断地对教学活动进行积极主动的计划、检查、评价、反馈、控制和调节。可以说，这是教师的反省思维或思维的批判性在其教学活动中的具体体现。这几年，稽山中学一直坚持并行之有效地提高教师课堂效率与活力，具体做法是深度教研，在深度教研中思考，在深度教研中提高。

基于有效提问的高三生物复习课堂效率研究

2013 年 10 月 17 日，生物组陈帮闯老师就"基于有效提问的高三复习课堂效率研究"这一主题在录播教室开设全校公开课，生物组教师从不同角度观察主题内容在课堂中的落实情况；课后，相关教师对各板块内容进行了统计与细致深入的分析。10 月 23 日，生物组全体教师在念慈楼一楼会议室开展专题讨论会。

就此次活动的目标、计划与操作流程，陈帮闯老师就课堂的预设、开展和目标达成情况的介绍与反思，张丽娜、孙姣英、沈奇和姜志平四位老师分别就"提问的指向性和层次性"、"提问的候答情况"、"教师的理答方式"、"教师的提问对象"四个维度观察和分析的结果，给开课教师提出了自己的建议。

一、活动目标

1. 了解课堂研究的方法。尝试运用课堂观察法对教师课堂提问环节进行分析，探究得失，寻求改善提问质量和效率的有效途径。

2. 提高教师的理论研究水平和实践工作能力，从而提高课堂教学效率。

3. 改变传统教研模式，形成教学研究氛围，培养教研相长、合作互助的教研组文化，增强教研组的凝聚力和战斗力。

二、活动计划

1. 准备阶段：确定主题，收集并学习和主题相关的教学理论，寻求理论依据。通过学习，提升教师自身专业素养和理论水平（小组活动、个人自学）。采用行动研究法、调查法、经验总结法、文献法、个案研究法等方法进行。

2. 方案确定：确定研究方案，规划分工。在观课环节，运用课堂观察的方法，对课堂提问情况进行记录分析。落实观察点、人员、方法、工具。

3. 方案实施：包括课前会议、课堂观察、课后会议三个阶段进行（小组活动、公开课展示观察、学生跟踪访谈、课后分析研讨）。

4. 总结整理：汇总材料，整理成文。分析理想与现实的差距，寻求缩短差距、提升效率的途径，提出继续研究的方向和目标。

三、活动流程

确定主题→理论准备→制订计划，落实研究方法→组织实施（课前会议、课堂观察、课后会议）→总结交流（授课教师谈体会，各观察点教师结合实际观察情况分析交流，小结及后续打算）

附1：开课教师说课稿——高三生物复习课《细胞膜》

2013年10月，根据教研组深度教研的安排，我开设了一节高三复习公开课《细胞膜》，下面我主要围绕这节课进行课后反思，内容包括：（一）课前准备及想法；（二）课堂实施与问题；（三）课后反思及方法；（四）学生交流与反馈；（五）课后收获与改进。

（一）课前准备及想法

在准备这节课时，我主要基于以下两个想法：（1）复习方式的改进；（2）学生能力的培养。复习内容为《细胞膜》，这部分内容的特点有两个：（1）非常重要的细胞结构；（2）与已经学过的高中四本生物教材存在密切的联系。传统的复习方式为讲解已经学过的重要知识点，课堂上完成几道练习题。我的想法是带领学生回顾学过的知识，并寻找学过的四本教材中与细胞膜有关的各种知识，挖掘出细胞膜与细胞生命活动方方面面的联系。在知识上构建出关于细胞膜的知识网络，在情感上让学生体会细胞膜在高中生物知识中的地位，认同细胞膜是细胞中非常重要的结构。同时，在学习方法上，我试图教会学生一种复习方法，即联系的方法、知识的迁移；在能力上，让学生面对复杂知识时学会自己分析、总结与归纳。所以，课的主要内容分为两个方面：（1）回顾以往知识；（2）挖掘联系，知识迁移。

（二）课堂实施与问题

课堂第一部分内容，我与学生一起回顾了以往学过的基础知识，这个环节进行得非常顺利，大部分学生能准确说出关于细胞膜的基础知识。课堂第二部分内容，挖掘联系，知识迁移，在这个环节中，有几个问题进展顺利，有几个问题遇到阻力，部分学生跟不上课堂节奏。具体表现在学生针对问题或答不出，或回答没有思路、回答错误，学生得依靠老师的引导才能给出答案。

（三）课后反思及方法

课后进行认真反思：为什么我的学生在这节复习课中会遇到阻力？为什么与自己课前的预想有差距？我想不是学生缺乏相应的知识，因为在课堂中多数学生在教师引导下都知道答案，所以应该是学生没有想到。我觉得可能应该改变一下问题呈现的方式，要为学生提供更多的素材与元素，比如在问题的设置上可以提供更多的元素，如图解、表格与曲线等，学生面对具体的素材与元素时会更容易产生联系。

（四）学生交流与反馈

课后我也随机与几个学生交流了一下，请他们谈谈听这节课的感受。学生主要的感受有：（1）课堂复习方式很新颖；（2）这样复习挺有意思；（3）细胞膜居然跟四本教材有这么密切的联系，开阔了视野；（4）课堂上要想的问题太多了，有时想不到，有时跟不上。我想学生基本上认可这种复习方法，只不过这节课教师给学生提供的素材与元素太少了。

（五）课后收获与改进

综上所述，我觉得这样的复习课比较好，确实能帮助学生建立知识网络。所以，这节课，获得认可的是方式，应该改进的是方法。

附2：观课教师评课稿

一、课堂提问的指向性和层次性

指向性教学是一种必不可少的教学方法，恰当地运用此方法，可以开启学生的心灵，增长学生的智力，诊断学生遇到的学习障碍。

经过分析，得出如下结果：1. 从量上看来，一堂课共有24个问题，平均一分半钟到两分钟就有一个问题。2. 从质上来看，提问的目的都很清楚。陈帮闯老师的这堂课整体设计非常新颖，用细胞膜这个知识点把四本书中有关细胞膜的内容都串联了一起，通过一一提问，让学生一一回忆起和细胞膜相关的知识，综合性非常强，提出的问题指向性也很明确。但是整堂课看下来，却发现了一个问题，就是问题虽然明确，但是学生却不知道如何回答。我个人觉得这个可能跟问题的范围大小有关系，学生不知道该从哪个角度入手，所以不光要考虑目标是否明确，还要考虑问题是否细致,这个问题可以作为一个大问题,然后下面再进行小问题引导,所以如何让学生更加明确问题的指向性,提出的问题如何更能体现层次性,我有以下这些思考:

(1) 提问用语要明确、贴切;

(2) 提问要结合原有知识,明确各个知识点的掌握水平;

(3) 提问要突出重点,范围不要太大,要细化;

(4) 提问要考虑问题的呈现形式。

综上所述,我认为提问的目的是帮学生思考,帮助他们运用已有的知识经验去探索新问题,解决新问题,从而使学生的思维能力得到充分发挥。因此,在教学提问中,教师应充分考虑学生的发展水平,注意提问的目的性、启发性和科学性,讲究提问的艺术,使提问在教学活动中发挥应有的作用。(张丽娜)

二、课堂提问的候答情况

候答是指教师提问后停顿几秒,让学生思考问题和组织答案所经历的时间,其本质是一种教学等待。教师安排候答要注意时间适宜。候答时间一般应控制在10—15秒比较适宜。

本节课中对于大部分问题,教师提供的候答时间都比较适合。本节课共提问20次。教师提问后未做停顿的次数是0次。对于简单的、回忆性问题,候答时间保持在4—10秒(不包括集体回答的低水平问题),共有6个,占30%;对于一些比较简单的加工性问题一般控制在11—15秒,共9个,占45%;需要全面考虑并对各种可能回答的问题进行权衡,一般控制在16—20秒,共4个,占20%。其中,让学生通过书写形式,即画概念图的方式回答的有1个,用了3分钟。实践表明,具体安排候答时间要根据学生的生理、心理特点以及个人的认知风格,增加适时的教学等待是增强提问有效性的重要环节,即在学生回答之前提供思考的时间,发问后等待5—10秒或更长时间,可以使学生反应长度增加,回答的内容增加,回答时间延长,答题正确率提高,增强学生的自信心,创造性思维活动更加活跃,思维结果更为完善。

本节课在学生回答方式上,个人回答的问题数为12个,占60%;集体回答的有5个,占25%;启发式回答有2个,占10%;学生展示回答的有1个,占5%。在观察时间段内,个人回答这种形式比较频繁,教师没有选择让学生讨论后代表回答这种方式。学生回答方式比较单一。使用频率最高的回答方式是个人回答。如在提问"细胞膜与神经递质的释放有什么关系"时最开始选择的两位学生可能学习基础不是很好，或对这方面知识掌握得不够透彻，以至于在教师提示引导之后，仍不能理清思路，组织语言。因此在教学中教师要注意全面了解各个学生的知识基础、能力水平和个别差异，对全班学生的情况做到心中有数。在此基础上针对不同问题和每个学生的实际，合理选择答问对象，安排答问顺序。教师提问要面向全体，一般情况下教师可以先叫中等学生回答，并提醒全班学生尤其是学困生认真听，等中等生回答得差不多了，再让学习好的学生补充回答，对于一些简单的知识性问题，也可以试着叫学困生回答，让他们逐步提高。（孙姣英）

三、教师的理答方式

陈帮闯老师的一堂课用 20 个问题贯串，紧紧围绕与细胞膜有关的知识，构建成一个知识网络。

从教师的理答方式上看，除一个问题因之后被分成很多小问题教师予以解决，学生无须应答外，其余问题均得到了很好的解决。其中有 7 个问题经师生共同分析，由教师代答。有 11 个问题同学的回答都能得到教师的鼓励表扬。20 个问题中有 11 个问题提出后都有教师诱导思考、层层剖析，其中 10 个问题教师在诱导思考时又分解成了若干小问题加以追问，最后得到了发展性答案。

新课标提倡的提问不仅是为了检查学生的记忆理解程度，更是为了激发学生思考学习内容，并将这些内容与以前所学知识联系起来，然后探究这些知识的实际应用，进而构建自己的生物知识结构。换句话说，提问的目的是引导学生自主探究的主要手段，学生通过自己的语言复述，思考其意义和含义，通过这种方式把学习的内容变为自己的知识。提问的出发点是建构一定的知识网络，不是促使学生死记硬背各种信息。因此，新课标下的课堂提问不仅是检测方式，更是一种重要的教学手段。

特别是高三复习课，炒冷饭、满堂灌，教师口沫横飞，学生昏昏欲睡，这样的课堂效果显然是不令人期待的。

从整堂课来看，陈老师没有对一个同学的答案予以简单否定，除一个问题因后面要对其分解无人应答外，其余问题同学要么集体回答，要么个别回答，说明大家在上课过程中都能进行积极思考。从问题设置的角度来看，陈老师设置的 20 个问题有难易区分度，其中较简单的 5 个问题由学生集体回答后由教师代答的形式解决,11 个问题由学生回答,教师再诱导其思考,其中 4 个问题还被分解成若干小问题进行引导最终获得若干发展性答案。从提问的内容来看,整堂课没有出现随口就问的"是"或"不是","对"或"不对"的问题。陈老师会经常问:"这个问题你是怎么想的?""你是怎么得出这个结论的?"从提问范围看较全面,陈老师提问的学生中有好学生、尖子生,也有中等生和学困生,基本上教师做到了对每一位回答问题的学生予以鼓励、表扬,"OK","很好",从没有"不正确"、"你的回答错误"等结论,尽力消除学生心里的紧张、不安,通过引导,最终使学生获得正确的答案,使学生感到"自己在学"而不是"老师要我学"。(沈奇)

四、教师的提问对象

根据教育学与心理学的有关原理,从教师角度看,课堂教学过程中总是希望能够最大限度地获取教学反馈信息,以全面了解学生的学习情况。从学生角度看,中学生心理上都有一种表现欲,课堂上如果给他们表现的机会,并获得一种成功的体验,他们将会以更大的热情投入学习中去。且调查表明,各种层次的学生都具有回答教师提问的愿望和要求。

1. 选择提问对象的面应尽可能宽广

(1) 不仅要提问优等生,也要提问中等生和学习后进生,做到多方面结合,满足不同层次学生的学习和心理需求,充分调动各层次学生思考的积极性,尽量避免仅提问少数几个学生甚至只提问某一个学生。如果提问仅局限在几个学习好的学生身上,未被提问的同学就会产生"事不关己,高高挂起"的心态,不再参与课堂,不再主动探究。这样,既伤害了学生的自尊心,又违背了新课标"面向全体"的宗旨。(实际情况表明,教师非常有心,考虑到了这点,做得非常好,值得学习)

(2) 留意女同学。性别、心理等因素决定了女同学主动回答的情况相对较少,教师提问时要适当照顾。(男多女少,可改进)

(3) 教室面积大,提问对象宜分散,照顾"边、远"区域。在那些被教师遗忘的角落,学生同样有权利获得关注、认同、参与。注意以点带面。(提问同学分布较集中,后排及两边顾及稍不足,可改进)

2. 选择提问对象目的要明确

课堂提问总是在一定目的支配下进行。师生间的问题交流,目前我们的层次仅仅是"接发球"的水平,如何做到把球发给对的人,我们的想法是尽量了解自己的每个学生，对学生的技术、心理、习惯有足够的了解，我们就可以做好"接发球"的事。

（1）若提问是为了复习、巩固旧课内容，应尽可能提问中等程度的学生，因为中等程度学生的水平最能代表一般同学所掌握的水平；如果提问是为了巩固当堂所教（学）的新知识，则可提问学习程度较高的同学，因为他们的正确回答能起到表率作用，有利于其他同学对当堂知识形成正确的理解；如果提问是为了检查教学效果，则要多提问程度较差的学生，因为只要他们理解并掌握所教（学）的知识，其他同学往往也就不成问题了。

（2）所提问的对象应该是对所提出的问题在经过充分思考的基础上能回答或基本能回答的同学，即问题的难易与提问对象的水平应追求"跳一跳，摘到桃"的理想境界。避免学生能力有限而浪费宝贵的课堂教学时间并影响学生后续学习的积极性，挫伤学生自尊心。或因问题过易（学生能力过强）而失去提问所欲达到的预期目的。（提问三位女同学均不能答对问题，经教师反复引导、拆分问题，两位艰难完成，一位无果。）

3. 课堂特点：新、实、闷

高三一轮复习课，教学目标明确（描述可改进，略有不当），符合高三复习要求，教学设计很有新意。教师力图避免传统复习课对知识的简单重复、整理，力求在复习知识的同时，提升学生能力。重视知识的整体性，关注知识间的联系，注重培养学生运用知识解决实际问题的能力。教会学生用思维导图整理知识。整节课跨度大，难度大，内容充实，技术要求高，对学生的要求也高。整体来看，整堂课气氛较沉闷，学生精神压力较大。

存在的问题有以下两点。

（1）问题过大，涉及的知识较多。学生由于知识遗忘，有些问题不能立即回答，教师也没有提供合适的材料和情境帮助学生，仅靠口述，学生无法应对。小问题设置及材料的准备略显不足，课堂推进受阻。（教师有较强的观察力、反应敏捷、技术熟练、应变得当。针对当时情况对问题拆分引导，化解难题。）

（2）教学环境改变、学生期望表现、平行的高难问题持续推出等，导致学生心理紧张。

4. 改进建议

（1）针对重难点内容，为学生提供尽量丰富的学习资料（图片、视频、生活实例、典型例题、实验设备等），创设情境，推动课堂进程，促进学生积极思维。

（2）充分了解学生状况，使我们的教学设计尽量符合学生的实际状况。

（3）提供给学生促进学习的心理氛围（民主、平等、宽松、互动）。
（姜志平）

本次生物组的深度教研活动开展得扎扎实实。组内教师在教研活动中相互讨论、交流，从多个角度对课堂进行了剖析，拓宽了思维的深度。此次教研组的活动有效地激活了各学科的教学研究，营造了互动式的对话氛围，引起了教师个体之间的反思与共鸣，帮助教师实现理念的更新、观念的变革、行为的转变。

（三）做学生心灵成长的守护者

记得一位哲人说过，天空收容每一片云彩，不论其美丑，所以天空广阔无际；大海收容每一朵浪花，不论其清浊，所以大海浩瀚无边。这是对稽山中学教师们最好的写照。这里的教师用真情容纳每一名学生，这里的教师甘愿做学生心灵成长的守护者，让学生健康成长，快乐学习。

首先，我们有信念，让学生学会自信。我们相信每一名学生都是人才，都有极大的潜能，只需要悉心挖掘和培养。美国心理学家、教育学家詹姆斯说过："人最本质的需要是渴望被肯定。"教师们对学生说得最多的话是，你们每一个人都是世界上独一无二的，都是最棒的，只要找准方向，积极进取，我相信你们都会是老师的骄傲，父母的自豪。这种从改变信念和行为开始的学校文化，给了学生充足的信心，守护了学生稚嫩的心灵。

其次，教师还需用心沟通，把工作做到学生柔软的心灵深处。因为任何创伤都可以愈合，唯有心灵的创伤是很难痊愈的。况且，当代学生具有极强的个性和个人主见。所以教师在做学生工作时，要特别注意双向沟通，以心换心。

黄幼文老师班上有一个女孩，总是独来独往，不与人接触，眼神里更是充满了不安与惶恐，似乎永远跟人保持着遥远的距离。有一次，黄老师把她带到了家里，想跟她单独聊聊，可她站在老师面前瑟瑟发抖，像是一只受了惊吓的小鸟。经过黄老师几个小时苦口婆心的劝导，终于，她哭着说："人家都说我是没人要的孤儿，我不想当孤儿。"那一刻，黄老师的心碎了，孩子需要的是心理上的慰藉，连忙把她揽在怀里，对她说："这里就是你的家，我们就是你的亲人。"然而，孩子心灵上的疤痕，岂是几句安慰的话就能抚平的。后来，黄老师给予她更多的关怀，有时叫她到家里来吃饭，有时给她买生活必需品，有时和她一起外出散步……一段时间后，敏感而脆弱、自卑又执拗的孩子逐渐变得阳光起来。

郭正海老师教学的班级中有一位家境比较特殊的学生，家里条件比较差，父亲对她在各方面都不够关心，母亲虽然管她，但缺乏耐心和细心。由于各种原因，该生成绩不理想，作业经常不按时完成，对所学知识又不能很好掌握。刚开始的时候，郭老师留下她补作业，她经常说没带作业本，以各种理由逃避。一段时间后，她的成绩越来越差。有一次，她作业做得不错，郭老师当着全班同学的面表扬了她。通过几天的观察，郭老师发现她的眼光不再那么回避，于是一天放学后郭老师把她单独留了下来，希望和她好好谈谈。郭老师说，现在我们是朋友了，你能告诉老师为什么不能完成作业吗？她胆怯地看了一会儿老师，终于鼓足了勇气，说："为了不让妈妈看到作业本上的错误，妈妈看到我做错题会打我。"郭老师紧接着问："为什么你会做错题呢？""我做不来。""你有没有想过为什么做不来？"学生没有回答。老师告诉她："因为你每天作业不能及时完成，导致知识的堆积，产生了恶性循环。老师知道，其实你很在意父母对你的看法，老师有个方法，你想听吗？"她充满了好奇，点了点头。郭老师说："老师的方法就是每天认真完成作业，不会做的就来问我，我是你的朋友，我来帮助你，一段时间后成绩肯定有所提高，这样爸爸妈妈肯定会很开心的，好吗？"学生刚想点头，突然冒出一句："那我的作业有很多错，妈妈看到还是要打我，我不敢。"郭老师马上接口说："没关系，我们就在学校把作业做完，我帮你改好、讲好，你都正确了再回家，怎么样？"学生点了点头。于是郭老师和学生就这样达成了默契。事后他又找来学生的母亲，和她进行了一番交流，交换了意见，渐渐地，该生在各方面都有了转变。

肖立老师是一位年轻的班主任。他会给学生以成长的空间，让他们有发挥的余地，当学生出现问题时，他会晓之以理。他不仅关心学生的学习，更关心学生的身体和生活，对学生嘘寒问暖，有学生因病不能来上课，他便主动去家里看望，对家庭有困难的学生，他总是为这些学生送去温暖。正是因为爱的付出，他赢得了学生的信任与爱戴。他认为爱心的温暖和情感交流在教育转化过程中起着无可替代的作用。他班上有一个学生学习很差，经常违反纪律，是个名副其实的双差生，老师多次教育，都收效甚微。有一次，这个学生患了重感冒，几天不能到校上课，肖老师多次去看他，并为他补课。那些日子恰巧肖老师也患了胆结石，接连几天打吊针，但一次也没有影响给这个学生补课。一天晚上，当这名学生发现老师因扎针瘀血而手背发紫时，才知道老师是在带病为他补课，他感动得流下了眼泪，当即向老师发誓要做个好学生。后来，这名同学不仅学习进步很快，而且成为自觉遵守纪律、乐于助人的优等生。

以上这些感人的例子在稽山中学的校园中举不胜举，它们就像一颗颗灿烂夺目的珍珠，照亮了孩子们心灵成长之路。

二、修炼气质，增强魅力

《国家中长期教育改革和发展规划纲要（2010—2020 年）》指出，要"努力造就一支师德高尚、业务精湛、结构合理、充满活力的高素质专业化教师队伍"，强调"教师要关爱学生，严谨笃学，淡泊名利，自尊自律，以人格魅力和学识魅力感染学生，做学生健康成长的指导者和引路人"。

所谓魅力，就是对人的吸引力。古往今来，大凡成功的教育家，无不是有魅力的教师。被誉为万世师表的孔子是有魅力的，他的一生大多在游历或流亡中度过，无论在多么困难的情况下，他的身边总是跟着许多学生，有些学生甚至终身陪伴他。即使在他死后，学生们还是在他的墓旁搭起了草房，守丧三年，分别时都痛哭流涕，难舍难分。子贡不忍离去，独自又住了三年。教育改革家魏书生是有魅力的，他曾先后讲过 1000 多节公开课，成为语文教学公开课听众最多的人。他跑遍了全国 31 个省、市、自治区及香港、澳门地区，讲学 1200 多场，还成立了魏书生教育思想研究会。

进入 21 世纪后，新的时代精神要求超越单纯的科技理性对人性和自然的控制与奴役，渴望并呼唤人性的回归。在这种人文传统复归的大气候下，大批有魅力的教师更是如雨后春笋般涌现出来。这些成功的教师启示我们，新课程给教师提供了充分展示魅力的舞台，教师自己必须是个"全人"，才能给学生以人性的课程和"全人"的教育。

（一）教育成功的秘诀在于尊重与赞美学生

清晨，当校园开始慢慢苏醒的时候，泮池畔、校门口、教学楼，大家常常可以看到一个熟悉的身影，她中等身材，衣着得体，举止文雅，当你的目光与她相遇时，她会向你绽放出灿烂的笑容，她就是我们学校的校长——朱雯老师。尽管行政工作繁忙，但朱老师一直坚持着她热爱的课堂教学，坚持着她简单而美丽的教育理想。课堂上，她热情洋溢，用积极的情绪感染、影响着每一位学生；下课后，她常常被学生围住答疑；每天，处理完学校的大小事务后，她会用大量的时间批改作业，她办公桌上除了那一沓沓"红头文件"以外，常常可以看见一堆堆学生作业，随便翻开几本，映入眼帘的是朱老师认真细致的批改和对学生的种种鼓励。学生很喜欢朱老师，她所任教的班级成绩也十分优秀，我们从来没有看到朱老师批评过任何学生。每每跟学生在一起，她的言辞间总也抑制不住对学生的喜欢与爱护，那一份亲切与慈祥可以让人的心变得十分柔和。这种柔和感动着学生，也感染着她身边的教师。有一次，在处理一起学生违纪事件时，一位学生的叛逆与无礼让年轻的班主任十分恼火。班主任在与朱老师聊起这件事情时，朱老师说了一番话，这番话让这位年轻教师终生难忘。她说，任何老师都热爱自己的学生，都希望自己的学生成为栋梁之材，然而有时并不尽如人意，正如世界上没有两片完全相同的树叶那样，学生中总有那么几个懒惰的、调皮的、叛逆的，对待这些孩子，我们一定要把好宽与严的度。宽是我们对孩子们的爱，而严则是孩子们成长、成才的尺度。严不是责骂，而是建立在尊重基础上的行为导向。尊重是师生交流的基础，只有尊重学生的人格，才能走进学生的心里，才能有和谐的师生关系，有了和谐的师生关系，我们的各项工作就好做了。在朱老师的建议下，年轻教师把那位学生约到了学校阅览室，每人一杯咖啡，再一次进行了交流。在听了学生对整件事情的阐述后，老师意识到自己放大了这位学生的错误，这也是学生情绪激动的主要原因。老师就自己的简单粗暴向学生道了歉。学生脸红了，也急忙承认了自己的错误，并表示以后一定不会再犯同类错误。这件事情过去好几年了，那位学生考上了不错的大学，至今一直与老师保持联系。但是，如果当时处理不当，那件事情也许会给师生双方都留下非常不愉快的印象，甚至会对那位学生造成不好的后果。朱老师那番话不仅化干戈为玉帛，同时也向教师传递了她对教育的理解和她一直在执着追求的教育理念，那就是爱与尊重。"教育孩子，用一句话来说，就是发现并滋养孩子身上优秀的种子，就是真正的鼓励、赞美与赏识。"朱老师这样理解教育。

师爱，即对学生的爱，它包含了对全体学生（不分相貌、性别、个性，不分好生、差生）的热爱和尊重、理解和期待。热爱学生是教师的一种职业道德修养，具备这种职业修养的教师，把自己的学生看成是一个个"正在成长的生命"，因而能感受到责任的重大和使命的光荣，相信每个孩子都能成为一个有用的人，善于跟他们交朋友，并认为这是一种乐趣，从而关注孩子们的快乐和悲伤，了解孩子们的心灵，和他们进行平等的对话和沟通，成为孩子们最可信赖的朋友和引路人。

教师对学生的爱不能起于心而止于口，应该让学生体会到教师的爱，教师要善于运用自己的教育智慧让学生真切地感受到这份爱，学会肯定、赞美学生，学生便会自然而然地将这份爱传递出去，从而形成爱的双向交流，在这种"动情效应"中，学生会自愿与教师合作，会情不自禁地向教师袒露自己的思想，倾诉心底的秘密。

另一位受学生欢迎的老师吴璇说，从教三十一年来，我从学会赞美、习惯赞美、乐于赞美的过程中逐渐感受到赞美在教育教学中的无边魔力。抓学生的特长去赞美，学生会感到一种满足，会全面地审视自己，会意识到自己也有所不足，同时，也能接受别人的意见，产生逐渐完善自己的愿望。2002届学生中有一位来自农村的学生，数理化特别出色，但是由于农村中学的英语教学相对比较落后，英语成为他最弱的科目。我把他找来，在肯定他的数理化学习能力的同时，故意"夸大"了他近期英语方面的进步，并且十分肯定地预测，通过努力，他的英语也一定会有长足的进步。之后，我欣喜地发现，我讲课时，他听得很认真，还积极开动脑筋，大胆举手发言。不管他回答得是否完整，我都会面带微笑，耐心地倾听，对满意之处表示赞赏，对有错误的地方及时加以引导。从此，课堂上，时常能看到他开心的笑脸。紧接着他天天中午来问问题，每一次我都会想方设法夸奖他提的问题"有想法"、"涉及语言关键点"、"提得有水平"……慢慢地，赞美的魔力出现了，他的英语成绩从中等偏下提高到了平均水平，之后又一路向前。到高三的时候他的英语成绩已位居班级前列。有一次家长会上，他的妈妈无意间透露，原来他每天一大早起床，在阳台上大声朗读英语。他说，吴老师说他的英语一定会好起来的，他相信老师的眼光！2002 年他以优异的成绩考上了北京邮电大学的计算机专业。尤其值得一提的是，由于出色的专业和英语水平，他通过考试并获得了 CISSP（国际注册信息系统安全专家证书）。到目前为止，全球获得该证书的不到一万人。

而年轻教师孟亚红把她对于师爱的理解付诸笔端：

爱，是一种美丽。罗曼·罗兰说："要播撒阳光到别人心里，先得自己心里有阳光。"

教师心中的阳光就是一颗热爱学生的心，有了爱心才会把学生当成自己的孩子；用爱心面对学生才会多赞扬，多激励，少训斥，不嘲讽；有了爱心才会努力使学生处于自由、民主、开放的氛围之中，陶冶情操，发展智力，提高觉悟，健全人格，从而达到塑造学生灵魂的目的。

高尔基曾经说过，"谁爱孩子，孩子就爱谁。只有爱孩子的人，他才可以教育孩子"。爱是一种品德，一种力量，爱是人类最美的语言。爱是通往教育成功的桥梁，也是一条基本的教育原则。教师对学生的爱，是一把打开学生心灵大门的钥匙，是促使他们健康成长的催化剂。只有关心热爱学生，师生之间才能知心、交心、贴心，学生才能在被爱的同时，去爱自己的老师，爱自己的同学，爱自己的集体，爱自己的学校，爱自己的祖国和人民。

法国教育家卢梭也曾说过，"凡是缺乏师爱的地方，无论品格还是智慧都不能充分自由地发展，只有真心实意地去爱学生，才能够精雕细刻地去塑造他们的灵魂"。

《伊索寓言》中有这样一则故事：风和太阳比赛，看谁能使披着斗篷的游客脱掉斗篷。冷风拼命地吹，想吹走斗篷，游客反而把斗篷裹得更紧了。太阳把温暖的阳光照耀在游客身上，只一会儿工夫，游客就把斗篷脱掉了。

我们老师在教育学生时，也应该像和煦的阳光一样，用和善的方法把问题解决好，而不留下什么不良的结果。如果像严冬一样，用尖刻的方法挖苦、呵斥学生，不但问题不好解决，还可能给班级和这位同学带来许多不良的后果。

担任了几年班主任，我越来越深切地感受到现在的学生是多么活泼可爱。在我的眼中，每个学生都是洋溢着青春活力的鲜活个体。所以我的信条是，学生个个可爱，就看你会爱不会爱！

小Z是一个运动男孩。在篮球场上，他是万众瞩目的领袖人物，但由于学习习惯不良、生活习惯不佳，他在学习、生活中出现了很多问题。

军训期间，他有一次中午迟到，问其原因，他说在家吃饭。其实，在我心急如焚时，已经打电话去他家问过，他母亲说他今天并未回去。这个谎言并不高明。我严肃地对他说老师不喜欢谎话连篇的人，我们到学校学习，不光学习知识，更应学习做人——做一个堂堂正正的人。

还有一次，有同学在周记中写到小Z带手机来学校。经过调查后发现情况属实，我马上找他谈话。他答应再也不带手机。我对他的许诺持保留态度。

有学生反映个别同学在自修课期间扰乱秩序，破坏纪律。我第一个想到的就是他。我多希望我的猜测是错误的。但事实证明，不是我戴有色眼镜看人，而是我了解他。

还有在期中考试第一天，下午的考试已结束一个多小时，我有意到球场上去看有没有同学还在"放松"，不出我所料，几个男生还在场上，其中当然少不了他。第二天，针对此事，我在班上及时进行了教育：不是不让大家放松，但凡事都应有个度。事后，我发现他的考试成绩十分不理想。

情况刻不容缓，我决定找他好好谈一谈。

我先把最近了解到的情况逐一向他本人求证，然后让他自己找原因、谈感受。通过这次谈话，我了解了他撒谎的原因——初中班主任对他们的批评非常严厉，除非他们有一个合理的理由。我也明确对他说，我并不是你的初中老师，而且我认为撒谎比出去玩更糟糕。通过近一个小时的谈话，我发现他并不是无药可救的。重要的是，他自己明确了今后努力的方向：戒游戏、控制打球时间、专心学习。

经过一段时间的观察发现，小Z的一切都有所进步，当然我经常会不失时机地鼓励他，表扬他。尤其让我开心的是在期末考试中，他主动告诉我他的历史成绩提高了19分。

小Y是一个有着特殊身世的女孩。才几个月大的她被亲生父母抛弃了，被路过的养父捡到。养父只是一个体力劳动者。之后养父又经历了再婚，生活一直不如意，就在小Y读初中前，养父去世了。养父把她托付给了另组家庭的养母，养母毅然承担起了这个重担。养母的家境也不富裕，但在这个家庭中，小Y感受到了前所未有的温暖。父母疼爱她，从不让她做任何家务；哥哥宠着她，把房间让给了她；为了让没有户口的她读上高中，全家人想尽各种办法，在社会各界的帮助下，终于让她进入了稽山中学……但小Y内心还是有着小小的忧伤，她用沉默包裹着自己那颗柔弱的心。

通过家访，我了解到她的境况，看着一家四口挤在一室一厅的房子里，心里真的很不是滋味。我心里想着一定要帮她争取到贫困资助。

开学后，在我的关注、开导下，小Y的脸上开始有了更多的笑容，让我高兴的是学校要举办十佳歌手比赛，小Y竟然踊跃报名参加。更令人高兴的是，经过第一学期的适应，小Y成绩也明显进步了。

对于其他学生，我会用其他方式关注他们：当他们生日时，送上一张手制的贺卡；下雨时，班中常备一次性雨衣或雨伞；学生生病或不舒服时，第一时间送上热水与药片……

爱一个学生就是在他的作业本上多写些更正、赞美的笔墨。爱一个学生就是在他犯错误时，宽容地一笑，只要学生意识到错误就够了。爱一个学生就是在他发问时，我们不厌其烦，还要激发出他学习的兴趣和提问的勇气来。爱一个学生就是不嫌弃他是否后进，而是发现他身上的闪光点，并能帮助他不断进步。爱一个学生就要善于从他的目光里看出他在想什么，他在渴望什么，我们什么时候为他们播下希望的种子。爱一个学生就是经常用变化的眼光看他，发现他的潜力所在。爱一个学生就要让他愉快，当他郁闷时让他开心，当他愁苦时让他快乐……

魏书生说："心灵的大门不容易叩开，可是一旦叩开了，走入学生心灵世界去，就会发现那是一个广阔而又迷人的新天地，许多百思不得其解的教育难题，都会在那里找到答案。"

教师从事的是传播人类文明的职业。一位良师，不仅要懂得科学的教育方法和管理艺术，还要有一颗爱心。而教师的爱心是教育成功的桥梁和保证。《学记》中说的"亲其师，信其道"就是强调情感在教育成功中的重要作用。有了教师无私的爱，师生之间才能思想相通，情感交融。

一位哲人说过："只有真实的赞美才最能打动人的心灵"。请不要吝啬赞美，因为赞美是春风，它使人温暖并心存感激；请不要小看赞美，因为赞美是火种，可以点燃心中的憧憬与希望。作为一名教师，如能时时以饱满的精神、欣赏的眼光、鼓励的话语对待学生，必能起到"随风潜入夜，润物细无声"的作用。我们的老师应该在工作中及时有效地发挥赞美的作用。

（二）人格，才是最高的学府

人格是一个人心态、品格、个性、气质和行为方式的基本特征。教师的人格会通过各种方式、各种途径渗透、融合到教学活动中去，制约着教育的格调、质量和品位。在教师高尚人格的指引下，学生的人格甚至人生都会受到影响。2014 届毕业生鲁晶玲同学在给母校校刊的投稿中这样写道：

杭州的夏季，大雨滂沱多过烈日当空。穿着正装撑着伞去参加答辩，明明是部长选举评审团的问题却总是剑走偏锋、出人意料——

你为什么选择教师这个职业？

编制，稳定，家长希望……不，是因为想要，想要成为能给予他人光芒的人。就像曾经切身感受过的温暖一样。

高二上学期我过得颇为抑郁，内部因素和外部因素，无法被理解，总是被误会。机智的副作用是太敏感，自知之明的副作用是感觉做什么都是错的，还不如不做。整个人变得非常消极，上什么课都昏昏沉沉，偶尔抬起头也是目光呆滞、面无表情。

某个冬天的晚自习，我趴在桌子上睡觉，被突然来教室检查的值周老师抓了个正着。在走廊上他生气地对我说，全班就只有你一个人在睡觉。

言外之意，我是全班最不认真的人。彼时我已具备了超凡脱俗的心态，别的不管，就是要过想要的生活。于是一切照旧，甚至在各类考试期间广交笔友，前后寄出二十多封信。结果考完电磁感应那张单元卷我傻眼了，单项、多项选择全军覆没，物理老师报出的全班最低分等于我手里的这张试卷分。我所谓的"不错"，不过是错觉。

我没有哭，只是巨大的失落感就在报出最低分的那一刻扑面而来，我的狼狈无所遁形。

我很失败。

我不愿承认，没有人愿意承认自己是个失败者，但的的确确，我很失败。物理，就是这一门课，赵老师从高一下学期开始教我们，每一次小到自我检测大到市统考，赵老师都会把班级最低分、平均分、前十名的名字加分数写在一张 A4 纸上贴在教室后面的公告栏处。

我看到我的名字从前十的光荣席位变成最低分的提供者，几乎只发生在短短三个月内而已。我想，赵老师一定放弃我了。

晚自习前整理桌面，又翻到那张最低分的电磁感应单元卷，我把它揉成一团扔进抽屉，打开物理书目光呆滞、心猿意马。那天，赵老师管晚自习，第一节自习课开始没多久突然就把我叫了出去。我很忐忑又隐隐夹杂着开心。

赵老师，您可千万别放弃我。千万别。

站在走廊上，伸手便可感受到大雨滂沱。赵老师问我最近学习怎么都不在状态，是有什么烦心事吗？

我觉得我的思维走入了歧途，却偏偏又没有觉得自己错得离谱。我清楚地知道自己的问题在哪里，却不能坚定地解决我的问题。我没有足够的决心和毅力是我最大的缺陷。而且我的生活过得乏善可陈，连一件值得我特别骄傲的事情都没有。但我并没有对赵老师坦诚相待，只是回答了一句我这个模块学不好，我也没办法。这样近乎自我放弃的回答。

赵老师说，哪里不懂，你就尽管来问我，不要觉得有负担。不要丧气，没有什么人能永远成功，同样也没有什么人会永远失败。只要竭尽全力，一定可以收获你想要的结果。我相信你的能力，你也要相信自己。

……

这次的夜谈，是冥冥之中的一个契机。

谢谢，赵老师，谢谢您没有放弃我，谢谢您在我自怨自艾时拉我一把，把我拉到光明边缘。剩下的路，我会自己认真走。

我掏出抽屉里那一团试卷，心甘情愿、心平气和地把褶皱尽量抹平，认认真真看了一遍书，又看了一遍试卷。看完最后一道题，已是晚上九点半。那是我第一次在整整三个小时里，全身心地投入物理。

回寝室的时候会路过念慈楼，四楼您的办公室还亮着灯，当时我的感觉就像是夜行的孤独船长，撑着小小的船只漫无目的地在海上漂行，看到那发着微弱光芒却又温暖人心的灯塔。于是寒冷也不怕了，风雨也不怕了，孤独前行也不怕了。

时隔一年再回想起漫天漆黑中独独开着灯发着光的办公室，心中依然温暖如初。

我开始频频出入念慈楼。许多个盛夏的午后，我都是怀揣着歉意敲响您办公室的门。您的午觉常常被我打扰，又无比耐心地回答着我的问题，从不发火，从不抱怨，从不叹气。当时年少的我总自以为是，心想为人师者教授学生答疑解惑是理所应当，直到现在我选择了教师这个职业，才感受到您的耐心。

物理不像语文、英语，靠着一点基础和背诵就可以考出一个不错的分数。它是一环套着一环，没有捷径可走。与此同时我也意识到，原来进步是那样艰难。之前那样好的自我感觉总被最终的成绩和排名击碎。不过，一个人下定决心实现愿望，总是有办法实现的，我很庆幸我在高中就明白了这个道理。有许多忙都是忙给别人看的，甚至后来大家觉得兵荒马乱的高三，我也觉得一切都是有条不紊。

一模成绩出来时，物理不再是我的软肋，您说非常好，继续努力，加油。

高考期间成夜失眠，您和飞雁每天同我一起在食堂吃早餐。老师在旁边相陪，心安。

……

看到杭州师范大学的录取通知书时，我庆幸地告诉自己，还好，还好没有辜负。选择教师这个行业，也是受了您的影响。赵老师，就是我心中那一座发着光的灯塔。因为您，借着您的光，我开垦出自己身上未曾见过的世界。

时至今日，我只能用这种方式，不痛不痒地记录。

但是，我是幸运的。

我的心，此刻，温暖而感恩。

至此，文尽，情留。

教师的人格魅力也表现为从善如流，勇于改过。一个真正有魅力的教师总是能"见贤思齐焉，见不贤而内自省也"（《论语·里仁》），把周围的人作为一面镜子，善于肯定并学习别人的长处，善于反思并不断改进自己的不足，能够虚心听取别人的批评意见，闻过则喜。人的一生不可能不犯错误，关键是如何对待自己的错误。休谟在其著作《人性论》中指出："一个没有犯任何错误的人，除了他的理解正确以外，不能要求得到任何其他的赞美；而一个改正了自己错误的人，则既表示他的理解正确，又表示他的胸襟光明磊落。"我们当教师的在教育教学活动中也难免会犯错误，真正有人格魅力的教师不会文过饰非，他会向学生诚恳地承认错误，并努力改正。教师敢于直面自己的过错不仅不会损害自己的师表形象，还会更加张扬教师的人格魅力，达到"君子之过也，如日月之食焉。过也，人皆见之；更也，人皆仰之"（《论语·子张》）的效果。

（三）美是一种心灵的体操

马卡连柯在《论共产主义教育》中说："外表在一个人的生活中有很大的意义。很难想象一个肮脏的、马马虎虎的人，他竟能注意自己的行为。"在教育教学活动中，教师优美的外部形象会对学生的心灵产生润物细无声的影响，使培养出来的学生也变得谦逊敦厚、温文尔雅。因为，"美是一种心灵的体操——它使我们的精神正直、心地纯洁、情感和信念端正（苏霍姆林斯基语）"。教师的形象魅力主要表现为和谐自然、富有职业美和现代美。一般说来，教师和谐自然的职业美和现代美是从仪表美、教态美、语言美等多方面体现出来的。稽山中学"最美教师"叶兰这样阐释她对她所钟爱的事业的理解：

离开师范院校的大门，背着鼓鼓的行囊迈进稽中的校门，开始了自己的教书生涯，一切似乎还在昨天，可转眼间二十年已经过去，自己也已经从一开始站在讲台上声音颤抖的新教师俨然成为一名老教师。岁月如梭，自己的青春在稽中校园度过，自己的成长与稽中同行。初进稽中，感觉学校略显陈旧，木结构的青教楼似乎已经经历了岁月的沧桑，感觉像一个垂暮的老人；面积不大的操场一到下雨天总显得泥泞，教学楼感觉不太高大，没有现代城市学校的味道，古朴的大城门和戟门给人庄严的感觉，西校门区域的一些平房让人觉得冷清和安静。岁月改变着昔日的稽中，破旧的青教楼没有留下任何痕迹，取而代之的是学生的停车棚，曾经泥泞的操场也不复存在。冷清安静的校园西区已建起了宽敞的食堂和四季如画的幼翁苑，闲暇时刻漫步其中或登上稽阁，有一种非常轻松惬意的感觉。旧式的教学楼早已被四层的新教学楼所替代。在稽中有长辈般亲切的老教师，有朋友般熟悉的同事，有虚心好学的年轻教师，他们都在自己的工作岗位上踏实工作、默默耕耘，他们是稽中学子成长的导师，是稽中发展的见证人，爱岗敬业、乐于奉献是他们的优秀品质，他们用自己的辛勤劳动谱写着学校的新篇章。很喜欢听稽中的校歌，"稽山锦绣，镜湖汇流，学宫更添新猷……"每次听到这首歌内心都很激动，一届又一届的稽中学子就是唱着自己的校歌开始了稽中学习的历程，他们牢记"卧薪尝胆"的校训，

他们传承 "励志、鸿学、翔宇" 的稽中校风，昔日的稽中学子有的在自己的工作岗位上大显身手，有的正在大学的校园里深造；今日的稽中学子在美丽优雅的校园里徜徉。有人说，教师的职业就是一种良心的职业。是的，只有真正做教师的人才能体会到，教师的工作不能用简单的时间和量来衡量。教师这个职业的特殊性决定了我们 "日出而作，日落而息" 的生活规律，但是既然已经选择了三尺讲台，我们就应该增强教师的使命感与责任感，做到心中有学生，兢兢业业，尽心尽力。我们既然选择了教师这一职业，就要充分认识教师这个职业的辛苦，既要不怕困难，不怕挫折，也不要吝惜自己的情感，要用爱和耐心，给学生以阳光，给学生以希望。曾在一本杂志上读到过一篇文章，题为 "师'心'新说"，里面讲到教师应该拥有四颗 "心"：一颗善心、一颗佛心、一颗诚心、一颗平常心，文章中有几句话让我感触颇深： "好教师要有一颗如水的善心，能平和地待人处事，平等地对待学生。淡泊宁静是和谐而积极的心态，与其牢骚满腹、忧忧戚戚，不如踏踏实实在三尺讲台上尽我所能，在教育这条崎岖不平的山道上不一定要披荆斩棘，但一定要始终保持一种从容大度的心态，不对学生失望、不冷漠、不悲观。只有这样，我们的教育才会少一份灰色的遗憾，多一份彩色的希望；少一份无聊的唠叨，多一份美丽的收获；少一份意外的摧残，多一份有心的栽培。" 作为一名稽中的教师，我与稽中同行，我将以自己的实际行动尽到教书育人的责任。

我们都知道 "相由心生" 的道理，淡泊宁静、从容大度，心境练就了教师的气质、态度和语言，所以我们相信，美是一种心灵的体操。稽山中学是个美丽的校园，这里活跃的是一群美丽的、充满魅力的教师。

王宇老师今年有五十多岁，在教育岗位上已经默默地耕耘了三十多个春秋。他在工作中潜心钻研，对学生有爱心，又耐心，把学生当作自己的孩子。由于师德高尚，工作业绩突出，他先后多次被评为优秀教师、学生满意教师、家长满意班级班主任等。面对荣誉，王老师从不炫耀，他仍一如既往地默默工作在第一线。作为教师，王老师严于律己，为人师表。他认为教育学生不是多上几节思想品德课，让学生背诵日常行为规范就可以了。作为教师，我们要在日常教学中发挥模范、表率作用，注意自己的行为举止、言谈风貌，教师的一言一行都对学生起着潜移默化的作用。

2014届毕业生娄潇潇在写给教师的信中说： "最难舍三年相伴的老师们。王老师的和蔼睿智，彭老师的谦逊严谨，还有朱老师的热情洋溢，他们，都是我们苦涩学海中的一个个灯塔，指引我们前进。难忘四月考前班主任袁丽老师的那句'老师相信你'，也难忘坐在毛老师身旁听她细致地为我分析作文的情景，更难忘那一天中午和袁老师静静谈心的珍贵记忆。这一些情意，都将珍藏在我心里。"

2015 届高三（3）班毕业生评价班主任时说："她不美丽，却教会我们如何用眼睛去发现美丽，这是她的最美之处；她很平凡，平凡到第一眼见她时错把她当成同班的新同学，而她自己也说：'十年教学，一介孩童，心满理想和童真。'一颗年轻的心，伴随一帮年轻的孩子们。她周围的世界，空气里都弥漫着笑容的香气，课堂上轻松诙谐的语气让我们不自觉地融入她的世界，去探索文字的奥妙、深邃的思想。感谢生命中有这样的一个人。37℃的体温，刚好浸润一颗心灵。"

2014 届毕业生莫言评价自己的语文老师袁蓉："悲悯心是这个世界上最最高贵的情感。她有着江南女子特有的温婉，如水，将我包围在一个又一个旖旎的文学世界里；她有着慈母般特有的温暖，如阳，将我笼罩在一座又一座知识的花园里。从她含笑的眼神里，我能望见她那颗细腻的心脏和那一抹动人的悲悯之情。"而学生所说的"悲悯"，正是稽中人特有的怀柔的情怀，对生命对周围一切事物的感恩、尊重、善待、理解、宽容……但怀柔不失诚朴勤奋、怀柔不失刚毅坚守。

高三（3）班陈锴琦同学在写给语文老师蔡朝阳的信中说："我仍清楚地记得六月的某一天，我们在黑板上画满了蛋糕与蜡烛，还有许多温暖的文字，给蔡老师过生日。那句'此情可待成追忆，我与朝阳共惘然'，依然浮现在脑海。许许多多欢乐的画面，或许在分班之后戛然而止，但是时间总是一直向前的，记忆留在心灵深处，而未来会有更多精彩等待着我们。必须在发现我们终将一无所有前，至少可以说，我们曾经师生一场，在独特的语文课堂上，我们构成了彼此的生命。"

……

总之，教师面对的是一个个正在成长着的生命个体，教育需要心灵的沟通，需要情感的交流，需要智慧的火花。因此，教师的师爱和人格、学识和气质是教育的载体和风帆，教育的成败在很大程度上取决于教师身上的课程资源是否丰富，是否有魅力。教师以其独特的魅力支撑着教育这座千秋大厦。

第九章

校长的领导力①

---

① 本章以第一人称的形式讲述校长的心路成长历程，便于读者了解学校的理念和做法。

一、爱，是一秒钟的事情

"有时候，爱就是一秒钟的事情，就像我，一秒钟爱上了这里……"

2012级高二（3）班朱丽玲同学写的那首《稽中爱》，述说着她内心对稽中温柔的眷恋和深深的爱，也一直触动着我的心弦。其实，我何尝不是一秒就爱上了这里呢？我就是一个深爱稽中的老稽中人。感谢命运的特别安排，在这千年府学，我和一拨拨学生结下了弥足珍贵的、足以滋润一生的缘分，品尝到了别的职业无法体味和想象的那份浓情，拥有了稽中赐予我的宝贵财富。春天，学校围墙上的蔷薇花怒放，闻着花香，每天清晨踏进我走了30多年的校园，心中总会涌动起那浓浓得化不开的情，思绪就会飘到那激情燃烧的每一个日子……

我心中的那盏明灯

20世纪80年代，我遇见了慈母般的师傅谢老师。当时，我头上扎着两个小辫，稚气未脱。谢老师，这位全国优秀儿童工作者，她用微笑、热情、真情感染着学生，激发着学生的自信和信念，点燃着学生心中的梦想和希望；她的一生，一直都在用课堂诠释着教师要全方位地呵护学生，关爱学生生命的发展，用赞赏的眼光去看待每一个孩子，给他们一个微笑，给他们一个肯定，给他们一份希望，努力为学生一辈子生命的质量打下良好的基础。每个晨曦中、夕阳下，谢老师与学生促膝谈心，呵护关爱的背影是昔日稽中校园一道温暖的风景。"没有教不好的学生"、"没有爱就没有教育"、"我爱我的学生，学生们也爱我"……她的那些箴言常常在我耳畔响起。是啊，她把每一个学生当作自己的孩子，她是学生心目中最依恋、最信赖的好妈妈。

记得当时谢老师带了一个班级，我担任了这个班级的英语教学工作。班里有个男生叫晓晓，他上课捣蛋，下课闯祸，作业不做，考试成绩个位数。当时20岁的我被这13岁的小男生气哭过好几次。望着掉眼泪的我，谢老师拉着我的手，温柔地说："别哭了，你也还是一个孩子啊！放学后，陪我去一个地方，好吗？"冬夜来得特别早，我和谢老师在昏黄的路灯下匆匆行走，走到一排平房前面，我突然发现远处屋檐下有一个瘦小的身影在冷风中颤抖着。"晓晓。"我惊讶地叫了起来。"我钥匙丢了。"声音小小的、细细的，白天的牛魔王，此刻显得如此软弱可怜。屋内一片漆黑，房门落着锁。此时我才知道，晓晓从小没有感受到母爱，跟着整天整夜打工的父亲，在绍兴没有任何亲戚。可怜的孩子，为了生计奔波的父亲不知何时会回家。此刻，从小生活在温暖窝里的我，心中感到阵阵刺痛，我突然明白了谢老师把我带来这里的目的。

摸着孩子的头，谢老师说："别怕，孩子，我们回家吃饭去！"暖暖的灯光下，吃着热乎乎的饭菜，晓晓露出了纯真的微笑，我也宽慰地笑了。晚饭后，谢老师和我一起帮助他补习功课，完成作业。那个晚上，过得真的很特别，很有意义，顽劣的孩子眼中那一抹恬静与依恋，从此深深地烙在了我的心上。从那以后的日子里，我总是特别关注晓晓；每逢周末和节假日，我总会和谢老师走进他的家，帮助他料理生活，给他补习功课。

多年以后，一个秋叶飞舞的午后，晓晓回到了母校。阳光照得办公室里暖暖的，他站在我面前久久凝视着我，突然，他激动得紧紧地拥抱住了我。是啊，这是多么难忘的一刻啊！我仰望着天空，想着此时已远在天国的谢老师，她心中肯定也涌动着无比幸福的暖流吧！我的眼睛湿润了……

三十多年过去了，晓晓那晚的眼光成了我心中的一盏明灯，让我懂得爱是唤起孩子心中的希望，打开他生活热情的钥匙，而老师就是最美丽的开锁人，而这也是所有稽中教师所信奉与坚守的教育原则。每天清晨走在校园里，听着孩子们微笑地问候"老师好"，看着孩子们在教室里安静专注的神情，晚自修结束走上宿舍的楼梯，听着走廊上顽皮的大男孩大声的呼喊，迎接着女孩们奔过来暖暖的拥抱，看着孩子们脸上的阳光和欢笑，享受着学生们眼中的清纯和渴望，体味着心灵碰撞的奇妙和愉悦，心中柔软而温暖。三尺讲台，心之归属。每天走进教室，快乐在心中。多年的相伴，我与孩子们结下了纯情厚谊，孩子们渴望的心情、敏捷的思维、优异的成绩，让我欣慰和骄傲。

面对激烈的教育教学竞争，我与所有的老师一样，品尝到了挑战裹挟而来的困难和压力，体味了压力赐予的拼搏的滋味，感悟了人的生命力和生命的价值。除此之外，感受更多的是与老师们一起为了一个共同的目标并肩作战、患难与共的那种心与心沟通的温馨。下课后，走进年段办公室，与老师们交流着教学的困惑和思考，喜悦着学生的进步与成绩，聊着生活的平淡和雅趣，释放工作的压力与苦闷，这是美好、快乐的时光。我希望自己既是教的实践者，又是教的思考者，我提倡"性情中的英语课堂"，用自己的真性情为孩子们营造和共享英语带来的快乐和幸福。

　　课堂教学对师生来说是一个非常特殊的生命历程，我用心地在课堂上全方位呵护着孩子，关爱着、欣赏着孩子生命的成长和发展。欣慰和幸福的是府学校园的孩子们是那么信任我，把我当成一个可以倾诉心里话的，可以信赖的妈妈和朋友。当他们迷茫消沉失去信心时，他们会给我 QQ 留言、打电话，有时会跑到我的办公室，和我诉说生活的烦恼或学习的压力。当听到学生低沉的声音又变成欢快的，充满了对未来的信心时，我的心好温暖，我一次次体悟着作为校长、作为教师的神圣和伟大，体味着这份职业给予我的温暖和幸福。

不平凡的平凡

　　我们的校园很美，我们的蔡朝阳老师把这种美比作"杏花春雨江南"，这是一幅多么美、多么诗意的画面。风景优美，兼有人情人性之美。柔美校园的核心，在于一个爱字、春风化雨。"学生就是我的孩子"、"让校园里的孩子因我们而阳光，而幸福"，这些富有哲理的感人话语，都是我们学校老师对爱的教育的独特理解。教育的人性，体现着人类诸多关系中最为特殊，也最为别致的一种关系——师生关系的和谐与亲近，校园里时时处处洋溢着人文的情怀。工作日的中午，我常常去各个办公室里和老师们聊天，总能收获许多满满的感动。

　　家长会前的一个晚上，王老师家里的电话响了，是班里一位学习成绩一向十分优秀的同学打来的。在最近的几次高三月考中，这位同学的成绩总是起起落落，于是他迷茫消沉，似乎失去了信心，情绪十分低落，家长看在眼里，却是干着急也没有法子。这个电话打了 3 个多小时，在无话不说的交谈气氛中，老师耐心细致地为同学分析，甚至用自己早年受过的挫折，来唤起学生的自信。渐渐的，学生低沉的声音变成了欢快的声音，他又充满了对学习的热爱，对未来的信心。几天后的家长会，这位同学的家长找到了王老师，他没有别的话说，只是一再表达感谢。王老师也只是笑而不语，因为他觉得，这是一个老师应该做的分内事。

　　一个周六的晚上，一个女孩哭着给语文老师李老师打来了电话，她说与家人吵了架，跑了出来。每次上课，老师那暖暖的微笑、亲切的眼神，都让她渴望自己能够拥有这样一位妈妈。她好想好想与李老师谈谈，她感到生活没有意思，活得很累。这时已是八点多了，李老师问清了女孩所在的位置，把女孩接回了家，与女孩促膝谈心，聊了很久，从海伦的坚强谈到人生的意义，谈着谈着，女孩忧郁的脸渐渐变得欢快起来，她说："李老师,我能叫您声妈妈吗?"李老师愉快地笑了,说:"当然可以,你就是我的女儿,但是我希望你是一个坚强而快乐的女孩,希望就在自己的脚下,未来要靠自己创造。"此后,李老师多了一个女儿,也多了一份关爱的幸福。

晚上十点左右,正在巡视女生宿舍的我,突然接到生活指导老师的电话,说一位同学感冒发热,要送去医院就诊,因为他要管理其他住校生,就给班主任陈老师打了电话。陈老师一听到情况,迅速从家里赶了过来,到医院陪学生看病,一直忙到将近12点。第二天清晨,他又早早来到学校。望着陈老师疲惫的身影,我不禁想,其实稽中的"最美"已经在我的脑海中定格了——难忘中午的办公室、教室里,同学们围着老师,解惑疑难;难忘有这样的老师们,他们长期默默地为困难学生充饭卡、买衣物、捐善款;难忘有这样的老师,18年坚持与学生共写一本"交心日记";难忘有这样的老师,无数次把学生带回自己的家,用母亲般的温情爱护学生;难忘有这样的保安叔叔们,为了让寒假里第一天上课的高三师生能够安全通行,带领着高一(13)班的值班同学,在寒冷的天气里整整一个多小时用铁锹把学校大门口的结冰全部清除……

这些工作看起来很平凡,但这种平凡一旦成为习惯,那就是不平凡。那么,到底是什么在支撑着稽中人坚持这平凡中的不平凡呢?那是一种精神,是一种信仰。我们相信,一棵树摇动另一棵树,一朵云追逐另一朵云,一个灵魂唤醒另一个灵魂。教育是人与人之间生命的交流。作为教育者,我们能做的就是用我们的人格去感染学生,影响学生,把爱的种子播撒到学生心田;而学生的眼里、心里也有着老师最美、最暖的一角。

我的办公桌上放着2014届高三的毕业纪念册,一张张精彩的照片,一串串动人的记忆,让我感动。三年,有多少值得记录、值得珍藏、值得回味的人和事啊!读着高三许多同学写的"我心中难忘的瞬间"、"我心中最美的老师"的推荐词,我被其中许多案例、许多细节所感动。比如高三(5)班的莫言同学是这样描绘她的语文老师袁蓉的,她说:"悲悯心是这个世界上最最高贵的情感。她有着江南女子特有的温婉,如水,将我包围在一个又一个旖旎的文学世界里;她有着慈母般特有的温暖,如阳光,将我笼罩在一座又一座知识的花园里。从她含笑的眼神里,我能望见她那颗细腻的心和那一抹动人的悲悯之情。"又如高三(4)班娄潇潇同学这样写道:"最难舍三年相伴的老师们。王老师的和蔼睿智,彭老师的谦逊严谨，还有朱老师的热情洋溢，他们，都是我们苦涩学海中的一个个灯塔，指引我们前进。难忘四月考前班主任袁丽老师的那句'老师相信你'，也难忘坐在毛老师身旁听她细致地为我分析作文的情景，更难忘那一天中午和袁老师静静谈心的珍贵记忆。这一些情意，都将珍藏在我心里。"

一杯可乐的故事

爱，是一种关怀，是一种理解，更是一种传递。正是因为有爱，孩子们很自然地学会了传递爱。有一个学生曾经告诉我一个故事，我把它称为"一杯可乐的故事"。故事的主人公说："那是一次大考之后，我对那次的考试感觉糟糕极了。我一个人闷闷不乐地吃着饭，周围的事物似乎与我无关，我只是坐在那想着，上帝大概十分厌弃我吧，不然何以频繁'慷慨'地将打击赠予我？孰料就在这时上帝跟我开了个玩笑，我看到一杯可乐突然出现，然后经由一只手慢慢推至我的面前。'嗯？'我惊讶地抬起头，很显然，眼前这个正准备在我对面坐下的哥们我并不认识。他似乎也察觉到了，尴尬地笑笑，说：'啊，不好意思，认错人了。不过既然有缘，这杯可乐你就喝了吧！'然后他起身，找到了他的伙伴，坐下，又朝我友好地挥了挥手。我报以微笑，挥手回应。虽然隔了十来米，但我相信他知道我在笑。然后……他的面孔隐没在校园两千多张面孔之中，我再也难以辨认得出。但那以后，我看校园中的每一个人，似乎都带着他那样阳光友善的面孔。我也终于带着乐观积极的态度，交到了许多好朋友。我要感谢那个男孩以及他的可乐，他让我明白，即使是再黑暗的日子，依旧会有明亮的灯光。每一天的生活，都应当有可以为乐的事。"

这才是可乐真正的含义。这种"可乐故事"在我们府学校园里不胜枚举。今天的稽中，无论何时走进校园，大家都能感受到其特有的扑面而来的爱的气息：干净、整洁、优雅的校园环境，自修课的安静与窗外的鸟鸣的和谐的对立，朴素、得体的穿着打扮，一声声彬彬有礼的"老师好、同学好"的问候，宿舍内准军事化的内务整理……

在校园里，还能看到这样一种有趣的"两代同堂"景象：同一棵回青橙的树枝上，有去年就挂在枝头的黄澄澄的橙子，也有今年刚结出的碧绿小果，一黄一绿，相映成趣，构成了一道美丽的校园风景。如果你走进幼翁苑，有时还会发现园子里的枇杷树、桃树上，有一粒粒果核挂在枝头，那是小鸟的杰作，是一种人与自然的和谐，是稽中人爱自然、爱校园的传承与表现。我们有这样一位同学，他经常在总务处门口贴便条，温馨地告诉老师哪里的水管出了问题，哪里的门需要维修，时刻默默地关心着学校；有这样一些同学，在寒假里担当起了护校职责，在宁静雅致的校园里筑起了一道美丽的风景；还有很多同学在寒假里进行了以青春圆梦、关爱空巢老人、关爱留守儿童、宣传禁毒防艾、环境保护、清洁保洁等为主题的志愿活动，活动开展得有声有色，得到了社会和媒体的好评。

夜渐渐深了，走在幽静的校园里，踏着厚厚的青石板，闻着雨夜特有的馨香，我沉醉了——付出爱的过程是甜美的，付出爱的道路是艰辛的，但稽中，因爱而美丽……

附1：选择、责任、担当——2015年3月在开学典礼上的讲话

老师们、同学们：

春天是行走的季节。高一的同学们，你们将面临2017年的高考，上学期走进你们住校生的寝室，你们问我最多的问题就是如果我选择当医生，将来如果我的职业是建筑设计师、会计、律师、教师……那么7选3将会是哪三门学科？我感到特别的欣喜，孩子们，你们从高中阶段一开始就在进行职业的思考，正在学习着做人生的选择题。高二的同学们，你们给我最深的感受是你们学习时的踏实和认真，我享受与你们在一起的课堂和与你们远足行走时的坚持与坚守，纯粹与和谐，但你们也正在面临着人生的规划和选择。选择与放弃之间，每个人都承担着自己命运的责任，每个人都需要对自己的未来负责，对自己未来的梦想和道路有一个清醒的认识，需要有一份选择和责任，需要有一份担当。

前几天我收到在浙江传媒大学当老师的学生给我发来的祝贺短信，祝贺母校高三（3）班陈怡同学在浙江省传媒类统考中取得了播音主持专业全省第一的好成绩，是2015年播音主持类专业浙江省状元。每年的艺考都如同“千军万马过独木桥”，数以万计的高三学生踏上了前往北上广的列车，去追寻自己的艺术梦想。其实在一开始的时候，陈怡并没有想到会走上艺考的道路，因为艺术类考试具有更多的不确定因素，往来于诸多城市考试的过程也更加艰难，这使她在刚开始时有些犹豫不定。但两年的广播电台工作经验使她意识到了播音是适合自己并且希望以后能够从事的事业。成为一名艺考生是一瞬间的决定，做出决定很简单，但想成为一名优秀的艺考生，过程并不轻松，需要持之以恒的努力和付出。从去年七月开始接触专业课的学习，陈怡同学每天坚持早起练声，每天练习一篇新闻稿件，每两天练习一个三分钟的即兴评述，而她在校初试的自我介绍，则是从九月份开始准备，在三个月里经过了数十次的修改，才最终完成的。有位诗人说，所谓春天，就是在寒冷中孕育的生命开出了花。我们陈怡的春天开出了一朵最美的花。

　　这几天我的办公室里常常挤满了一拨拨高三的同学，他们手里拿着自己心仪大学的三位一体的报名表要我进行校长签字或推荐。我写着推荐，签着字，送上我心中最美的祝福。今天离高考只有 90 天了，昨晚走过你们的教室，看见你们在灯下安静专注的神情，我明白你们已经选择了自己的目标，正在为实现自己的梦想坚定地一步一步走着。孩子们，伴随着涅槃与拼搏的时常是压力与挑战，寂寞与无助。这时候，你们更需要有一份专注和执着，一份坚定和平和，一份简单和温暖。

　　奥斯卡经典电影《阿甘正传》想必大家都看过，影片中的主人公阿甘智商不高，甚至远低于常人，但无论做什么，他都精神专注，持之以恒，最终取得成功。阿甘虽然不够聪明，但那种"关注密集度"却是其他的聪明人无法达到的。"行百里者半九十。"最后一程往往是最为艰苦难行的。孩子们，你们一定要把持住自己，战胜自己。无论前进的道路多么崎岖难行，都不要放弃，坚持到底才能胜利。记住"心态决定成败"。相信高考的压力对每一个人来说都是平等的。我们要保持坚定与平和的心态，要和自己说："我努力了，我拼搏了，我不管得与失。"

　　孩子们，相信你们的春天定会如陈怡般开出你们生命中最美的花。

　　我很欣喜地看到在我们的校园里，在我们很多同学身上就有这种阿甘的专注与执着，坚定与平和，简单与温暖。在上学期的期末考中，高二（7）班的贾宇楠进步了 345 名，高二（12）班的蒋宏涛进步了 327 名，高二（7）班的周晓迪进步了 301 名，高二（9）班的王晨书进步了 300 名。这些同学用自己的专注与坚定收获了成绩与喜悦。高一（8）班的王思彦同学在上学期期末考试中取得了年级第一的好成绩。王思彦同学一直把学习看作一件快乐的事。她喜欢挑战自我，每当战胜一道难题，她的心中便会充盈着成功的喜悦，这种喜悦又会转化为挑战下一道难题的动力。在严格要求自己的同时，王思彦同学还不忘帮助同学解决学习上的各种困难。她现在已经成了 8 班的标杆，是同学们学习的榜样和追赶的目标。

　　假期里，校团委开展了征集"祝福语"和"稽中校园难忘的人与事"

活动。高一（4）班的史雨露同学写道："爸爸妈妈，不论何时你们都是我的拐杖，岁月的流逝让你们的皮肤布满道道皱纹，但在我心目中，你们是永远年轻的父母。祝你们春节快乐，身体健康，万事如意！"这些朴实的话语，温暖的文字，让这个冬天不再寒冷！

在这个寒假里，孩子们，你们走上街头，宣传文明出行；走进养老院、福利院，为老人、孩子送去温暖的问候；走进社区，书写春联，清除牛皮癣……在奉献爱心的同时也收获了满满的温暖和快乐！

最后我想和大家一起分享龙应台写给儿子安德烈的一段话："孩子，我要求你读书用功，不是因为我要你跟别人比成绩，而是我希望你将来会拥有选择的权利，选择有意义、有时间的工作，而不是被迫谋生。当你的工作在你心中有意义，你就有成就感。当你的工作给你时间，不剥夺你的生活，你就有尊严，成就感和尊严，给你快乐。"孩子们，希望你们有一份选择与责任，有一份担当，希望你们做一个简单、温暖、快乐的人！

二、生命，因滋养而丰厚

今年5月22日，联合国秘书长潘基文在复旦大学发表主题演讲，他表示，儒家思想极大地影响了他的人生，他从孔子那里学到的对他影响最大的一句话是"修身、齐家、治国、平天下"。他还向全场的复旦学子提出了作为一名世界公民所必备的5个C的素质，即冷静（calmness）、同情心（compassion）、合作（cooperation）、勇气（courage），最后一个则是孔子（Confucius）。以孔子思想为核心的儒家文化倡导修身存养、道德理性，其中心思想是"孝、悌、忠、信、礼、义、廉、耻"，其核心是"仁"。儒家学说经历代统治者的推崇，以及孔子后学的发展和传承，对中国文化的发展起了决定性的作用，在中国文化的深层观念中，无不打着儒家思想的烙印。绍兴是千年文化名城，投醪河边的千年府学是绍兴的孔庙，是绍兴的文脉所系。位于文庙之基，身为府学之后，我们每年在孔子像面前举行毕业礼和成人礼，从这里，孩子们带走的是他们在这个校园熏染积淀的品质和胸怀，带走他们可以享用一生的精神财富，同时，每个孩子都会记住，我们的心永远都在这个校园里。

坚守历史与梦想

这是一块不平常的土地，一代名儒王阳明、刘宗周，有"中国思想启蒙之父"之称的黄宗羲等，都在府学校园留下了弥足珍贵的印记，他们的文化品质在稽中源远流长。府学校园又何其有幸，1950 年，周恩来总理接受邵力子先生的聘请，担任了名誉董事长。由蔡元培、何燮侯、竺可桢、马寅初、陈建功等教育名流、学界翘楚组成的稽山中学学校董事会，在中国教育史上亦属鲜见。大师们的教育思想、历任校长的办学理念和文化精神铸就了稽中百年历史名校的美誉，奠定了稽中坚实的办学基础，引领着整个学校的办学思想与教育主张走过了近一个世纪。

近百年来，投醪河畔，状元桥前，曾留下过无数对知识渴求的身影，也正是从这里，走出了徐光宪、陶文铨、陶文钊、谢晋、张桂铭等英才大家，培育出了 3 个浙江省高考状元，12 个绍兴市文、理科状元。谁也说不清这片土地究竟给过他们实实在在的什么，可每一个曾在这里求学的人都以学校为荣，并且天长地久地热爱着，真真切切地感动着。

文化立校，是学校管理的最高境界。学校从历史中走来，我们以一种怎样的态度去迎接她？学校之魂是学校的文化、学校的精神。我们怎样把理念转化为具体的实践？我们如何把握文化自觉的要义，做真正意义上的教育？对学校历史的解读，是学校文化建设的前提。追求传统文化与现代理念的完美结合，是学校文化建设的基点。校园设计改造，是学校文化建设的过程。校园文化建设以课程来构建，是学校文化建设的升华。塑造学校文化精神，是锻造学校文化之魂。从"文化浸润"走向"文化自觉"与"文化自信"，是学校文化建设的目标。

因此，我们深入挖掘、总结、提炼学校文化，并在此基础上确立了学校的发展定位、办学理念、培养目标、课程体系、管理模式等。我们制定了《稽山中学 2014—2016 年三年发展规划》《稽山中学课程建设方案》《稽山中学学校文化建设方案》。我们借儒学之"大成"理念提炼稽中精神，并逐渐形成了以"大成"理念为引领的学校特色文化雏形，确立了"坚守大成理念，奠基师生发展"的办学理念、"承千年府学之文脉、继百年校史之精神、育敦品笃学之青年、办江南文化之名校"的发展愿景和"培育敦品笃学、砥行致远之青年"的育人目标，又提出了"诚朴勤毅，善雅博智"八个字，作为育人目标的拓展和延伸，作为学校的文化精神，也作为每一个稽中人终身发展的品行精神的目标和追求。

历史走到了今天，"卧薪尝胆"的校训，发展成一脉相承的稽中校园文化和稽中人精神品质的追求——"诚朴勤毅，善雅博智"。"诚朴勤毅，善雅博智",是一种实而厚重、素而无华、坚而有韧、真而简明的精神,是返璞归真、不饰雕琢、保持自然纯淳本性,是儒雅中的涵养大气,谦逊中的平和随意,善良中的真诚宽厚,坚毅中的刚柔相济,理想中的执着坚守……这是我们府学校园人在这个园子里熏染积淀的独特的气质和胸怀,是可以享用一生的精神品质和财富。

今天的稽中散发着古典的、越文化的气息。我们"修旧如旧"地改造校园,使其具有中华的背景、江南的特质、绍兴的味道,把千年的文化历史彰显在校园的一草一木、一砖一瓦之中,让每一堵墙、每一条路都苏醒记忆,都赋予教育的意义。人文之美,更是稽中的特点。我们追求校舍、小路、石碑都是学校文化精神的体现,校园成为鲜活的教学实体,鲜活的教育读本,每一处建筑都有教育的印记,处处呈现一种生命的状态。

我们坚信教育的理想境界,是纯美的境界,充满感恩、怀想,具备"文化浸润"与"情感体验"的特点。我们坚信教育的理想境界体现在学校的日常生活中,在每一天的每一个教育细节中。我们追求"每一天"、"每一个细节"呈现在学生面前的,是能唤醒他们自觉"求知意识"、"责任意识"、"生命意识",能美好地留在学生的心灵深处、记忆深处的学校日常生活和教育场景。

尊重每一个生命

课堂教学是师生学校生活的主要活动。我们追求什么状态的课堂教学?这种课堂教学状态,能给我们的学生什么样的学校精神生活?这才是关键。校长要成为课程开发、课程编制的组织者、实施者,要成为课堂教学改革的引领者、鼓动者。面对新课程改革,面对新高考挑战,我们在课程专家裴娣娜教授的指导下,根据学校的发展愿景、办学理念、培养目标,对原有的课程资源进行整合与梳理,建构了"敦品类、笃学类、砺行类和致远类"四大类课程群,分别从学生的人格品质、文化科学、健康审美、生涯技艺四个领域开设多样化课程,每类课程又由"基础型"、"拓展型"和"研究型"三个层次共一百三十多门课程支撑的"大成"教育课程体系,旨在培养"立大志、晓大理、成大器、担大任"的"大成"人才。经过前几轮教学改革和本校师生的积累、提炼、拓展,我校课程群的建设已经渐趋成熟,已初步形成"育心礼堂"、"古越遗风"、"府学溯源"、"校史长廊"、"见贤思齐"、"经典阅读"、"世界公民"、"职业体验"八大具有稽中特色的课程群。

　　我们的"育心礼堂"课程群，充分利用主题体验式教育活动等多种形式落实我校"让每一个孩子都成为最好的自己"的"大成"教育理念，通过一段时间的实践，使之逐渐形成相应的内容体系并不断加以完善。比如我们的毕业典礼之前，让孩子们写"三年校园生活回顾"以及"最难忘的瞬间"和"心中最美丽老师"的推荐词，看了学生书写的难忘瞬间记录，我们既感慨又感动。如果他们进入学校之后，参加的每一次活动都能给他们留下心灵的印记，做了记录与积累，这些清晰的脚印，是他们成长的经历，也是学校发展的历史。学校的文化，是这个学校的气息。学校的文化，渗透在学校的每一个领域、每一个环节，更在学校的经典活动中呈现。徒步行走的挑战极限、"梦想起航浙大行"，"成长、感恩、责任"成人礼，"最美好的遇见，最难忘的记忆"毕业礼、9月开学礼中的"欢迎礼"、"誓师礼"和"嘱托礼"、9月9日建校日的"尊师礼"暨师生颁奖典礼、府学校园第一届美德少年评选以及颁奖、"每一个生命都是唯一的"生命教育系列活动、校园流动图书馆、府学校园经典诵读、学生社团活动以及"如诗的青春"体育艺术展示活动、"学生会主席与校长对话"活动、稽中校服的调研和设计活动、中德学生互访交流活动、学生自主管理模式等，这些经历被回放，那些宝贵的场景与情形，学生不会忘记，老师也不会忘记，如年轮一样镌刻在大家的心底。带着这样的情感走出学校，我相信，他们不会迷失自己。

　　我们追求传统文化与现代理念的完美结合，不仅是把自己的学校变成一座洋溢着古典精致魅力的校园，而且正在创办流淌着生命气息的和谐教育。一所理想的学校，应该是学术的殿堂、文化的殿堂，更是一所为每一个学生成才提供机会的学习乐园。"大成"教育思想就是"有教无类"、"因材施教"，要公正、平等地看待每一位孩子，要善于发现每一位孩子的特点，赏识鼓励他们的发展。我们"大成"理念真正想做的，就是为孩子营造一个适合成长的环境，经过府学校园三年深厚学校文化的熏陶，使孩子们能发现自我，唤醒自我，认识自我，完善自我，超越自我，最终成为最好的自我。

影响一生的财富

　　稽中历史上有一个平凡的名字——钟国英。钟国英老师一生坎坷，历经磨难和沧桑。早年加入地下党，参加学生运动，曾两次遭受国民党特务的抓捕，在狱中受过酷刑而坚强不屈。"文革"期间，老人又入冤狱，被打成叛徒，但她从不气馁，坚持坚守。正如她自己所说的，她的每一个人生的坎、她的每一个磨难，都是和坚持坚守的信念联系在一起。每每谈到稽中，谈到府学校园，她总是回味着说这就是学校的文化精神，这就是稽中人一生的财富！其实对每一个从这里走进、走出的稽中人来说，府学校园是他们一生的家，永远的精神家园。

80周年校庆前夕，我们去北京大学拜访校友、中国"稀土之父"，被誉为"稀土界的袁隆平"、国家最高科学技术奖获得者、中国科学院院士徐光宪教授。徐老95岁高龄了，身体却非常健朗。给我的感觉，老人仿佛就是我们的爷爷。看见我们，老人睿智沧桑的脸上泛着孩儿般的微笑，他拉着我的手，快乐地回忆泮池边幼翁山下的校园生活。听老人讲往事，如沐春风。他说："稽中是我的母校，是最具绍兴特色的学校，我一辈子深受稽中教育的影响。"几十年来，徐老历经磨难矢志不渝，献身科学研究与教育事业，取得了辉煌的成就。他在生活和工作的进程中遇到过许多困难和挫折，但他从不气馁，坚持坚守。正如他自己说的，他的每一个人生的坎、他的每一项成果，都是和坚持坚守的信念联系在一起的，都是和包容宽厚联系在一起的。徐老一直有着一颗童心，他给自己在学校BBS上取名为"老顽童"。他现在每天要花大量时间上网，了解各种信息，并经常把有用的东西打包转发给大家，连书信、论文和PPT都是他自己一个字一个字地敲进电脑的。

另两位知名校友——中国科学院院士陶文铨、中国社会科学院美国研究所所长陶文钊院士两兄弟谈到母校，言谈举止间充满着对老师、对校园的爱和眷恋，他们说我们府学校园的学子都有一种坚韧向上、向善的人生态度，他们一直是这样要求自己的。他们身上呈现出来的本色，就是我们倡导的学校文化精神。

徐老、陶院士们这些知名校友的身上，蕴含着我们府学校园学子独特的气质和胸怀，这在投醪河的波光里静默着，在府学宫旧址里静默着，在幼翁山的参天古木上静默着，在每一个稽中人的心灵深处蕴藏着。你静静倾听，细细体会，会发现这是一种文化精神，它体现在稽山中学的校名上，体现在蔡元培、邵力子、徐柏堂等人提出的开办稽山中学的办学主张上，"发扬民族精神，养成诚朴作风，培植勤毅人才"，因此我这样认为，"卧薪尝胆"的精神的现代内涵就体现在"诚、朴、勤、毅"这四个字上，它的意思是诚朴宽容、勤奋刚毅。正是因为坚守这样一种文化精神，我们的徐老能够笑对人生任何风雨挫折磨难，健康长寿。这个时候，我不禁又想到我们稽中的老人们。稽中多宝贝，老人是稽中的第一大宝贝。稽中的老人都长寿。我们的退休英语教师胡文铨老师今年已经 101 岁了，我们还有 98 岁的、95 岁的、92 岁的，80 多岁的老人就更多了，其实这些老人都历经磨难和沧桑，但身体都很好，思路清晰，谈到稽中，都说是稽中的文化精神支撑着他们走过了风雨飘摇的时代，这就是他们一生的财富！

其实何止徐老、陶院士们这些知名的校友，每一个热爱生活、热爱亲人朋友师长同学的人，都时时心系着母校，心灵深处永存着有关母校的美好与难忘的记忆，包括所有的快乐与欢笑，伤心与泪水，淘气与遗憾。

曾记得励志楼走出了浙江省高考外兼文科第一名杨菁，省艺术类第一名章维，市理科第一名宋健、第二名沈钲，市文科第一名朱箐等，曾难忘鸿学楼拥有了全省高考理科第一名鲁翔，市区高考理科第一名徐泉，第二至第五名章明等，曾喜悦翔宇楼飞出了市理科第一名李云琦、第二名沈抒殚，全国数学奥林匹克竞赛一等奖骆江海、孙慧等。

昔日的辉煌，今日的骄傲。稽中是稽中师生们珍惜的温馨家园，也是师生们仰慕的圣洁殿堂。这批小小的稽中人，从孩提时代起，就与稽中结下了难解的缘分。在满眼的参天古树下，在各种花草树木间，在投醪河旁，在荷花池边，在状元桥上，他们痴痴地听着爸爸妈妈诉说千年府学宫的传说和越王勾践"卧薪尝胆"的故事，肃然起敬地仰望着府学遗珠，小小脑海中勾画着一幅幅美丽的画面；在办公室，在图书馆，在大操场，他们爱上了博学多才、风趣幽默、宽容大气、细致耐心、活力四射的老师们，陶醉于那满室幽幽的书香，于是这批小小的优秀的稽中人，走进了稽中的课堂，圆了孩提时代的梦想，书写了人生美好的篇章。一个个孩子都是我们的希望，都是我们的骄傲，他们传承着我们的稽中情，我们的稽中缘……

最美好的相遇，最难忘的记忆。这就是我们的美好校园，这就是我们府学校园特有的怀柔的情怀，对生命、对周围一切事物的感恩、尊重、善待、理解……让我们一起牢记卧薪尝胆，让我们一起记住诚朴、宽容、勤奋、刚毅，让我们一起怀柔，让我们一起珍惜守护千年府学的和谐美好，无论是老师间、师生间，还是同学间，永远有怀柔这种非常美好的感情，让我们彼此享受怀柔，感恩、尊重、善待、理解，那将是我们在稽中积淀的一生的财富。

附2：历史、文化、精神——在2014年教师节暨师生颁奖典礼上的讲话

老师们、同学们：

每年的九月，老师们都会收获着来自学生的满满的感动和深深的祝福，享受着别的职业无法体味到的快乐和幸福，思考着时代赋予我们的责任和使命。每年的九月，也是感恩满满的季节，而今天是特别感恩的日子，我们相聚在这里，共同缅怀铭记稽中历史上最难忘的节点、最难忘的人物，共同回味牢记作为稽中人的责任与使命、幸福与感动，因此，我今天想把"历史、文化、精神"的演讲作为今天典礼上的致辞。

82年前的今天，稽山中学在这古老的府儒学宫里开始了它艰难曲折而成就辉煌的办学历程，"和平老人"邵力子亲题"卧薪尝胆"校训，"学界泰斗"蔡元培挥写"私立绍兴中学"校名，翌年，改名稽山中学。回首来路，我们感慨万千。稽中的历史，是一部仁人志士教育救国的创业史，是一部莘莘学子发愤图强的奋斗史，是一部抗日救亡的宣传史，是一部与祖国同呼吸共命运的发展史。

同学们，让我们铭记邵力子、徐柏堂等十位创办者的英名。是他们在浓浓战火笼罩中华大地时，为教育救国造福地方，在投醪河旁的千年府学内创办这样一所以"卧薪尝胆"为校训的学校。9月9日，学校成立，9月10日正式开学。从此稽中和稽中人的命运注定与教育的命运息息相关，紧密相连。时光荏苒，投醪河水记录了越王勾践忍辱负重的壮志，也承载着百年稽中人卧薪尝胆、自强不息的豪情。

同学们，让我们铭记抗日流亡校长邵鸿书先生，1941年，是他在绍兴被日寇占领后，带领着稽中师生在枪林弹雨中浴血突围，冒着敌人的炮火流离迁徙，将文化科学的种子散播深山峻岭，历时三年，稽中在上海租界办分校，在平水王化村、武义郭洞村、景宁标溪乡豫章村的古庙作教室，坚持上课，教师们自编讲义，学生们上午上课，下午劳动，在困厄中求生存。邵校长告诉同学们只要还有一寸国土，只要还有一口气，就要上好最后一堂课！稽中成为全国屈指可数的在抗战期间都没有停止办学的流亡中学，弦歌不绝，以全省会考第一名闻名东南，这就是卧薪尝胆，这就是稽中人的精神！

同学们，让我们缅怀我们的首任校长徐柏堂先生，曾担任江苏省砀山等县县长、留美回国的徐校长在那个风雨飘摇的动乱时代，为了民族的希望和未来，不求名利，弃政从教，不辞辛劳，不避艰险，呕心沥血，鞠躬尽瘁，直至以身殉职。1937 年，先生受校董事会委托在上海法租界办起了稽山中学上海分校，1941 年夏，先生赴重庆办妥分校立案之事，并筹集经费，转道香港回沪。正逢日寇偷袭珍珠港，香港外围发生海战，先生正为呼吁港胞乡亲支援稽中而奔走，在海滨突中弹片，不幸遇难，年仅 46 岁。我的办公桌上放着先生编译的著作《我是希特勒的囚徒》，读着先生洋洋洒洒的文字，浮现着先生为了挣脱日寇的魔爪艰难办学、四处奔波的身影，体味着、感动着先生满怀教育救国的坚定信念和勇气，骄傲着、思考着我们肩上传承的责任和使命……

同学们，让我们永远记住又一个难忘的时刻。新中国成立以后，周恩来总理欣然应允担任学校名誉董事长，陈云副总理亲笔批示解决稽中办学经费之困难。由蔡元培、何燮侯、竺可桢、马寅初、陈建功等教育名流、学界翘楚组成稽山中学学校董事会，在中国教育史上亦属鲜见，大师们的教育思想和办学理念铸就了稽中百年历史名校的美誉，奠定了稽中坚实的办学基础，使今日稽中的教育人文源远流长。

同学们，让我们铭记那些为稽中发展捐资办学的社会热心人士和校友们。20 年前，为了继承和发扬绍兴知名人士寿孝天先生的学习研究精神，寿氏后代将寿孝天先生的遗产 4 万元作为基金，在稽山中学设立了寿孝天数学奖学金。为了鼓励稽中学子树立远大的目标，德才勤修，我校 1943 年毕业生台湾人士刘宗麒先生设立了刘宗麒高考奖学金，同时捐资建造了我校行政楼，取名念慈楼，以感谢母校的培育之恩。我校 1976 届校友香港人士许金祥、陈平夫妇捐资 50 万港币，设立育才奖学金，奖励每学年品学兼优的学生。王声初人文奖学金是遵照绍兴教育界名贤王声初先生的夙愿，由其孙儿，我校 1938 届校友王保良先生倡议，出资 10 万元而设立，主要奖励在语文、英语、政治、历史或地理等学科方面成绩优异的学生。昨天是我们传统的节日中秋节，但寿继良先生、王世正先生为了参加今天的典礼，放弃与家人节度团圆夜，从上海、杭州赶来参加我们的典礼，让我们再一次用热烈的掌声对他们的到来表示衷心的感谢，并通过他们向他们的家人和亲属表示最崇高的敬意！

浓浓的稽中情，浓浓的稽中爱。今天不是感恩节，但我们的心中满是感恩的温暖与感动。感恩一代又一代的稽中人为稽中的昨天和今天奉献了最美好的一切。我们还要感谢有这样一位老师，她肩负高一、高三两个年段的课程，认真负责的她有作业就立马批改，学生有问题总能耐心讲解。

在高三冲刺阶段,她常常在晚自习后才匆匆回家。高考结束以后,当高一学生都以为她终于能放松一下了,没想到她一进教室就说:"这下我可以专心管你们了!"这份敬业的精神,赢得了所有学生敬佩的掌声。她,就是已经从教三十余年的许根娣老师。她是我们许多几十年如一日默默工作在三尺讲台上老教师们的代表。我们要感谢我们有这样一支敬业爱岗、爱生如子、团结和谐的教师团队,他们为了自己的学生,为了学校的教育,舍弃了很多很多……他们默默地工作着,不计名利,今年学校的表彰名单上可能没有他们的名字,但他们的无私与谦逊,让我们深深地感动。

老师们、同学们,这就是稽中骄傲的厚积历史,这就是稽中特有的学校文化,这就是稽中人的文化精神!稽中的昨天是让人骄傲的,这里创造过老百姓最有口碑的教育辉煌,稽中的今天是充满挑战的。作为肩负重任的稽中人,我们一起怀着一颗感恩的心,感谢历史的机遇、感谢我们能成为师生,牢记我们都是府学校园人,牢记我们身上的责任和使命,共同携手创造府学校园最美好的明天。

三、幸福,源自心灵的满足

没有幸福的教师,就没有幸福的学生,就没有教育的成功。为了我们孩子的未来,我们首先需要做的就是先让每个老师幸福起来!基于这一理念,我们的工作重心更多地着眼于提高教师的幸福指数,营造快乐和谐的工作氛围上。"大成"理念引领下的学校制度文化必然是刚性管理和柔性管理的集中体现。一方面,学校坚持以规章制度为本的刚性管理,通过各项政策法令、规章制度、考核评价等形成有序的行为,形成学校的组织文化,呈现互相合作的团队精神;另一方面,坚持以人为本的柔性管理,建立一种宽松的、包容式的、理解式的学校管理文化,切实提高教师的幸福指数,体现科学和人文相融合的现代管理走向。"大成"文化的柔性管理,是以尊重人的人格独立与个人尊严为前提,以提高人的向心力、凝聚力与归属感为出发点,实行以人为中心的管理。重视人性化的关怀,让每一个府学校园人感受到生命的价值和幸福,就应该建立起一种宽松的、包容式的、理解式的学校文化,把校园建设成和谐的家园,做到人格上尊重、知识上互补、交往中协调、成果上分享,最终达到心理满足,从而切实提高府学校园人的幸福指数,实现学校与教师双方共同发展。

教师的职业，辛劳而甘苦；教师的生活，忙碌而紧张。清晨雾色蒙蒙中离家，傍晚华灯初上姗姗而归。在万家灯火其乐融融的时刻，我们还是有许多老师守在学生的身边，每天整整三个小时的晚自习，他们在教室备课、改作业、辅导学生，生活指导老师一个礼拜又一个礼拜与住校生生活在一起。周末或节假日，家访已成为班主任老师的必修课，有些学生家离城区比较远，好多女班主任常常是由丈夫开车陪伴着去家访，家属成了保镖和司机。我们的老师们为了自己当年选择职业时的承诺，为了神圣的教育事业，坚持着自己的爱和信念，用世界上最善良的坚韧和执着，陪伴着、引领着学生们生命的成长。正是有这样一支敬业爱岗、爱生如子、任劳任怨、默默奉献、团结和谐的教师团队，我们稽中才有今天的发展和成绩，才会有如此蓬勃向上的生机和活力。

在社会生活中，人在不同条件下分别扮演着不同的角色，集许多角色于一身，形成了一个角色丛。教师在学生面前是教师，在家里可能是父亲或母亲、丈夫或妻子、儿子或女儿、女婿或媳妇。社会则会按照各类角色所规定的行为模式去要求每个社会成员，这就是角色期望。老师们正在努力地完成着社会对教师的角色期望。然而老师们也有家，也有孩子，也有社会对他们的期望值。但因为我们教师职业的特殊性，他们放弃了许多，也牺牲了许多，同时又承受着来自多方面的压力和挑战，如教师聘任、绩效工资、职称评定、学校考核等，很多教师都感受到了前所未有的压力。

目前学校绝大部分教师每天在校工作是9—10小时，有90%以上的教师每周至少有一到两天工作超过15个小时。80%以上的教师感觉工作忙，没有时间锻炼，定期锻炼的只有10%。大部分中青年教师认为没有时间或很少有时间管自己的子女。绝大部分教师对目前学校的人文环境比较满意，特别是学校和谐、合作的团队氛围缓解了不少工作压力。大部分教师的家庭生活稳定和谐，但有大龄青年婚姻问题的困惑，也有少数教师夫妻离异的问题，有单亲妈妈的巨大压力，以及有些教工家庭子女存在身体或心理等问题，特别是后面几种情况的教师思想和精神压力都比较大。有部分教师身体和心理疲惫，经常晚上失眠。

"我就像陀螺一样，被这些无形的东西抽着，不停地乱转，经常有恐慌和焦虑感。""做梦都会梦到自己在上课，梦见校长坐在教室后面听课。"经常会有女教师向我们这样倾诉。教师显然已成为"疲惫一族"，他们把爱、耐心和笑容给了学生，而内心深处却时时被压力和责任所包围。

在对我校教师的职业幸福状态的随机访谈中，发现大部分教师对教师职业比较满意，但真正体验到职业幸福感的教师为数不多。有一部分教师身心疲惫，存在着不同程度的职业倦怠。

幸福的教师才能教出幸福的学生。大家知道，所谓幸福，是源自满足的心理。美国著名绘本作家塔莎奶奶，一位生活在美国佛蒙特乡间九十几岁的老太太，击败了众多年轻的女性，成为日本媒体评选出来的"最受憧憬的全球女性人物"第一名。在平常人看来，塔莎奶奶真的非常优雅浪漫。她有一栋18世纪风格的乡间别墅，九十几岁赤脚穿着自己缝制的19世纪碎花长裙在田间漫步，柯基犬、山羊、作画、园艺就是她生活的一切；在那片经过她十几年的劳作慢慢变得美丽的大花园里，享受着心灵的宁静和幸福。实际上塔莎奶奶有着非常艰辛的一生。她出生于美国波士顿，父亲是著名的游艇和飞机设计师，母亲是肖像画家。她23岁结婚并出版了自己的绘画书，作品曾多次获奖，也为很多优秀的儿童书籍配过插画。著有80本以上的著作，并获得过美国专门颁发给优秀绘本作家的凯迪克荣誉奖。30岁把家搬到了乡村，有四个孩子。43岁丈夫走后，她一人带着孩子们靠出版自己的绘画和销售手做的各种玩具生活。她在谈到幸福时有几段文字让我们感触特别深："想获得幸福，就是希望心灵得到充实吧！我满足于身旁的任何事物，无论是屋子、庭院、动物还是天气，生活中的一切都让我满足。""孩子们曾经问我，你的一生一定很辛苦吧？其实完全不是这么一回事，我一直以度假的心情过日子，每天、每分、每秒我都很享受啊！"这位饱经风霜的优雅老人道出了人生最质朴的关于幸福的道理，那就是满足的心灵。

提升教师的幸福感，首先就要帮助教师一起体味和感受职业赐予的幸福。教育是心灵的事业，教师是一个幸福的职业。我国古代哲学家孟子就说过"君子有三乐"，其中"得天下英才而教之"即是一"乐"。教师的劳动可以成就各类人才，可以收获真挚的感情，可以品尝别的职业无法体味和想象的那份浓情，拥有着弥足珍贵的滋润一生的缘分……从一拨拨学生身上，我们看到了生命的延续，看到了生存的价值，看到了梦想的实现，看到了心情的放飞……你说天下还有哪个职业比我们教师这个职业更幸福、更温暖呢？

教育不是牺牲而是享受，不是重复而是创造，不是谋生的手段而是生活本身。幸福的感觉是会传递和感染的，因此我们积极创设"感动中感染"的校园文化氛围。

稽山中学已有80多年的办学历史。从办学第一天起千年府学就成为校址，"卧薪尝胆"就成为校训，那么千年府学和卧薪尝胆的内涵是什么？又具备什么现代教育价值观？千年府学又称孔庙、文庙，因此具有深厚的文化底蕴，得天独厚的优美环境，辈出的先贤名人。学校一直传承着两种文化，一是以府儒学为主的儒家文化，二是以投醪河为纽带的胆剑精神。几千年来，中国的儒家文化精神是中国文化的主体精神，基本精神，伦理精神。孔子的"仁"学是儒家学说的核心，是最高的道德标准和准则。"仁以处人，有序和谐"。而"仁"体现在教学思想上就是"有教无类"，不论出生贵贱，要公正平等地看待每一位学生，要善于发现每一位学生的特点，赏识鼓励他们的发展。教育的本质就是对生命的涵养。我们追求传统文化与现代理念的完美结合，不仅是要把自己的学校变成一座洋溢着古典精致魅力的校园，而且正在创办着流淌着生命气息的和谐教育。"学生就是我的孩子"、"让校园里学生们的脸上洋溢着阳光和快乐"，这些富有哲理的感人话语，都是我们学校老师对教育的独特理解。

捕捉爱的反馈

教育的人性，体现着人类诸多关系之中最为特殊，也最为别致的一种关系——师生、师师关系的和谐和亲近，校园里时时处处洋溢着人文的情怀。但爱需要表达出来，让学生讲身边的老师，就是在师生之间构建一个充满暖意的沟通平台，让师生在心底达成更深的价值认同，让教育之路成为滋润一生心灵的最美的记忆和感动。

我们开展了"我和稽中"的征文活动，老师们诉说着生命中终生难忘的稽中教育故事，回忆从一拨拨学生身上，品尝着别的职业无法体味和想象的那份浓情，拥有着弥足珍贵的滋润一生的缘分，至今激励着在这一方校园里，在三尺讲台前坚定地继续着自己的理想。我们在全体学生中开展"我和我的老师的故事"的征文和"给我们的老师写肖像"比赛，老师温柔的眼神、会意的微笑、贴心的话语、细微的动作，都被细心的学生汇纳眼中，然后流露笔端。

我们开展收集"百名党员访千户家庭"活动，学生写下了家访记录："我记得，为您倒了杯温温的白水，没有太多的东西招待，只有风扇够勤恳地帮您把额上的汗滴拭干。您简简单单地问了些问题，更多的则是细致地聆听。我自信满满地向您推荐自己，毫不掩饰。您会意地笑，那抹信任又欣赏的笑容真的让我小小地心动了呢。简单告别后,妈妈竟兀自嘀咕着,这么热的天,老师真的很不容易呢。"

一段段感人的文字触动、温暖着老师的心。

我们在为纪念建校 80 周年编写校志时,收录了校友们很多感人的文章,2002 届校友,复旦大学学生王璐雯深情回忆稽中三年生活的点点滴滴,其中写道:

"杜老师,如果现在的我还像那时候一样,同一个单元听写了六次还是没有写对,您还会一直陪我到天黑的吧?就好像你桌上那支白色的栀子花,用那粉红色的香味陪伴我在雨季的黄昏。

"当微风轻轻颤动虞美人飘忽不定的娇嫩花瓣的时候,当从楼上教室垂下长长的用过的透明胶带拉走了所有人的视线的时候,王老师啊,您还好吗?

"十年之后,我是多么渴望再一次听到您的粉笔在黑板上顿出的声响,多么期盼听见您再一次对我说,您看见我的时候充满了忧虑和期待……

"我的先生们啊,为什么?为什么你们要这样地对待我?让我天真地以为天下的人都会如你们一般地对待我?让我在每一个炎热的夏季都会如此思念那校园中的一草一木?"

看着这样的文章,听到学生十年后乃至几十年后依然如此惦念着你,以前所有的辛劳苦楚就淡如云烟了。会心一笑之后,教师们将这一份满足感、幸福感埋藏心间。

另外,我们"用身边事教育身边人,用身边人感动着、激励着周边人",我们捕捉着一个个难忘的镜头,一个个平凡的教师,一个个平凡的班主任,每天在校园里演绎着平凡而动人的故事,每天在体味着职业赐予的幸福。歌手陈淑桦唱过:每个人心里一亩田,每个人心里一个梦,用它来种什么?种桃,种李,种春风。每个人心里的一亩田,想种什么就种什么。可有的老师种出的是荒漠,我们一个个党员示范岗的老师们种出的却是芳草鲜美的桃源。由于生源的一些特殊因素,我们学校的困难学生和心理问题学生比较多,更需要老师的耐心和关爱。如绍兴市十佳模范班主任朱红燕老师十年如一日,真心实意地关心呵护班里的每个学生,特别是长期为困难学生充饭卡、买衣物、捐善款等,播撒爱的种子,传递爱的能量,是班上所有学生的朱妈妈。班上的一位女孩由于肥胖而造成心理阴影,想吃减肥药时,朱老师耐心开导她,说运动才是最好的减肥法,并和女孩约定每天早晨 6 点 20 分学校操场见，酷暑寒冬不见不散。朱老师是个刚过 35 周岁的年轻老师，她的孩子还很小，但她天天如约陪着女孩跑步，下雨天就跑楼梯，一年多后，女孩瘦了，变漂亮了，心情开朗了，她抱着朱老师喊着"朱妈妈"；一位住校男生肚子疼阑尾炎发作，男孩害怕了，不停喊着"朱妈妈"，朱老师拉着男孩的手，安慰说，"宝贝，别怕，朱妈妈陪着你"，同去的杜青老师感动地这样叙述，"这就是孩子与妈妈的亲密关系啊！"当记者采访她问她每年个人为困难学生付出的费用大约会有多少时，她淡淡地微笑着说，"其实不是我一个人在这么做，我周围的许多老师都在这么做，我自己也是在王宇、黄国建等老教师的感染下开始这么做的"。是的，这就是稽中的文化氛围，用善良的爱心默默为学生奉献着。学校里不少老师，特别是党员教师和班主任，每年个人为学生充卡、捐款不会少于两千元，甚至更多。王杏英老师 18 年来坚持与学生共写一本"交心日记"，年段长黄幼文老师甘愿做 14 个班的副班主任、无数次把问题学生领到自己的家里以母亲般的温情感化学生。我们每月一次的泮池论坛上一个个普通的老师讲着自己的教育故事，阐述着自己的教育价值观。每到这样的时刻，听讲的老师们都会特别安静，共同领悟到教育就是爱的奉献，只要是爱的教育就会走进学生的内心世界，就能体味教育的幸福。

教师的"心灵垃圾桶"

国家中小学心理健康教育课题组曾对 2292 名中小学教师的抽样检测显示，有 52.23% 的教师存在心理问题，教师已经成为心理高危人群。现实生活中很多人有不如意的事喜欢找对象倾诉，而对于被倾诉者来说，这些话就是心理垃圾。教师就是这样一份职业，不得不面对学生与家长成堆的心理垃圾，成为学生的"心理垃圾桶"，而为了维持良好的教师形象，总是把微笑留给学生和家长，自己却在不如不觉中积淀了大量的心理垃圾，如果没有得到及时的发泄，把心理垃圾带回家，久而久之，抑郁、沮丧堆积心里，无形中会影响教师的家庭生活和夫妻感情。据一份调查显示，心理咨询师、教师、警察这些都是极易产生心理垃圾的职业。现在的学生基本上是独生子女，由于他们的思想和家庭等因素，心理问题突出，老师尤其是班主任要对班上几十个孩子进行心理疏导，学生有了烦恼、心事找老师开解，抑郁、焦虑情绪无形中转移给了老师，班主任就像几十个孩子的"心理垃圾桶"。

　　前段时间，香港教育学院的两位英国知名心理学教授来我校与老师们交流，面对心理学专家，老师们激动地列举了一个又一个每天纠缠着他们让他们困惑头疼的案例，教授们平静地听着，回答总是有这么一句话，教育需要教师的耐心和宽容心。教师的耐心会出现饱和现象。因此校长应该为教师排忧解难，成为教师的"心理垃圾桶"和"过滤器"，成为教师心中温暖的所在。

　　当教师的"心理垃圾桶"，首先必须取信于教师。信任和情谊是每天在一起，为了一个共同目标并肩作战、患难与共，真诚的理解中慢慢厚积的。每天与老师们一起微笑着走进教室的，听着走廊上顽皮的大男孩大声的呼喊，看着孩学生们脸上的笑容，享受着学生们眼中的专注和渴望，体味着心灵碰撞的奇妙和愉悦。有很多教师，当工作和生活中遭遇困难的时候，他们也会主动打电话或者来办公室沟通交流，甚至邀请我们到他们的家里做客。

　　当教师的"心理垃圾桶"，不是简单地"听"，而是倾听——投入感情，站到倾诉者的位置上去体验，然后做出恰当的反馈。心理学的专业术语叫"共情"。如分管学校德育安全工作的校长，每天早晨到校后，都会到教室、办公室走一走，与老师们，特别是班主任交流，倾听着班主任的苦恼、艰辛，耐心细致地指导班主任的工作，商量对策，有时还与班主任一起家访，接待家长，教育学生，是班主任的知心人和主心骨，是班主任强有力的靠山。

　　刚刚毕业的姚某是个孤儿，一直由爷爷奶奶照看，由于家庭和升学压力的原因，出现了严重的心理问题：多疑、脾气暴躁，有暴力倾向，多次离家出走，甚至有割腕、吃安眠药等轻生现象。由于是第一次面对这种情况，班主任压力很大，晚上经常睡不着觉。得知这一情况后，分管校长多次主动地、不厌其烦地与班主任交流、商量对策，一方面安抚、劝慰班主任以减轻她的心理负担，另一方面指导班主任如何对学生进行谈话、教育，协调课任教师一起做好学生的心理疏导工作。此外，还与监护人进行多次沟通，指导他们如何进行教育和治疗，如何加强与学校、老师的沟通。在全体有关人员的共同努力下，这个学生的情绪逐渐稳定，性格逐渐开朗，最终顺利完成了高考，并考上了浙江师范大学。

　　当然，做有效的"心灵垃圾桶"，我们要随时深入教师工作和生活的环境中，静静细细观察，参与他们的讨论与闲聊，把握教师群体的状态和思想动向。在与教师的接触过程中，不难发现每一个教师都渴望得到鼓励和肯定，希望得到赞许和好评，因此当教师失败、失去自信心的时候，管理者的一个微笑、一声赞许、一句鼓励的话往往会使教师们重新振作起来，充满自信地去面对工作和生活中的挫折和困难。管理者不要吝啬赞美，但也要恰如其分，适时、适地、适度。

于细微处融真情

教育管理也是一种服务，是对教师发自内心的关爱和呵护，让教师置身于宽松的工作氛围和良好的人际关系之中，从而使教师觉得在学校里工作是愉快的、是美丽的、是幸福的。

"敬人者，人恒敬之"，这是教师的普遍心理，我们可以毫不夸张地说尊重理解是教师的第一需要。学校领导不经意的一句话、一个脸色可能影响到教师一天乃至几天的心情。所以，学校管理者要像保护自己的眼睛一样保护教师的自尊心，而不要随便伤害它。美国有一座雕像，是耶稣跪着为自己的门徒洗脚，雕像的下面写有一句耶稣的话：每天去传播福音的人不是我，而是我的门徒，所以我要为他们洗脚。在中国则有爱国名将岳飞为士兵吸出伤口里的脓、士兵舍身相报战死沙场的故事。耶稣对信徒的关怀换来的是一片虔诚，岳飞对士兵的关爱换来的是高昂的斗志。

学校领导对教师的人文关怀也同样会激起教师巨大的工作热情，因此我们要随时随地、全方位地关怀教师，不但要关心教师的教学工作，还要关心教师的生活、关心教师的发展，处处以人为本，为教师做好服务工作。

学校的管理者秉承以人为本的理念，怀着一颗善心，耐心倾听，真诚理解，细致工作，在教师的内心埋下了温暖的种子。如我校有一位英语老师的孩子得了自闭症，她为此苦恼不堪。我们了解情况后，特意找来了治疗自闭症的相关资料，多次与这位教师进行交流商讨，绝望中得到了来自学校领导最有力的支持和关心，着实让她感动不已。高二有一位年段长，快开学时她突然提出要从事高三教学，我们得知她的孩子在高三学习的情况后，及时作了调整，并经常关心指导，领导的理解与宽容让这位年段长倍感温暖和幸福。赵副校长五年前调任我校，上任伊始他立即走访每一个教师办公室，查看每一个教工的资料，用不到 20 天的时间记住并当面叫出了所有教工的名字，那份真诚与爱一下子拉近了与老师们的距离，让老师们感到格外亲切。任副校长，有着女性领导者特有的温暖知性，老师们最喜欢和她联系，诉说心中的郁闷和烦恼，她亲切的笑容是稽中人温暖的力量。

近年来，我们对全校教师办公室进行改造，并在每个教师办公室配备一只微波炉，改善教师办公条件，充满文化气息高雅整洁的办公室为教师和学生提供了宁静放松的沟通环境；我们安排专项资金建立舒适宁静的"教工书吧"，设置设施一流的多功能厅、健身房、乒乓球室、羽毛球室等娱乐体育场所；为青年教工开设幼儿活动室，及时解决教师的日常实际困难，让每一位孩子尚小的教工能舒心工作，享受到家的温馨；我们大力支持工会以各种方式鼓励教职工积极参加文娱体育活动，促进教师的健康；当学校教职工生病或直系亲属出现意外等情况时，学校领导班子、工会都及时上门慰问。党委还坚持开展教职工谈话和慰问制度，党委委员与支部书记分工定期与教职工谈话，了解他们的工作和生活状态。我们细致、耐心、设身处地关心教师的行为，也得到了广大教师的认可。

"二战"时期英国元帅蒙哥马利讲过一句话："人们蕴藏着巨大的感情力量。他们是积极的、建设性的，应该给以发挥的机会，因为这种力量使人感到温暖，能激发人们的想象力。如果对于人的因素持冷漠无情的态度，便将一事无成。"我们相信，柔性的管理、人性化的关怀能成为有效沟通的桥梁，与教师一同分享喜悦、分担悲伤，会让教师从感动到感激，唤来教职员工的真情回报。

附3：从这里，走向你的世界——在2015届高三毕业典礼上的讲话

孩子们，请允许我仍然称呼你们为孩子，尽管你们已经参加过成人仪式，你们宽厚的肩膀已经能够承担责任了，尽管你们已经不愿意再被称为孩子了，你们的成人自立就是一件触手可及的事情。但此情此景，不由得让我想起，多年前，我自己的孩子，你们的师兄，东东，从稽山中学毕业的场景。

所以，今天我站在这里，是以一个校长的身份致辞，同时也更像是一位母亲，看到自己的孩子，又经历了生命中重要的一个时间段，不断成长，超越自己，如一棵棵大树，展开自己苍劲的身姿。

孩子们，此刻我怎么能不感慨万千！从今天之后，你们就要伸展自己强健的翅膀，飞向祖国大地，乃至全球各地，去展开你们独立的生活——作为一名与你们朝夕相处的校长，作为一位母亲，孩子们，你们知道，我心里多么的难舍、多么的骄傲、多么的自豪。

时光如梭，岁月如歌，犹记得三年前，你们走向稽山中学，走向我的时候，那一张张略显稚嫩的面容。曾几何时，稚气未脱的你们，已经变成了沉着坚定的青年。在稽山中学，你们度过了难忘的三年，我亲眼看着你们从新生入学典礼的充满新奇，到现在目光沉静而坚毅。孩子们，你们用自己的努力，不负父母师长的期望；你们用自己的成长，诠释了教育的价值；同学们，你们还拥有独一无二的气质，不负这所人文积淀深厚的学府的馈赠。你们必然能够担当起属于你们的任何责任，你们也必然会以自己的所学，贡献价值，告慰长辈，回报社会。

同学们，今天，是你们中学时代的节点，却是新时代的开篇。我们会一直在这里，等待着你们不断获取崭新成就的喜讯。

同学们，你们度过三年美好时光的稽山中学，是一所值得你们铭记与怀想的学府。这所学府，始建于公元947年，历来便是绍兴最高学府之所在。1932年，现代的私立稽山中学，在此诞生。我们承继着先贤的一缕文脉，千年不绝。这里的一草一木、一砖一瓦，留下了你的痕迹，更承载着历史的厚重。这是一所有着光荣传统的学府，历代先贤曾在这里弦诵不绝。大成门、泮池畔，曾留下王阳明、刘宗周、张岱、徐光宪、谢晋的足迹，现在，又加上了你的脚步。这是这么一所江南名校，当你的脚步踩在每一块石阶之上，都会有历史的回声，在提醒你，孩子们，我们每个人身上都担负着传统，承载着未来。

只有稽山中学，将历史的丰厚与现代的教育熔为一炉，这是绝无仅有的馈赠，让你成为独一无二的稽中人，温文尔雅，文质彬彬。我们将现代教育所包蕴的先进理念，融合"卧薪尝胆"的校训，奠基于深厚的历史文化传统之上，形成宽容而不纵容的教风，刻苦而不刻板的学风，高贵而不高调的校风，滋养了你，也锻造了你、成全了你，也解放了你。所谓教育，正是如此：昨天，社会交给我们一个天真的孩子，今天，我们还给社会一个勇毅有为的青年。就像一棵树摇动另一棵树，一朵云推动另一朵云，教育就是一个灵魂唤醒另一个灵魂。同学们，你们互相砥砺，情如手足；你们尊师重教，而又知无不言。这不正是教育的核心概念之一吗——吾爱吾师，吾更爱真理！

同学们，老师也爱你们每一个人。但老师这三年来的辛勤付出，不是为了要你们感恩回报，而是为了你们获得最大限度的进步。爱的最高表达式，就是，用我们的付出，使你早日成为自立的青年。老师的爱就是，在你们获得更大的自由空间之前，为你们做最好的、最充分的准备。

稽山中学，就是这样一个地方，在这里，集聚你一生发展的潜力。在这里，你一步步走向自己人生的蓝图。

同学们，我们也热爱你们的理想。作为教育者，我们在你们的茁壮成长中，同样收获了价值感。教育最动人的地方就在这里，我们彼此相遇，彼此构成对方生命中最难忘的记忆。

曾记得多少次，我来到你们的宿舍，和你们聊天谈心，摸着女孩们柔软的长发，看着男孩们顽皮打闹，听着你们聊未来，孩子们，我是多么感动啊。你们青春年少，风华正茂，敢于做梦，敢于尝试。这种不屈不挠的自我建构的生长能力，同时也感染着我。真的，跟你们在一起，我感觉着活力与激情，感觉自己永远不会老，我享受着和你们相伴的时刻。

6月6号晚上，快10点的时候，我走进了女生寝室。第二天，就要高考了。孩子们，你们知道吗？这个时候，102寝室高三（14）班的丁佳宇、张洁如、张佳瑶和陆琦鸿4位女同学，还和平常一样住在宿舍里。这是一个温暖的集体，三年的朝夕相处，她们结下了最美的同学情谊。高考前夕她们彼此约定，保持平常的生活方式，一起勇敢淡定地面对高考的压力。我们开始闲聊了，于是就聊到了我的高考，聊到了我的高考前夜，聊起和你们一样朝气蓬勃不知疲倦的高中生活，聊起最淳朴的同学之情将会是滋养一辈子的缘分。

教育者，无论付出多少，只要你们的一声"老师好"，所有的焦虑、辛苦、抱怨，一瞬间烟消云散。

但是孩子们，我们更加感激的是，你们对老师，对学校的信任，正是你们的信任，才使得我们的工作有了非凡的意义。孩子们，将来无论你们远在何方，你们也许有精彩的人生，也许不再回忆起这个高考前夕的夜晚，但是我，无论是作为一名校长，还是作为一个母亲，永远不会忘记这个你们向我敞开心扉，我也向你们敞开心扉的夜晚。教育就是这样的不言而化，我提供了经验，而你们，为我们提供了价值的源泉。

孩子们，老师们忘不了你们青春的身影。你们一一都会留在我们永恒的记忆里。我们的十佳优秀毕业生，我们的班级领头羊，我们还有很多很多同学身上都已经积淀着府学校园独特的气质和胸怀……我们的文学之星赵飞雁同学，三年里发表的文章超过10万字；我们的美德少年边天爵同学，像小树一样挺拔坚强；我们（3）班的赵依静同学，每天笑容可掬，在师生中有着超高的人气，始终能以积极阳光的心态笑面困难，勇往直前；我们（12）班的鲍尘琨同学，每天行走在校园中，都会自然地捡起地上、草丛中的垃圾，温暖地守护着校园宁静的美丽……还有更多的同学，恕我不能一一点名，你们装点了校园的青春，使这座古老的学宫焕发出了时代的崭新风貌。

孩子们，我们也知道，你们与母校血肉相连的情感。临别之际，高三（3）班张苇杭同学说："我回忆起来到稽中的第一天。之前我从未来过这里，在绍兴生活许多年，连投醪河也不知是哪一条。然而那一天，走到学校门口，有一种很古朴的东西涌上心头，小时在画册里看过的旧建筑，故人举着笔细细描摹的旧时光，有的近了，有的远了，模糊了，重合了。想起黄永玉说的，'任何一种环境或一个人，初次见面就预感到离别的隐痛时，你必定爱上她了'。"

高三（12）班何芝炯同学说："稽中就像个拥有层出不穷故事的老人，当我从校园里穿梭而过时，刮起的风会让每片树叶都沙沙作响，仿佛急欲向我倾诉什么，探索到每个故事的脉络深处竟能发现极其雷同，可对每个人的意义却是各不相同。三年的时光交织如画，于我而言是绚丽缤纷。"

说得多好啊！你们有这样的认识，就不愧是稽山中学的毕业生，因为，从你们的字里行间，我看到，你们读懂了这所千年学府的秘密。这是绝无仅有的毕业礼物，这个礼物隐藏在你们母校的细节之中，在制度、文化、建筑、历史，以及风景之中。如今，终于被你们发现，被你们采撷，我坚信，这必将构成你一生独特的文化底色。

孩子们，从这里，你们将要走向你们自己的世界，我们相信，稽山中学独特的传统，必将成为你们一生的财富。而你的努力，也必将给母校增添荣耀。

孩子们，让我们铭记这一刻，让我们展望辽阔的将来。临别无所赠，唯愿你们不负母校的期望，成为独特的你，成为最好的自己！

附4：一位母亲在儿子毕业典礼上的讲话

亲爱的老师们、孩子们：

早安！两千五百多年前，大教育家孔子也一定在这样的风雨天，带着弟子，背着行李，艰难跋涉在求学或讲学的路途上……风餐露宿，备尝艰辛。那么，今天，站在庄严的孔子像前的你们，一定有信心在雨中坚持一会的吧。

三年前，我的孩子边天爵选择了稽山中学，我至今还留存着他第一天背着书包跨入校门的那张照片，也就是从那一天起，他的青春、他的人生便和这个葱茏美好的千年府学紧密联系在了一起。

高考前的一个晚上，我问他，后悔选择稽山中学吗？他说，不后悔！如果说三年前他对稽中还带着陌生和疑惑，那么，今天他的回答是毫不犹豫的，因为，他亲身经历了。

这个厚重典雅、古木森森的校园，即便坐落在并不宽阔的投醪河边，一点不失千年府学的范儿，戟门、状元桥、大成门、幼翁长廊、敬一亭、励志楼、鸿学楼、翔宇楼……古朴典雅，与豪华无关，与时尚无关，只与信仰、敬畏、情意有关；这个多元开放、情趣四溢的校园，有自己独特的灵魂——"坚守'大成'理念，奠定师生幸福"，它是一所有大格局、大胸怀、大气魄、大担当的学校，更是一个适合学生个性发展的成长乐园和精神家园。

这里的老师们各具性情，一样都有高洁的情怀、硬朗的节气、渊博的见识，和严谨的治学态度。上对历史文化负责，下对莘莘学子负责。有这样的老师陪伴着长大，孩子们，你们何其有幸？边天爵告诉我，他最想形容稽中老师群体形象的两个词语是负责、民主。多好的两个词语。能够同时兼具这两种情怀的老师，当之无愧为最有职业精神和最具人文素养的老师。他日，若身在职场的边天爵身上也拥有了这样的情怀，他当饮水思源，心怀感恩，因为，稽中的老师们就是你脚前的灯，路上的光。让我们把最尊敬的掌声献给可爱的老师们！

布贝尔说，"所有真实的生活在于相遇"。孩子们，你们相遇在这样一个美好的地方，值得庆幸。三年高中生活，你们或许和边天爵一样，在摇摆着的成绩面前，学会了乐观向上、坦然面对；在各种诱惑面前，学会了淡定，提高了"免疫力"；在一次次失败面前，学会了知耻而后勇；你们更懂了彼此欣赏、互相宽容，懂得了合作的重要，懂得了成功的真正含义；敢于梦想的你们，一定在这儿强劲了思维的翅膀，更有了一个飞速运转的头脑……你们在这个独一无二的校园里构筑了比分数重要得多的人格长城，因此，你们走到哪儿都不用怕！让我们把最热烈的掌声献给茁壮成长的自己！

当然，在这儿，我们一定不能忘了一位女士，那就是我们的校长朱雯老师。这位从大学校园毕业就跨入稽山中学的老稽中人，把自己的生命融入了校园的角角落落，我不想多说别的什么，只想真诚地说一句，因为您的存在，稽中校园更温暖起来，厚道起来；因为您的付出，稽中的校园更生动起来，鲜亮起来；也因为您和您带领的团队的共同努力，稽中将有一个更高远和辽阔的未来！祝福您，也请保重身体！让我们把最最响亮的掌声献给我们热爱的朱雯校长！

作为家长，我真的要由衷地感谢稽中，让我和孩子一起体验到了生命层层开放的神秘和欣喜，感谢稽中使孩子的人生更完整、丰美。

孩子们，感谢上苍让你们曾经拥有过的每一分钟吧，不管在这三年中发生过什么，都是不可复制的经历，一千多个日子里发生的点点滴滴将永远留存在你们的记忆里，但请不要认为生命中的每一天都是应得的，希望未来的你们能有愿望和能力领略到生活中波光潋滟的好，并以自己的好来成全它的更好。我也特别想对边天爵说一句：妈妈无法预测你的未来是怎样的，正如过往的 18 年，你的每一天都不是我想象的那样，都那么让我欣喜。但我会靠着自己的不断学习和成长来配得上会遇见你的未来。因为，你永远是爸爸妈妈的骄傲，爸爸妈妈也坚信，你会和所有高三学子一样成为稽中的骄傲！

昨天傍晚，我和小边同学走在路上，我说，怎么还把校牌挂在脖子上？放在口袋里吧！他说，挂了三年了，不挂才觉得怪怪的，唉，明天是最后一天挂着它了……言辞中满是不舍和眷恋。是的，孩子们，今天你们就要和母校作别了，但其实作别的只是每日的相聚，母校刻在你们身上的精神，将滋润着你们走向未来的每一个日子。从这个意义上说，在精神深处你们依然每天在一起。你们离开母校后，她又开始迎接新一批的莘莘学子，但母校却已经因为你们的短暂存在而变得更加美好了，你们会持续分享到母校未来的发展和成就。为了自己，为了母校，更为了你脚下站立的这个叫作中国的国家，孩子们，请选择追寻一个有意义的人生吧。

愿你们一路好运，如果没有，也要在不幸中学会慈悲；

愿你们在发现了生活的真相后，依然热爱生活；

愿你们被很多人爱护，同时也爱护来到你生命中的很多人；

愿你们能有更多的担当，能常常谈论"中国该往哪儿去"，而不仅仅谈论谋一份怎样的职业更赚钱；

愿你们是一个对自己所做的事情保持敬畏和热情的人，不管你未来选择什么职业；

愿你们有勇气，能够在强权、暴力、诱惑、舆论甚至小圈子的温暖面前坚持说出"那个皇帝其实并没有穿什么新衣服"；

愿你们在接下来的日子里拥有充足的睡眠、安全的饮食和更多的欢笑……

最后，请允许我把1932年秋季稽中建校之初的培养目标再一次赠给大家：本苦干之精神，努力养成坚韧耐劳、任重致远之青年，使学术技能臻于优良，敦品笃行，习于纪律，以复兴民族！

孩子们，再一次深深地祝福你们！愿你们从稽中出发，不负此生！谢谢！

四、守护师生的幸福

文化润泽制度

大自然中，我最爱的是叶子。曾经青翠，曾经美丽，如今叶落也是风景。每一个生命都是唯一的，每一个唯一的生命都有着不同的价值演绎。泰戈尔说，教育应当向人类传送生命的气息。叶子虽然弱小，但浑身焕发出蓬勃的生命活力。尊重生命，以生命呵护生命，尊重生命的每一个唯一，这就是教育，这就是校园。历史的气息、文化的气息与教育交织在一起，古树名木与小花小草交相辉映，自然之状态与千年之人文相融合，树林成荫，大气古朴，这就是我们的府学校园，这就是教育的神圣之地。面对这样的校园，我们内心充盈着神圣和敬意。

实施民主管理是柔性管理的最高境界，也是做好教师思想工作，提升教师幸福感的必要条件和必然选择。而实现民主管理的前提是，校领导要树立平等意识，让教师有参与的权利，承认教师的主人翁地位。我们尊重教师不是只停留在口头和形式上，而是体现在民主管理学校上，具体来说是保障教师参议校务的权利。我们通过网络、宣传窗、校务党务公开栏或召开教工例会等渠道及时公告重要信息，随时接受教师们的咨询，提前与教师沟通教学任务的调整与安排，以消除教师的疑惑和困扰，解决思想和心理问题。另外，凡涉及教职工切身利益的决策，如聘任、处罚、晋级等均经过严格的程序，譬如关于绩效工资方案的讨论，学校召开各类座谈会与教工大会，让教师们充分享有决策权和监督权。学校的重要决策不是"校领导说了算"，而是来自教师集体的智慧。学校还重视民主党派的意见，每年邀请民主党派人士座谈，虚心倾听他们的意见，接受他们的合理建议。校内民主氛围浓郁，教师们获得了安全感，有了当家做主的感觉，积极性和创造力得到了充分的展示。

我们关注每一个教师的发展，为他们创设展示能力和平台，帮助他们在教书育人的工作中获得事业的成功，实现人生的价值，享受成长的幸福。如让每一位教师制订自己专业的发展规划，利用名师工作室及会稽高中教育联盟等资源积极促进骨干教师培养计划的不断完善，充分调动不同发展阶段教师的内驱力，拓宽教师的发展路径。学校定期举办教师论坛——泮池论坛，并把它确立为校本研究的一个平台。论坛以"直面教育困惑，探求有效之路"为宗旨，围绕有效教学、教学科研、业务进修、学生管理、德育创新等内容，在论坛上或介绍经验，或提出思考，双向互动，共同探索。泮池论坛既是教师展示才华的舞台，也是教师学习交流的平台。同时，为提高教师实施新课程的教学能力，引导和帮助教师增强学科底蕴，加快专业成长，学校认真举办教师基本功比武、优质课比赛、教改项目研究等校级业务竞赛活动，进一步提高教师课堂教学水平和效率，展示教师素质，促进青年教师专业成长，加强学校教师队伍建设。积极完善动态型评价制度，促成教师持续发展，公平、积极地评价教师，能最大限度地调动教师的工作积极性。科学、合理、公平的评价制度是促进教师发展，提高教师素质的有效载体和有力措施，也是学校教师思想工作的重要内容。

每一个教师都可以是学校的校长。学校为教师、干部搭建舞台，分层培训，专家引领，自我提高。现在，学校的三个研修班——教育管理高端研修班、青年教师专业能力提升班、稽中名师培养对象研修班，正在不知不觉地激发教师们的能量。让每一次教工大会都成为主题论坛，把教工大会开成教育教学的专题会、研讨会、经验交流会。会上不是校长一个人讲，而都是由教师上台讲，讲自己的教育信念、教育理念。每个人都不是泛泛地讲，而是讲自己的切身感悟、切身体会，讲自己鲜活的、感人的、含义深远的案例。教师们每一次都会认真地准备，写成讲稿，再做成课件。实践证明，教师们发出的声音，更具有针对性和感召力，效果往往比校长自己阐述、提要求要好得多。2014 年学校有近二十位骨干教师就学科组建设、教学质量提升、课程开发、班级管理等方面，分享各自的教育教学经验和故事。

学校明确教研组和备课组在教学管理与教学研究中的定位，努力将教研组建设成教师专业发展的学科指导中心，将备课组建设成课堂教学的研究中心和基层管理组织，把日常的教学研究当成创教研组品牌的工作来做。2014 年学校积极开展"深度教研"活动评比，开展以课例为载体的教育行动研究，并把它作为教研组教研活动的一种主要形式。学校改变了传统的评价标准，提倡集体竞争，倡导创建合作型教研组，将每个教研组的优质课、公开课、观摩课摄像进行微格教研，使教研组真正成为教师成长的基地。学校在高二年段尝试开设了慕课网上课堂，作为课堂教学的延伸和学生自主学习的平台。合作性教研组建设是稽山中学的一大特色，教师之间相互支持、合作探究，不仅有效促进了教师的成长，更形成了积极向上的专业发展共同体，取得了优秀的成绩。学校用教工群体团结和谐的人际关系来凝聚人心，办公室里具有互帮互助、和谐相处的良好氛围。

滋养一生的财富（代后记）

近一个世纪了，岁月弹指而过，抚今追昔，感慨万千。

稽山中学饱经风雨的剥蚀，在历史的淘洗中，越发显现出一所古老学宫的悠远魅力。学校像一位健康硬朗的智者，古朴中带着神圣的光华；学校又是一团青春勃发的生命，在新的历史时期，继往开来，推陈出新。

作为府学标志的戟门、大成门、泮池和十数尊石碑，虔诚地守望着这千年文化的家园，成为历史的见证；还有一群踏实纯朴的稽中人在笃行。在这里，新一代稽中人所秉持的教育热情，与前贤先达们励精图治、艰苦卓绝、发愤图强的精神一脉相承；在这里，我们继承历史，传承文明，开启心智，育人教书；在这里，我们不忘初心，用青春和热情演绎着灿烂的人生，追逐着共同的教育梦想。

我是一个深爱这座学府的老稽中人。30多年来，每天清晨，在花草的芬芳中，踏足青石板，我的内心充实而恬静，温暖而快乐……感谢命运的特别安排，在这千年府学，我一天天地被学校厚重的历史文化所浸染，被人文精神的传递所感动。我和一拨拨孩子们、老师们结下了弥足珍贵的、滋润一生的缘分，品尝到了别的职业无法体味和想象的那种情谊，拥有了稽中赐予我的滋养一生的财富。

我一直有个梦想，就是把自己的感动传递给他人，把学校辉煌的历史和今天转化成文字，让更多的人来读懂稽中，了解这座千年府学的"前世"和"今生"。现在，梦想终于得以实现——感谢和我一起整理、编写此书的兄弟姐妹们：

赵新鸿　董凌达　许钦彪　何学港　蔡　红　石国江　钱煜明　袁　蓉
蔡朝阳　骆永明　郑春红　陶爱君　边国权　彭　军　董　斌　肖　立
朱红燕　张丽娜　李国红　余伟民　孟亚红　张文平　曹宪民　杨旭明
沈　骏　郑碧波　王亚峰

感谢同事们，我亲爱的兄弟姐妹们！祝愿我们的府学校园，祝愿我们每一个府学校园人，岁月静美，安好依然！

朱　雯
2015 年 9 月

参 考 文 献

陈思颖，李刚.2015.国外"教师韧性"研究述评［J］.上海教育科研（6）：21－24.

陈育彬.2013.低重心运行，高品位发展［J］.基础教育参考（24）：4.

葛朝鼎，等.2012.为优才破壳而出［M］.北京：教育科学出版社：57－64.

胡惠闵，王建军.2014.教师专业发展［M］.上海：华东师范大学出版社：68.

李彬彬，杨晓萍.2014.西方教育变革的顶层设计与推进机制［J］.教育研究（10）：133－135.

李希贵.2013.新学校十讲［M］.北京：教育科学出版社：64－66.

李希贵，等.2014.学校转型［M］.北京：教育科学出版社：64.

廖哲勋.2014.革新学习方式，推进高中教学改革［J］.课程·教材·教法（5）：5－6.

刘沪，等.2010.守望与凝思之间［M］.北京：教育科学出版社：159－164.

鲁善坤.2011.求知求真卓越发展［M］.北京：教育科学出版社：34－36.

盛群力，马兰.2006.现代教学原理、策略与设计［M］.杭州：浙江教育出版社：593－596.

唐盛昌.2014.高中生专业课程的构建与专业取向选择［J］.教育发展与研究（18）：17.

王红，吴颖民.2015.放慢知识的脚步，回到核心基础［J］.人民教育（7）：18－21.

王守仁.2008.阳明先生集要［M］.北京：中华书局：735.

邢至晖，韩立芬.2013.特色课程开发的7项核心技术［M］.上海：华东师范大学出版社：37－39.

余慧娟，朱哲.2015."考招改革"关键问题深度观察［J］.人民教育（6）：22－25.

于洁.2014.最好的教育在哪里［M］.南京：南京大学出版社：76－79.

张俊列.2013.普通高中课程结构改革的问题与对策［J］.教育理论与实践（4）：64.

张志敏，等.2010.格致文化的传承与创新［M］.北京：教育科学出版社：228－232.

张志勇.2015.教育的终极目的是培养人［N］.人民政协报，06－24（10）.

周海涛，景安磊.2015.新高考改革助推教育升级［J］.教育研究（8）：93－94.

首席专家：裴娣娜
核心成员：

（1）来自 15 所高校及科研单位：

刘志军　张红霞　王振存（河南大学）；
项贤明（中国人民大学）；
劳凯声　孟繁华　张景斌　林培英　张　菁　吴晗清（首都师范大学）；
鲍东明　郑　葳　郭　华　桑国元　梁　威　綦春霞　刘夏蓓
李春密　王　蕾　俞子恩　王鸣迪（北京师范大学）；
王祖浩（华东师范大学）；
宋乃庆（西南大学）；
李松林（四川师范大学）；
郝京华（南京师范大学）；
邬志辉　秦玉友（东北师范大学）；
杨旭东（中国传媒大学）；
戴忠信（华北电力大学）；
李伟健　周跃良　张维忠　钱旭升　李润洲　李　伟　周国华
周晓燕　潘　涌　王国均　童志斌　朱　哲　杨光伟　唐恒钧
陈碧芬　陈秉初　黄　晓　林新事　蔡志良　郑流爱　李云星
陈伟强　张丽霞　夏洪文　龚　伟（浙江师范大学）；
刘　力（浙江大学）；
孙智昌　郑庆贤　杨　清（中国教育科学研究院）；
王　漫　许　艳（北京教育学院）。

（2）来自 16 个省市教育行政部门：

韩　平　方红峰　任学宝（浙江省）；
李　奕　桑锦龙　杨德军　马　可　李　政　江　峰　黄晓玲（北京市）；
陆云泉　吴颖惠　李艳莹（北京市海淀区）；
肖　汶　王　彪　王月胜　陆志望（北京市朝阳区）；
冯洪荣　周玉玲（北京市东城区）；
李永生　李东梅　白丰莲　刁致力（北京市门头沟区）；
吴海乐　贺　慧（成都市锦江区）；

刘子科　荆　华　孙岩梅　徐文虹　齐　华　石明晶（郑州市二七区）;

李开海　熊　瑛　谢桂华（四川阿坝藏族羌族自治州理县）;

张力鸣（宁波市）;

王幸平（嘉兴市）;

贺晓敏　丁初效　李建忠　鲍国潮　范信子（绍兴市）;

金毅伟（湖州市）;

戴冠福（台州市）;

朱福金（衢州市）;

范寿仁（丽水市）。

（3）中小学校长（来自100所中小学）:

来自北京（21所）:

王殿军　刘　沪　郭　涵　尹　超　刘　畅　景小霞　窦桂梅　王　群
袁　靖　田树林　张德庆　曲建华　刘国雄　蒋立红　赵　欣　刘　飞
陈立华　齐振军　祖雪媛　付晓洁　于冬云

来自上海（1所）:

张志敏

来自成都（8所）:

胡文武　何伦忠　阳　波　赵万华　刘　娟　秦　梅　张　璇　蒲春燕

来自郑州二七区（7所）:

李　琳　郭军英　张艳丽　冯　华　张卫东　贾　勇　王任峰

来自浙江省（48所）:

其中，42所省高中课改实验基地校（第二届）成员:

叶翠微　吴金炉　周　斌　申屠永庆　尚　可　邱　锋　周千红　吴国平
李永培　袁湛江　杨亢尔　孙国虎　陆炳荣　卢　明　赵其刚　黄丽君
陆国民　朱建民　周国平　何通海　周生民　傅美华　王新伟　邓加富
张增明　戴一仁　刘定华　孙亦器　潘自强　程卫东　朱　雯　杨　军
张惠民　洪仙瑜　郑志湖　陈才琦　潘建中　李树河　叶文杰　黄发锐
刘习渊　方　军

6所绍兴市柯桥区项目校成员:

李华琴　魏让尧　章国华　金明东　濮朝阳　傅海炎

来自四川理县（15所）:

高志全　周　强　曾　林　代祝康　王　平　张世龙　张静秋　郭　勇
杨步卫　周德瑞　赵兴文　宛永平　王　建　陈　蓉　王学军

这是一个由15所高校和科研单位、16个教育行政部门、100所中小学的核心骨干组成的跨校际、跨学科的优势互补的学术团队。

出版人 所广一
责任编辑 代周阳
版式设计 宗沉雅轩 杨玲玲
责任校对 张 珍 刘 婧
责任印制 叶小峰

图书在版编目（CIP）数据

走向"大成"：浙江省绍兴市稽山中学课程建设与
学校发展研究／朱雯等著 . —北京：教育科学出版社，
2015.12（2016.8 重印）
　　（"追梦者的探索：读懂学校的变革性实践"系列
论丛／裴娣娜主编）
　　ISBN 978 - 7 - 5191 - 0185 - 5

　　Ⅰ.①走…　Ⅱ.①朱…　Ⅲ.①中学生—课程建设—教学
研究—绍兴市②中学—学校管理—研究—绍兴市　Ⅳ.
①G632.3　②G637

中国版本图书馆 CIP 数据核字（2015）第 299037 号

走向"大成"——浙江省绍兴市稽山中学课程建设与学校发展研究
ZOUXIANG "DACHENG" ——ZHEJIANG SHENG SHAOXING SHI JISHAN ZHONGXUE KECH-
ENG JIANSHE YU XUEXIAO FAZHAN YANJIU

出版发行	**教育科学出版社**			
社　　址	北京·朝阳区安慧北里安园甲 9 号	市场部电话	010 - 64989009	
邮　　编	100101	编辑部电话	010 - 64989422	
传　　真	010 - 64891796	网　　址	http://www.esph.com.cn	
经　　销	各地新华书店			
制　　作	北京博祥图文设计中心			
印　　刷	保定市中画美凯印刷有限公司			
开　　本	169 毫米×239 毫米　16 开	版　　次	2015 年 12 月第 1 版	
印　　张	16	印　　次	2016 年 8 月第 3 次印刷	
字　　数	238 千	定　　价	40.00 元	

如有印装质量问题，请到所购图书销售部门联系调换。